本书由2019年教育部人文社会科学研究规划基金项目"梵净山民族地区族规家训整理研究"(项目批准号：19YJA850008)资助出版

李锦伟 著

梵净山民族地区族规家训整理与研究

FANJING SHAN MINZU DIQU ZUGUI JIAXUN ZHENGLI YU YANJIU

知识产权出版社
全国百佳图书出版单位
——北京——

图书在版编目（CIP）数据

梵净山民族地区族规家训整理与研究 / 李锦伟著 . —北京：知识产权出版社，2023.10
ISBN 978-7-5130-8937-1

Ⅰ . ①梵… Ⅱ . ①李… Ⅲ . ①宗法制度—史料—贵州②家庭道德—史料—贵州 Ⅳ . ① D691.2 ② B823.1

中国国家版本馆 CIP 数据核字（2023）第 191012 号

内容提要

本书是在对梵净山民族地区族规家训进行搜集整理基础上进行的系统研究，内容包括梵净山民族地区族规家训的发展阶段、发展背景、表现形式、传承载体、主要内容、特点功能和时代价值等。本书对于丰富梵净山世界自然遗产地的文化内涵、传承优秀传统文化、助推家风家教建设、促进地方文化建设和公民道德建设、培育社会主义核心价值观等具有重要的现实意义。

本书可供历史学领域的学者阅读。

责任编辑：高　源　　　　　　　　　责任印制：孙婷婷

梵净山民族地区族规家训整理与研究

李锦伟　著

出版发行：	知识产权出版社有限责任公司	网　　址：	http://www.ipph.cn
电　　话：	010-82004826		http://www.laichushu.com
社　　址：	北京市海淀区气象路50号院	邮　　编：	100081
责编电话：	010-82000860转8701	责编邮箱：	laichushu@cnipr.com
发行电话：	010-82000860转8101	发行传真：	010-82000893
印　　刷：	北京中献拓方科技发展有限公司	经　　销：	新华书店、各大网上书店及相关专业书店
开　　本：	720mm×1000mm　1/16	印　　张：	18.25
版　　次：	2023年10月第1版	印　　次：	2023年10月第1次印刷
字　　数：	258千字	定　　价：	88.00元

ISBN 978-7-5130-8937-1

出版权专有　侵权必究
如有印装质量问题，本社负责调换。

目录

第一章 绪论 / 1

  第一节 研究背景与意义 / 3
  第二节 学术史回顾 / 5
  第三节 研究内容、思路与方法 / 9
  第四节 相关概念界定 / 11

第二章 梵净山民族地区族规家训的发展阶段 / 15

  第一节 中国传统族规家训的发展历程 / 17
  第二节 梵净山民族地区族规家训发展的阶段性特征 / 30

第三章 明清时期梵净山民族地区族规家训的发展背景 / 49

  第一节 梵净山民族地区的社会经济 / 51
  第二节 梵净山民族地区的政治军事 / 60
  第三节 梵净山民族地区的文化教育 / 68

第四章 梵净山民族地区族规家训的表现形式和传承载体 / 81

第一节 梵净山民族地区族规家训的表现形式　　/ 83
第二节 梵净山民族地区族规家训的传承载体　　/ 128

第五章 梵净山民族地区族规家训的主要内容 / 149

第一节 梵净山民族地区族规家训中的个人品行　　/ 152
第二节 梵净山民族地区族规家训中的家庭伦理　　/ 186
第三节 梵净山民族地区族规家训中的社会规范　　/ 212

第六章 梵净山民族地区族规家训的特点、功能和时代价值 / 257

第一节 梵净山民族地区族规家训的特点　　/ 259
第二节 梵净山民族地区族规家训的功能　　/ 264
第三节 梵净山民族地区族规家训的时代价值　　/ 272

第七章 结语 / 283

后记 / 287

第一章 绪论

第一节　研究背景与意义

一、研究背景

21世纪以来，我国在认真总结改革开放以后思想文化领域和精神文明建设经验教训的基础上，把马克思主义基本理论与中国传统优秀文化相结合，同时汲取了人类文明的优秀成果，在逐渐深化社会主义精神文明建设的基础上，凝练并提出了社会主义核心价值观。习近平总书记在中共中央政治局第十三次集体学习时强调，"培育和弘扬社会主义核心价值观必须立足中华优秀传统文化"。中华优秀传统文化蕴含着中华民族最深沉的精神追求，体现着中华民族独特的精神标识，是中华民族生生不息、发展壮大的丰厚滋养，是我国在世界文化激荡中站稳脚跟的根基。我国一直重视中华优秀传统文化的传承和发展。新时代条件下，我们要传承和弘扬好中华优秀传统文化，深入挖掘其中的价值内涵，进一步激发中华优秀传统文化的生机与活力，为中华民族伟大复兴筑牢深厚文化根基、提供强大精神力量。[1]

家庭是社会的基本细胞，家庭的前途命运同国家和民族的前途命运紧密相连。要传承和弘扬中华优秀传统文化，需要从传承弘扬优秀的家庭家教家风文化做起。党的十八大以来，习近平总书记高度重视家庭家教家风建设，发表了一系列重要论述[2]，对于动员社会各界广泛参与家庭文明建设，继承中华民族优

---

[1] 牛家儒，张佑嘉：《传承弘扬中华优秀传统文化》，《经济日报》2022年6月22日。
[2] 参见中共中央党史和文献研究院：《习近平关于注重家庭家教家风建设论述摘编》，中央文献出版社2021年。

秀的家庭家教家风文化，弘扬优良家风传统，具有十分重要的意义。作为传统家庭家教家风文化的典型代表，族规家训占据重要地位。因此，从塑造优良家风和文明乡风及培育社会主义核心价值观等方面看，很有必要加强对族规家训的系统整理和研究。

我国是一个统一的多民族国家。生活在贵州省梵净山地区的各民族是中华民族大家庭的重要一员，他们在长期动荡、迁徙而又不断奋进的历史中造就了独具特色的文化。其中，族规家训因较为集中地体现了梵净山人维护血缘、慎终追远、保家卫国、注重治生、重视处世和济弱扶贫等主张，反映了梵净山民族地区传统文化的精神内涵，在社会风气和民族精神的形成和发展中发挥着重要作用。因此，搜集、整理与研究梵净山民族地区的族规家训有其时代背景和现实需要。

二、研究意义

1. 理论意义

对梵净山民族地区族规家训进行系统的整理与研究，梳理该区域内族规家训的发展脉络、传承方式、表现形式、主要内容等，探析族规家训的文化内涵、特点功能和时代价值，不仅可以起到弥补学术界关于世界自然遗产地梵净山文化研究之不足的作用，丰富梵净山的文化内涵，推动当地的文化建设，而且可以丰富中华传统族规家训的文献资料及其他边疆民族地区族规家训文献的研究，进而有助于扩展和深化整个中华传统文化的研究，具有较强的学术价值。

2. 现实意义

族规家训是梵净山民族地区当代和谐社会建设的重要文化资源。对梵净山民族地区族规家训的整理研究不仅可以挖掘整理出梵净山民族地区传统的文化资源，丰富其民族文化内涵，而且可以为我国少数民族地区的乡村振兴、和谐社会构建和社会治理提供历史借鉴。更重要的是，党的十八大以来，习近平总书记高度重视家庭家教家风建设，要求继承中华民族优秀的家风家训文化，弘扬优良家教家风传统。加强对梵净山民族地区族规家训的整理研究对于当前优良家风的传承和培养，对于社会主义核心价值观的培育等都具有重要的现实意义。

第二节 学术史回顾

族规家训是中华传统文化的重要组成部分。学界对我国传统族规家训进行了一定的搜集、整理和研究，并取得了较好成果。归纳起来，主要体现在以下四个方面。

第一，对我国传统族规家训进行了一定的搜集、整理与解读。在这方面开了资料集结风气之先河的是日本学者多贺秋五郎，他在其著作《宗谱の研究》❶中辑录了相当数量的谱牒家训、家范与家规、宗约，很有参考价值。此后，许多学者对我国传统族规家训进行了搜集和整理，这些成果既有全国性的，也有区域性的。全国性的如：史孝贵❷辑录了我国历史上 70 余篇家训并进行了注释，费成康❸、徐少锦❹对我国历史上具有代表性的族规家训进行了辑录和整理；区域性的如：卞利❺对明清徽州的族规家法进行了选编，钱克辉❻、刘成足❼、江圣彪❽、洪关旺❾分别对浙江省苍南、永嘉、奉化和松阳等地的代表性族规家训进行了编辑整理，苗仪和黄玉美❿对广东韶关族谱中的家训家规进

---

❶ 多贺秋五郎：《宗谱の研究》，东洋文库 1960 年。
❷ 史孝贵：《历代家训选注》，华东师范大学出版社 1988 年。
❸ 费成康：《中国的家法族规》，上海社会科学院出版社 1998 年。
❹ 徐少锦：《中国家训史》，陕西人民出版社 2003 年。
❺ 卞利：《明清徽州族规家法选编》，黄山书社 2014 年。
❻ 钱克辉：《苍南谱序族规家训选编》，线装书局 2015 年。
❼ 刘成足：《永嘉楠溪族规家训》，中国文史出版社 2016 年。
❽ 江圣彪：《奉化家训族规》，宁波出版社 2017 年。
❾ 洪关旺：《松阳百姓族规家训》，中国文史出版社 2019 年。
❿ 苗仪，黄玉美：《韶关族谱家训家规集萃》，暨南大学出版社 2018 年。

行了辑录，康大寿、康黎❶对四川南充的族规家训进行了整理。此外，对历史上流传下来的单篇族规家训的解读成果就更多，主要是围绕颇有名气的《钱氏家训》《颜氏家训》《朱子家训》《曾国藩家训》《张之洞家训》等进行诠释和解读。这些族规家训的搜集和整理工作为后人从事相关研究和学习提供了丰富的资料。

第二，关于族规家训通论性和断代性的研究成果均较为丰硕。20世纪80年代以前，学界对族规家训已有研究，主要是围绕《颜氏家训》进行的探讨，也有对其他族规家训类文献进行一定研究，以美、日学者为主，发表的论著有限。20世纪80年代以来，随着海内外学者对谱牒史料的关注，作为族谱重要内容的族规家训受到广泛重视，相关论著纷纷问世，这些论著既有通论性的，也有断代性的。通论性研究整体考察中国历史上族规家训发展的状况，如费成康❷系统考察了中国历史上族规家训的演变、制定、范围、惩处、执罚、奖励、特性、历史作用和研究意义等情况，徐少锦、陈延斌❸、朱明勋❹对中国传统社会各个不同阶段家训发展的特征进行了总结梳理。断代性研究考察中国历史上不同阶段、不同朝代族规家训的发展概况，如马泓波❺、刘欣❻对宋代家法族规家训的研究，王龙风❼对明代家训的研究，朱勇❽对清代族规的研究，李俊杰❾对明清族谱家训的研究，等等。

第三，族规家训研究的内容丰富、视角多样、涉及面广泛，主要体现在族规家训的主要内容和社会功能等方面。关于中国古代社会族规家训的主要内容，费成康认为主要有孝悌、耕读为本、修身、整肃门户、严守尊卑秩序、善

---

❶ 康大寿，康黎：《家训族规》，四川人民出版社2016年。

❷ 费成康：《中国的家法族规》，上海社会科学院出版社1998年。

❸ 徐少锦，陈延斌：《中国家训史》，人民出版社2011年。

❹ 朱明勋：《中国家训史论稿》，巴蜀书社2008年。

❺ 马泓波：《宋代家法族规研究》，吉林人民出版社2012年。

❻ 刘欣：《宋代家训与社会整合研究》，云南大学出版社2015年。

❼ 王龙风：《明代家训研究》，私立辅仁大学中国文学研究所硕士论文1995年。

❽ 朱勇：《清代族规初探》，《清史论丛》第八辑，中华书局1991年。

❾ 李俊杰：《明清族谱之家训研究》，安徽师范大学出版社2021年。

择婚姻、慎选继子、丧葬宜俭等。萧放❶认为，传统族规家训的主要功能在于调节个人与家族、社会的伦常关系，以保证家族的生存与发展。具体说来有三种社会功能：一是以孝悌之道为礼俗之本，强化家族内部的伦理关系；二是以诚信忠厚为修身之本，模塑传统社会的理想人格；三是以劝诫惩罚的礼俗规条，规范家族成员行为，补足国法。郭长华❷、陈桂蓉❸、尹阳硕❹、安丽梅❺、程时用❻等也对族规家训的文化、伦理、教化与社会控制等功能进行了探析。学界对族规家训进行研究的视角也是多样的，主要包括法律、道德、教育等不同视角。例如，鞠春彦❼、邱淑和杨丽❽、柯凯鈇和杨军❾主要从法律角度探讨族规家训与社会控制的互动关系，徐扬杰❿、陈延斌⓫、符得团⓬、林坚⓭主要从道德方面探讨族规家训与道德的关系，而谈敏⓮、徐少锦⓯、吴传清⓰则关注族规家训产

---

❶ 萧放：《传统社会的家训族规的历史形态与社会功能》，见叶春生：《现代社会与民俗文化传统》，黑龙江人民出版社 2002 年。

❷ 郭长华：《传统家训的文化功能论略》，《河南社会科学》2008 年第 4 期。

❸ 陈桂蓉：《民间家训的社会伦理功能及其启示——以汀州客家严婆田村为例》，《道德与文明》2015 年第 4 期。

❹ 尹阳硕：《中国传统家风家训的文化功能及其价值》，《中国社会科学报》2022 年 10 月 21 日。

❺ 安丽梅：《传统家训与中国古代社会教化》，社会科学文献出版社 2021 年。

❻ 程时用：《明清岭南家训与乡村社会》，华中师范大学博士学位论文，2021 年。

❼ 鞠春彦：《教化与惩戒：从清代家训和家法族规看社会控制》，黑龙江教育出版社 2008 年。

❽ 邱淑，杨丽：《家法族规中的戒与罚：介于法与情的道德规训》，《云南大学学报（社会科学版）》2014 年第 5 期。

❾ 柯凯鈇，杨军：《乡规民约的社会治理功能研究——以福建仙游县家训族规为例》，《学术论坛》2018 年第 2 期。

❿ 徐扬杰：《宋明家族制度史论》，中华书局 1995 年。

⓫ 陈延斌：《中国传统家训教化与公民道德素质养成》，《高校理论战线》2002 年第 7 期。

⓬ 符得团：《论民间规约在古代个体品德培育中的作用》，《西北师大学报（社会科学版）》2011 年第 2 期。

⓭ 林坚：《家训族规中的孝道》，《民间文化论坛》2015 年第 3 期。

⓮ 谈敏：《历代封建家训中的经济要素》，《中国史研究》1986 年第 2 期。

⓯ 徐少锦：《中国古代商贾家训探析》，《齐齐哈尔师范学院学报（哲学社会科学版）》1998 年第 1 期。

⓰ 吴传清：《中国传统家训文化视野中的治生之学——立足于封建士大夫家训文献的考察》，《中南民族大学学报（人文社会科学版）》2000 年第 1 期。

生与发展的经济因素,马玉山❶、刘剑康❷注重家训与儒学的关系,姚丽❸、马建欣❹则关注族规家训与家庭教育的关系。

　　第四,区域性的族规家训研究成果逐渐增多。除了全国性的通论性研究之外,一些学者也关注不同区域内族规家训的发展状况,这部分的研究成果以经济较发达地区为多。如卞利❺、陈孔祥❻对明清徽州的族规家法家训进行了探讨,陈寿灿和于希勇❼对浙江的家风家训进行研究,王卫平和王莉❽、郑庚❾分别对明清时期苏州家训的主要内容、社会功能和特征及现代启示等进行了研究。关于其他地方族规家训的研究也有一定涉及,如谢庐明❿对赣南客家家法族规的地域性特征进行了分析,王烁生和温建钦⓫对明清以来潮汕地区家训族规的功能及时代意义进行了研究。值得注意的是,在这些区域性族规家训的研究中出现了个别少数民族的族规家训研究成果,如蓝希瑜和张德亮⓬探讨了赣南畲族家训族规的社会文化功能,兰俏梅⓭也对畲族家训族规的现代意义进行了分析,李芳霞⓮则对回族族规的特点和社会价值进行了考察,周佐霖和赖

---

❶ 马玉山:《"家训""家诫"的盛行与儒学的普及传播》,《中国哲学史》1994年第4期。

❷ 刘剑康:《论中国家训的起源——兼论儒学与传统家训的关系》,《求索》2000年第2期。

❸ 姚丽:《从中国传统族规家训看封建宗族教育》,《当代教育论坛》2009年第9期。

❹ 马建欣:《论中国优秀传统文化的家庭德育》,《甘肃社会科学》2017年第3期。

❺ 卞利:《作为村规民约的明清徽州族规家法初探》,见《第二届传统中国研究国际学术讨论会论文集(二)》,上海社会科学院历史研究所,2007年。

❻ 陈孔祥:《明清徽州家训研究》,安徽师范大学出版社2021年。

❼ 陈寿灿,于希勇:《浙江家风家训的历史传承与时代价值》,《道德与文明》2015年第4期。

❽ 王卫平,王莉:《明清时期苏州家训研究》,《江汉论坛》2015年第8期。

❾ 郑庚:《明清时期苏州家训特征及现代启示》,《江苏师范大学学报(哲学社会科学版)》2017年第6期。

❿ 谢庐明:《传统与变迁:赣南客家家法族规的地域性分析》,《赣南师范学院学报》2004年第4期。

⓫ 王烁生,温建钦:《明清以来潮汕地区家训族规的功能及时代意义》,《兰台世界》2016年第7期。

⓬ 蓝希瑜,张德亮:《浅探赣南畲族家训族规的社会文化功能》,《西南民族大学学报(人文社科版)》2004年第1期。

⓭ 兰俏梅:《畲族家训族规的现代意义》,《光明日报》2016年5月30日。

⓮ 李芳霞:《论回族家谱族规的特点及社会价值》,《回族研究》第2017年第3期。

漩❶对广西壮族莫氏土司家训进行了探析。

综观学术研究概况可知,以往学界关于族规家训的研究内容广泛,成果丰硕。不仅有通论性的研究,也有断代性的探讨;不仅有区域和个案性的分析,也涉及少数民族地区的内容,研究领域和内容均渐趋多元化。这为其他相关问题的研究打下了良好的基础,提供了很好的借鉴。但是,以往研究也存在一些不足,如:①区域研究存在不平衡性,以往多侧重于经济较发达的东南一带区域,对西部地区关注很少;②以往多关注汉族地区的研究,很少关注少数民族地区;③以往多侧重于文化研究层面,在资料的搜集整理方面还有很大空间,在搜集整理资料基础上进行研究尤其是将族规家训和地方社会文化发展结合起来的研究还有待进一步深化。因此,对于少数民族地区族规家训文献的搜集、整理、运用和探索,仍需投注更多心力。

第三节 研究内容、思路与方法

一、研究内容

本书的研究内容是在对梵净山民族地区族规家训搜集基础上进行的整理研究,除了第一章绪论和第七章结语两部分外,全书的主体内容分为五章。

第二章为梵净山民族地区族规家训的发展阶段。其结合中国传统族规家训的发展阶段,依据梵净山民族地区的区域实际,划分了该区域族规家训发展的不同阶段,反映了梵净山民族地区族规家训发展的大致过程和总体面貌。

---

❶ 周佐霖,赖漩:《广西忻城莫氏壮族土司家训探析》,《广西民族师范学院学报》2021年第1期。

第三章为明清时期梵净山民族地区族规家训的发展背景。其分别从经济发展、政治军事和文化教育三个方面分析了梵净山民族地区族规家训发展的时代背景，指出社会经济的发展为族规家训的发展奠定了经济基础，政治上统治的需要和军事上频繁的战争客观上推动了族规家训的发展，文化教育的发展更是直接促进了族规家训的发展。

第四章为梵净山民族地区族规家训的表现形式与传承载体。其结合具体例子，一方面从其存在形态、表现形式和体例样式三方面分析了梵净山民族地区族规家训的表现形式，另一方面从族谱、家书、建筑物和碑刻等方面考察了梵净山民族地区族规家训的传承载体。

第五章为梵净山民族地区族规家训的主要内容。其结合相关资料，从个人品行、家庭伦理和社会准则三个层面分析了梵净山民族地区族规家训所体现的主要内容。个人品行主要表现为修身立德和力戒恶习，家庭伦理主要表现为慎终追远与和睦家庭等，社会准则体现于职业认知、处世规则和社会责任方面的行为规范中。这一章比较全面地呈现了梵净山民族地区族规家训丰富的文化内涵。

第六章为梵净山民族地区族规家训的特点、功能和时代价值。其是在梳理梵净山民族地区族规家训发展整体面貌及分析其主要内容的基础上，对该地区族规家训呈现出来的特点和功能进行的探讨，并从加强新时代公民道德建设视角分析了族规家训传承的时代价值。

二、研究思路

一是进行梵净山民族地区族规家训资料的搜集和整理。通过广泛的田野调研，将搜集来的资料进行分类、标点、校正和解读，形成资料汇编，为系统研究奠定资料基础。二是对梵净山民族地区族规家训进行系统研究。这部分首先结合中国传统文化、中国传统族规家训发展的大背景及梵净山民族地区的实际，梳理该地区族规家训发展的阶段及其特征，呈现该地区族规家训发展的总体面貌。其次，分别从社会经济、政治军事和文化教育等方面分析梵净山民族地区族规家训发展的时代背景，并从其表现形式和传承载体等方面对梵净山民族地区族规家训资料进行整理阐释。再次，分别从个人品行、家庭伦理和社会责任三个层面分析梵净山民族地区族规家训所包含的主要内容，呈现其文化内涵。最后，在对梵净山民族地区族规家训整理分析的基础上，讨论该地区族规家训的特点、功能和时代价值。

三、研究方法

实地调查法。本书除了运用一些已出版的文献资料外，还运用了大量散落于民间的如谱牒、家书、祠联、祠规、歌谣、碑刻等各类民间文献资料及口头传诵资料。为了获得这些资料，笔者深入铜仁各区县进行实地调研，走访了一些单位、村寨和个人，从有关区县图书馆、档案馆及个人那里搜集到了大量的族规家训资料，为课题研究打下了坚实的资料基础。

文献分析法。在资料搜集基础上，笔者进行了详细的解读、考订和分析，运用了文献分析的方法。

多学科综合运用的方法。在对梵净山民族地区族规家训的整理研究中，笔者运用了历史学、民族学、人类学、管理学、社会学、教育学、政治学等不同学科领域的方法，进行多学科方法的综合运用。

第四节　相关概念界定

①梵净山民族地区。梵净山位于贵州省铜仁市境内，系武陵山脉主峰，国家级自然保护区，国际"人与生物圈保护网"（MAB）成员，已经列入世界自然遗产名录。梵净山所处的铜仁市是一个少数民族众多之地，面积1.8万平方

千米，人口440多万，少数民族人口约占70%。本书所指的梵净山民族地区，是指现在贵州省铜仁市的行政区划范围，包括2区、4县、4民族自治县，即碧江区、万山区、江口县、思南县、德江县、石阡县、沿河土家族自治县、印江土家族苗族自治县、松桃苗族自治县和玉屏侗族自治县。

②族规家训。严格来讲，族规家训实际包括两个概念：一是族规，二是家训。顾名思义，族规就是族人用以规范和约束家（宗）族成员的各种规定或法规。由于族规要经过合族约定，重在规定族人应该干什么和不应该干什么，这些制约性规定甚至在传统社会还时常具有法律效力，故又有其他众多的名称，如家约、族约、宗约、家戒、族戒、家禁、族禁、禁约、家范、规范、条规、家规、宗规、祠规等。家训是长辈对其家庭（家族）成员进行持家治生、为人处世等方面的教导之言。与族规侧重于制约性的规范相比，家训是侧重于家庭（家族、宗族）长辈对晚辈劝导型的说教，故家训也有族训、祖训、宗训、家教、族教等同义别称。从二者的概念中可以看出，族规和家训的内容和目的具有一致性，即内容上都是家族成员教育族人的有关规定，目的均为教育族人怎么为人处世。所以，有学者指出，"概略而言，家训与族规并无严格界线，其内容皆为教导族众及其子孙应有的生活态度，与治家、处事等传世智慧，只是表述方式略有不同。前者属于劝导型规范，侧重积极的勉励和教化；后者属于禁止型规范，倾向消极的制约和奖惩"❶。正是由于族规和家训没有严格的界限，导致二者所指往往是交织或混合在一起，即族规中包含着家训的内容，家训中也渗透有族规的内容。例如，朱明勋在对家训下的定义中实际就包含了家训和族规两方面的内容：家训，就是某一家庭或家族中父祖辈对子孙辈、兄辈对弟辈所作出的某种训示、教诫，教诫的内容既可以是教诫者自己制定的，也可以是教诫者取材于祖上的遗言和族规、族训、俗训或乡约等文献中的有关条款，或者具有劝谕性，或者具有约束性，或者两者兼具。❷这种族规和家训的混一

---

❶ 钟艳攸：《明清家训族规之研究》，台湾师范大学2003年博士学位论文，第3页。
❷ 朱明勋：《中国传统家训研究》，四川大学2004年博士学位论文，第7页。

性在各类族谱编修中有更为典型的体现。因此，本书所指的族规家训，虽然包含族规和家训两个方面的内容，但是它指的实际上是同一回事，即家庭（族）教育家庭（族）成员持家治生、为人处世等的训言和规范。它在族谱中有家训、祖训、族训、宗训、家约、族约、宗约、民约、家教、族教、家戒、族戒、家禁、族禁、家规、族规、宗规、祠规、家谕、家法、家范、规范、条规等不同称谓。

第二章

梵净山民族地区族规家训的发展阶段

族规家训是中华传统文化的重要组成部分。与其他地区的族规家训一样，梵净山民族地区族规家训的发展既受到中华文化和全国族规家训发展的影响，也受其自身区域文化发展的制约，呈现明显的阶段性发展特征。在梳理全国族规家训发展历程的基础上，全面考察梵净山民族地区族规家训的发展阶段，既有助于我们对该地区族规家训发展的背景、存在样态、传承方式、主要内容和功能价值等方面的深刻认识，也有利于我们对该地区传统文化发展的深入理解。

第一节 中国传统族规家训的发展历程

要了解梵净山民族地区族规家训的历史发展情况，有必要先了解整个中国族规家训的历史发展概况。徐少锦和陈延斌的《中国家训史》一书对中国家训的发展进行了系统研究，并总结出中国传统家训大致经历了如下发展过程：早在先秦时期，传统家训就开始产生；到两汉三国时期已基本定型；从两晋到隋唐时期传统家训已然日臻成熟；再到宋元时期传统家训出现繁荣阶段；发展到明清时期，传统家训开始由盛转衰。❶ 费成康在《中国的家法族规》一书中对中国家法族规的发展脉络进行了系统梳理。他认为，在人类社会产生之初，就出现了原始的家族规范。这些早期的家族规范后经商周至两汉的缓慢发展，成为后世成文的家法族规的雏形。南北朝时期，家族规范的发展步伐明显加快。唐代以后，传统的家法族规才取得真正的发展，并历经了由盛至衰的曲折道路。他详细阐释了唐至中华人民共和国成立前我国家法族规发展的四个阶段，即从唐末至元末是家法族规发展的第一个阶段，缓慢发展是其特征；明代是我

---

❶ 徐少锦，陈延斌：《中国家训史》，陕西人民出版社2003年。

国家法族规发展的第二个阶段，表现为发展稍快的特征；清代是我国家法族规发展的第三个阶段，也是最为兴盛的阶段；19世纪末至中华人民共和国成立之前为我国家法族规发展的第四个阶段，这个阶段传统的家法族规走上了由盛转衰之路。❶刘艳军和刘晓青依据传统家训文献资料，认为中国传统家训文化大致经历了如下过程：萌芽于五帝时代，产生于西周，形成于两汉，成熟于隋唐，繁荣于宋元，明清达到鼎盛，而到了清末，则整体衰落并有局部开新。❷沈时蓉则将中国家训发展划分为先秦至六朝、隋唐、宋代、元明清和近现代五个发展阶段。❸朱明勋把中国传统家训分为先秦的发轫期、汉魏六朝的发展期、隋唐的成熟期、宋元明清的鼎盛期和近现代的转型期五个阶段。❹笔者更赞成朱明勋的分期法。

一、先秦：中国传统族规家训的产生

关于中国传统的族规家训滥觞何时，现已无法考证其具体时代。但可以肯定的是，早在先秦时期，我国传统的族规家训就已经产生，这在学术界已有了共识。如有学者对家训史进行考察后指出，中国远古"五帝"禅让与家学世传已孕育了传统家训的胚芽。❺也有学者就族规的产生断言，中国的远古社会必定产生了家法族规的雏形，并以半坡遗址为例，说明6000年前的原始居民已经遵守着一些氏族规约，使氏族社会秩序井然。❻这说明在夏商以前，我国已

---

❶ 费成康：《中国的家法族规》，上海社会科学院出版社2016年，第1—22页。
❷ 刘艳军，刘晓青：《基于传统家训文化视角的现代乡村治理与农民社会主义核心价值观培育研究》，光明经日报出版社2016年，第1页。
❸ 沈时蓉：《中国古代家训著作的发展阶段及其当代价值》，《北京化工大学学报（社会科学版）》2002年第4期，第5—7页。
❹ 朱明勋：《中国传统家训研究》，四川大学2004年博士学位论文，第14页。
❺ 王长金：《传统家训思想通论》，吉林人民出版社2006年，第54页；徐少锦，陈延斌：《中国家训史》，陕西人民出版社2003年，第44页；刘艳军，刘晓青：《基于传统家训文化视角的现代乡村治理与农民社会主义核心价值观培育研究》，光明经日报出版社2016年，第3页。
❻ 费成康：《中国的家法族规》，上海社会科学院出版社2016年，第1页。

经出现了族规家训的萌芽，只不过当时因无文字，族规家训也是不成文的，并没有形成一定的体系。

商周时期，在私有制基础上产生的宗法制度日渐成熟，不仅家庭组织已经形成，而且出现了诸多的如王族、贵族等大家族。这些家庭尤其是大家族出于各自的利益，需要加强对本家庭或家族成员的教育和规范，于是开始有意识地制定各自的族规家训。这时期的族规家训虽然有一些依然以口头形式存在，但由于此时文字运用较为普遍，许多族规家训得以以文字来记录，因此开始有了族规家训文献。文字族规家训给后人进行相关研究奠定了文献基础。

从传世文献可以看出，传统族规家训在西周初年已经成形。这主要表现在当时出现了一些王室家训，如《尚书》中的《酒诰》和《逸周书》等古籍就记述有周文王的教子训言，《礼记》等篇中也有周武王劝诫子弟的训导。这些训言和训导虽然带有很强的政治色彩，但是它们确实具有家训的性质，即便不能标为完全意义上的家训，[1]也算是开了家训之先河。当然，当时真正的家训或者完全意义上的家训还当以周公家训最为典型。周公家训主要在《尚书》中的《康诰》《酒诰》《多士》《无逸》《立政》等篇及《礼记》《史记》等史籍中有所体现，其内容主要包括告诫其子伯禽治国之道、教导成王勤政无逸和劝导胞弟康叔勤政爱民等方面，其不仅对先辈"遗训"作了总结和归纳，而且把家庭教育融入王朝兴衰典故中，成为帝王家训的先祖和中国传统家训的开拓者。[2]可见，周公家训在中国传统族规家训发展史中占有重要地位，并对后世产生深远影响。

春秋战国是我国社会大变革的时代，此时期天下礼崩乐坏，王室衰微，许多贵族为了维护自己的地位，非常重视恪守礼教、维护尊卑等道德教育，使德教成为当时家训的核心内容，这在《国语》《左传》《战国策》等文献中有相关记载。同时，当时社会动荡的局面也导致学术文化的下移，私学兴起。此时期的士阶层开始创办私学，孔子即其代表。他注重做人，以诗、礼传家，并影响

---

[1] 朱明勋：《中国传统家训研究》，四川大学2004年博士学位论文，第16页。
[2] 王长金：《传统家训思想通论》，吉林人民出版社2006年，第54-59页；徐少锦，陈延斌：《中国家训史》，陕西人民出版社2003年，第54-63页。

学生的教子方式，由此开创了孔门家训。孔门家训主要指孔子及其后代亲自对子弟进行教导，也包括他的学生与他姓的父兄用孔子儒家思想对子弟所作的训诫。❶ 如孔子学生曾皙的耕教和曾子的身教，孟母对孟子的胎教、择居教、断机教和家礼教等，均为孔门家训的重要组成部分。可见，春秋战国时期的儒家代表人物认同家训思想。

从上可知，中国传统族规家训在先秦社会已经萌芽，并且通过口耳相传于世，自商周时期已有族规家训的文献流传。

二、汉魏六朝：中国传统族规家训的发展

秦王朝虽然结束了战国纷争之局面，实现了天下一统，然而秦王朝仅存在了15年，因而此阶段的族规家训发展不是很突出。西汉汉武帝以后，一直到魏晋南北朝时期，因儒学占据独尊地位，封建礼教受到重视，同时因"累世同居之风"盛行，于是族规家训在承继先秦萌发基础之上，又有了长足发展。这至少可以从以下三个方面得以体现。

首先，就文献数量而言，汉魏六朝的族规家训较前明显增多。关于汉魏六朝族规家训文献的具体数量，没有人作过专门统计，但在先秦基础上有明显增多，这是可以肯定的。其中比较著名的有：两汉时期汉高祖刘邦的《手敕太子文》、刘向的《戒子歆书》、孔臧的《给子琳书》、马援的《诫兄子严、敦书》、班昭的《女诫》、郑玄的《戒子益恩书》、张奂的《戒兄子书》，蜀汉诸葛亮的《诫子书》和《诫外甥书》，曹魏王修的《诫子书》、王肃的《家诫》、嵇康的《家诫》、王昶的《诫兄子及子书》，西晋李秉的《家诫》、夏侯湛的《昆弟诰》、羊祜的《诫子书》，东晋陶渊明的《与子俨等疏》和《命子诗》，刘宋颜延之的《庭诰文》，南齐任昉的《家诫》、徐勉的《诫子书》、张融的《门律自序》、王僧虔的《诫子书》，南梁王褒的《幼训》、王筠的《与诸儿书论家世集》，北魏

---

❶ 徐少锦、陈延斌：《中国家训史》，陕西人民出版社2003年，第72页。

杨椿的《诫子书》，北齐魏长贤的《复亲故书》、魏收的《枕中篇》等。❶这么多重要的家训文献的面世足以说明汉魏六朝族规家训比先秦时期有较大发展。

其次，就表现形式看，汉魏六朝的族规家训呈现方式更为多元。其表现形式如下：一是家书，即家庭（族）中长辈通过书信形式对晚辈进行劝导的一种家庭教育方式。它具有简单明了、有感而发、感情实在、易于接受等特点，如上文提到的刘向的《戒子歆书》、孔臧的《给子琳书》、马援的《诫兄子严、敦书》、诸葛亮的《诫子书》和《诫外甥书》、王修的《诫子书》等均属于此一类型，占据当时族规家训的绝大多数。二是女训，即专门对家庭（族）女子进行"三从四德"等封建妇道的教育。此类形式以上文提到班昭的《女诫》最具代表，它是我国最早的也是最有影响力的真正意义上的女训之作，开启了后世仿作女训的先河。汉魏六朝时期的女训除了班昭的《女诫》外，其他如程晓的《女典篇》、蔡邕的《女训》和荀爽的《女诫》等也有较大影响，一定程度上丰富了当时族规家训的内涵。三是遗训，即家庭（族）成员临死前对自己后事的安排和对子孙亲属的叮嘱教诫。这类族规家训文献的称谓多样，主要有"遗令""遗诫""遗敕""遗言""遗书""遗命""遗疏"等，如东汉马融的《遗令》、晋明帝的《遗诏》、晋王祥的《训子孙遗令》、南朝梁雷绍的《遗敕其子》、蜀向朗的《遗言戒子》等均为此类。

最后，就教育内容看，汉魏六朝的族规家训也较前为广。由于西汉汉武帝时期确立了儒学的独尊地位，决定了此后的族规家训在内容上带有强烈的儒家色彩，致力于强化与弘扬儒学思想。因此，汉魏六朝时期的族规家训基本渗透着"德""谦""清""恭"等浓厚的儒家为人处世的思想，尤其是对"德"更为注重。当时的族规家训内容基本是以培养子女的品德修养作为重点，如汉孔臧的《与子琳书》、郑玄的《戒子益恩书》、司马徽的《诫子书》、诸葛亮的《诫子书》、刘备的《遗诏敕后主》、晋王祥的《训子孙遗令》、源贺的《遗令敕诸子》、徐勉的《诫子崧书》等家训中无不重在教导其儿子要注重自身的品德

---

❶朱明勋：《中国传统家训研究》，四川大学2004年博士学位论文，第29页。

修养。此时期形成的各类女训更是到处充斥着儒家的"女德"思想。同时，在对"孝道"的提倡和对"慎言""慎行""慎交"等品行修养方面的教诫，汉魏六朝时期的族规家训也是先秦时期所不能比拟的。此外，汉魏六朝的族规家训也有大量的有关劝导子孙后代"勉学""睦亲""丧葬"等处世之道的内容。❶因此，从教育内容看，汉魏六朝族规家训远比先秦时期为广。

从文献数量、表现形式和教育内容等方面均可以看出，汉魏六朝的族规家训在先秦基础上有了较大发展，是中国传统族规家训的发展期。不过，汉魏六朝族规家训呈现了在内容上只具有劝导性而不具备约束性、只注重品德教育而缺乏治家要略等特征，在表现形式上也缺乏包容性更大的专著，这就说明汉魏六朝的族规家训不太成熟，还有很大的发展空间。

三、隋唐：中国传统族规家训的成熟

隋唐时期，我国封建王朝重新实现了政治的统一，国力强盛，文化繁荣。这种政治、经济和文化发展局面有利于我国传统族规家训在已有基础上实现更好的发展。此时期涌现出了大量的如帝王、贵族、士大夫和文人的家训，无论是形式上还是内容上，均呈现出成熟的一面。

就表现形式而言，隋唐时期的族规家训比以前更加多样。首先，继承和发展了以往的家书、女训和遗训等多种形式。隋唐时期以家书形式出现的家训有李华的《与外孙崔氏二孩书》、柳玭的《戒子孙》、舒元舆的《贻诸弟砥石命》、元稹的《诲侄等书》、李翱的《寄从弟正辞书》等，女训有郑氏的《女孝经》和宋若莘的《女论语》等，遗训有姚崇的《遗令诫子孙文》等。其次，以专著形式呈现的族规家训作品大量涌现。我们判定隋唐时期是我国族规家训发展成熟期的一个最为重要的表现或标志性的特征就是当时出现了大量的家训专著。前文提到，汉魏六朝时期的族规家训是缺乏专著的，这是当时族规家训不

---

❶ 参见朱明勋：《中国传统家训研究》，四川大学2004年博士学位论文，第38-48页。

太成熟的一个重要表现。而在隋唐时期，这种包容性更大的专著类族规家训纷纷涌现，其中最具代表性的是颜之推的《颜氏家训》。《颜氏家训》成书于隋朝初年❶，在我国家训史上具有重要地位，乃至有人称之为"古今家训，以此为祖"❷，故它是我国现存最早、影响最大的成熟性的家训专著。❸此后的唐朝时期，专著性家训作品迅速增加，如唐太宗李世民的《帝范》、李恕的《诫子拾遗》、狄仁杰的《家范》、姚崇的《六诫》、柳玭的《柳氏序训》、柳郢的《柳氏家学》、李商隐的《家范》、黄讷的《家戒》等，均是当时较为重要并对后世较有影响的专著类家训。众多成熟的专著性家训的出现，足以说明隋唐时的族规家训已经由原先的"被动"写作进入到"主动"写作的时代。最后，出现了"诗训"和"家法"等新的表现形式。唐朝的诗歌享誉于我国文学史，当时以诗歌形式呈现的家训（即"诗训"）也非常多，并且很生动。虽然"诗训"早已出现，但数量极少，影响也较小，且分散于不同时期，没有唐朝时期丰富和集中。唐朝许多诗人都有家训诗，如诗僧王梵志、诗仙李白、诗圣杜甫、"唐宋八大家"之首韩愈、"香山居士"白居易、"小李杜"李商隐和杜牧等，都有相应的家训诗流传于世。❹作为家庭长辈的治家之法和耳提面命之训的"家法"是传统族规家训的一种特殊形式，它重在对家庭违规成员的惩罚，具有强制性特征。虽然家法在唐代之前也已经出现，但条理清楚明确的、真正意义上的成文家法是在唐代才正式产生的。❺当时韩休、穆宁、柳玭、陈崇等人的家法较

---

❶ 关于《颜氏家训》的成书时间，学界出现多种说法，主要有"北齐说"和"隋代说"。但据朱明勋研究，认为它成书于隋朝时期，持此说者还有余嘉锡和王利器等人。参见朱明勋：《中国传统家训研究》，四川大学2004年博士学位论文，第71-73页。

❷ 陈振孙：《直斋书录解题》，上海古籍出版社1987年，第305页。

❸ 朱明勋：《中国传统家训研究》，四川大学2004年博士学位论文，第71页。

❹ 关于唐代诗人"家训诗"的具体诗作及其内容，参见徐少锦，陈延斌：《中国家训史》，陕西人民出版社2003年，第340-351页。

❺ 对于家法族规的渊源，可追溯至东汉，《三国志•魏书》记载：汉末田畴率族人数百，入徐无山避难，他曾订立有关杀伤、犯盗、争讼等方面的规约二十余条，以管理族人。而传于今日最古老的成文族规家法，当推陈崇于唐昭宗大顺元年（890年）订立的《江州义门陈氏家法》。参见钟艳攸：《明清家训族规之研究》，台湾师范大学2003年博士学位论文，第2-3页。

有影响。❶唐代的"诗训"和"家法"可算是族规家训新的表现形式,一定程度上也可说明当时族规家训相比于先前更为成熟。

就内容方面来看,隋唐时期的族规家训比前代也更为全面。一般而言,成熟的族规家训应包括"治人"和"治家"两个方面的内容。"治人"是指专注于家庭成员在品德修养和学业操行等方面的教育;"治家"则是旨在建立和保持一个健康的家庭(族)环境的有关教导和规范。前述先秦至汉魏六朝时期的族规家训的内容基本是集中在"治人"方面,而在"治家"方面相当缺乏。隋唐时期则不同,当时的族规家训在内容上涵盖了"治人"和"治家"两大方面的内容。如"古今家训之祖"的《颜氏家训》,单从该书所列20篇的标题中就可以看出,其中的《教子》《风操》《慕贤》《勉学》《文章》《涉务》《省事》《止足》《诫兵》《归心》十篇明显属于"治人"的范畴,而其中的《兄弟》《后娶》《治家》等篇则属于"治家"的内容。又如,从作为"帝训"的李世民《帝范》的12个篇章中也可以看出,其中的《君体》《诫盈》《崇俭》等篇主要体现了"治人"的训导,而《建亲》等篇中主要反映了"治家"之规定。又如,初唐王梵志的家训诗和晚唐柳玭《戒子孙》的家书中不仅谈到了怎么做人,还谈到了怎么治家。不过,当时"治家"的内容多局限于睦亲方面,理财、家仪、家规等其他方面的内容则少有涉及。即便如此,这也是汉魏六朝时期的族规家训所不及的。

由上可知,隋唐时期的族规家训对以往既有继承,又有很大发展,日臻成熟。它在表现形式上几乎包括了我国传统族规家训的全部形式,在内容上也是多方面的,基本涵盖了成熟族规家训"治人"和"治家"两方面的内容。这种发展状况足以说明隋唐时期是我国传统族规家训发展的成熟期。

---

❶关于唐代代表性的"家法"及其内容,可以参见徐少锦、陈延斌:《中国家训史》,陕西人民出版社2003年,第352-361页。

四、宋元明清：中国传统族规家训的鼎盛

宋元明清时期，理学盛行，统治者对族规家训的社会治理效用有了更深刻的认识，对族规家训的发展更为重视。此时期是我国传统的家族制度和家族组织日益完善的阶段，各家族非常重视族规家训在家族管理中的作用。同时，随着封建经济尤其是传统商品经济的迅速发展，社会风气为之大变，使族规家训的内容更加社会化和大众化。总的来说，宋元明清时期我国传统的族规家训由于受到多重因素的影响，在自身不断发展的基础上趋于完善，乃至出现鼎盛局面。这种鼎盛局面同样可以从其数量、形式和内容三个方面体现出来。

首先，数量空前。关于我国宋元明清时期族规家训的具体数量，因没有人进行专门的统计而无法确知，但我们依据一些文献资料和后人的搜集研究，可知宋元明清时期我国传统族规家训的数量浩若繁星。如从专著数量看，宋、明、清三朝正史中的"艺文志"里，一共收录了时人的族规家训著作52部❶，《中国丛书综录》中则收录了78部（去除和正史中重复的篇目）❷。当然，这些历史文献中收录的族规家训著作不全面，但仅凭不完全的数据也足以看出，宋元明清时期的族规家训比前述几个阶段都要多。同时，宋代以来，民间修谱之风盛行，而谱牒中大多刊有族规家训。因此，谱牒数量也一定程度上反映了当时族规家训的多少。如日本学者多贺秋五郎的《家谱的研究》一书共辑录了348篇家谱资料，其中包含族规家训并且明确标明是宋元明清时期的资料多达241篇，❸大约占了该书所辑家谱资料的70%。这也从侧面说明族谱中族规家训的数量是与族谱本身成正比的。有学者指出，世界各地现存我国族谱共计有

---

❶《宋史·艺文志》《明史·艺文志》和《清史稿·艺文志》中分别收录了时人族规家训著作11部、24部和17部。参见朱明勋：《中国传统家训研究》，四川大学2004年博士学位论文，第114-116页。

❷其中，宋代10部、元代3部、明代15部、清代50部。参见朱明勋：《中国传统家训研究》，四川大学2004年博士学位论文，第117-118页。

❸参见徐梓：《家范志》，上海人民出版社1998年，第144-154页。

四万三千种左右。❶这些族谱绝大多数是宋元明清时期的,这几万种族谱的存在反映了该时期谱牒中刊行的族规家训数量十分可观。再如,就诗训而言,虽然唐代的诗训因诗歌的盛行而繁荣,但此后宋元明清时期训子诗的数量其实不亚于唐代,宋代诗人陆游一人留传后世的训子诗或教子诗就达二百首之多。❷凡此种种迹象均表明,在我国历史上,宋元明清时期的族规家训数量空前,是其前后时期都无法超越的。

其次,形式完备。我国传统的族规家训就表现形式来讲,到宋元明清时期已经更为丰富多样,发展很是充分。这主要可以从如下四方面体现:第一,继承并充分发展了以前的各种形式。以前出现的如散文、专著、诗歌、家书、遗令、女训等各种族规家训形式,在宋元明清时期均得到继承,并获得更为充分的发展。如产生于隋初并发展于唐代的专著形式,在宋元明清时期则大量涌现,不仅数量远超前代,而且专著体式更为多样化。又如诗训方面,宋元明清时期的家训诗不仅在数量上比前代的总和还要多,而且在体裁上也较以前更丰富,主要表现为既有诗又有词,尤其是家训词这种新体裁是以前没有出现过的。❸第二,出现新的专著形式——族规家训集。前文谈到宋元明清时期的专著体式比以前更为多样,主要指当时出现了族规家训集这类新的专著形式。族规家训集是将前代或当代不同形式的族规家训或全文或部分汇集起来形成的专著。有学者指出,宋元明清时期出现了许多族规家训集著作,主要有家训集体式、家规体式、家仪体式、家书集体式和家训诗集体式等多种类型。❹第三,族谱中重在约束族人的族规家训非常普遍。前文述及宋元明清时期的族谱数量之多十分惊人,并且这些族谱中的大多数刊行了本族之族规家训。第四,具有族规家训功能的范世文献和乡约文献广泛流传。如《袁氏世范》《吕氏乡约》《朱柏庐劝言》等不仅是范世、劝世或乡约文献,还因其具有明显的教育性和

---

❶武新立:《中国的家谱及其学术价值》,《历史研究》,1988年第6期。
❷徐少锦、陈延斌:《中国家训史》,陕西人民出版社2003年,第437页。
❸朱明勋:《中国传统家训研究》,四川大学2004年博士学位论文,第150页。
❹朱明勋:《中国传统家训研究》,四川大学2004年博士学位论文,第134页。

规范性而被人们当作族规家训文献来看待。这说明宋元明清时期的族规家训已经打破了以往个体家庭形式而具有了社会性和大众性的特征，这也是当时族规家训得到全面发展的具体表现。

最后，内容全面。宋元明清时期的族规家训就其内容看，比以往任何时期都要丰富和全面。有学者指出，相比于以前，宋元明清时期族规家训的内容发生了许多重大变化，主要如贞烈观念强化、社会风俗教化内容增多、女训大量增加、限制子弟不良行为的戒律增多、宗子教育强化、家庭民主生活会制度创设、择业观念变化与商贾家训繁荣、宗规族训和家法惩戒加强、个人节操和民族气节教育受重视、养生之道的训示增多和性教育出现等。❶这些变化足以看出当时族规家训内容之广泛和全面。通过翻检相关资料，发现宋元明清时期的族规家训既包括如修身、交游、勉学、择业等"治人"思想，也包括如睦亲、理财、理事等"治家"内容。这些内容反映了宋元明清时期的族规家训不但重视"治人"，也重视"治家"，不但重视对先前族规家训内容的继承，也重视对当时族规家训内容的拓展，尤其是其中的择业、理财和理事等思想内容是前人不曾注意或很少注意的。为此，我们完全有理由证明此时期族规家训的内容较以前丰富得多，以至达到极盛。

上述三个方面既是宋元明清时期我国传统族规家训发展的基本特征，也是其达到鼎盛局面的主要表现，其后族规家训的发展就再也没有出现如此繁荣的局面了。

五、近现代：中国传统族规家训的转型

1840年鸦片战争后中国逐步陷入了半殖民地半封建社会的深渊，政局动荡，民族矛盾与阶级矛盾长期交织一起，构成了中国近现代百余年社会变革的基本面貌。此种背景下，各种思潮兴起，我国传统的族规家训也随之受到冲击

---

❶ 徐少锦，陈延斌：《中国家训史》，陕西人民出版社2003年，第479-489页。

并发生转型。这种转型适应了我国近现代的时代特征，主要从传统族规家训的形式和内容两方面的变化中体现出来。

族规家训形式出现转型。近现代族规家训在形式上虽然基本延续了以往的各种类型，如专著体、家书体、诗训体、遗嘱体、族规家法体等，但是也有不同之处，最主要的区别就在于，传统族规家训在宋元明清时期以专著形式为主，而发展到近现代以家书形式最为普遍。如林则徐、曾国藩、李鸿章、左宗棠、张之洞、郑观应、严复、吴玉章、冯玉祥、谢觉哉、何叔衡、徐特立、董必武、傅雷等，均通过家书形式来教育子弟及其晚辈。❶因此，无论是封建地主阶级还是洋务改革派的代表，无论是资产阶级改良派、维新派、革命派还是无产阶级的代表，均有大量的家书体族规家训流传后世，影响深远。正如有学者所言，近现代的族规家训"已经不是以传统的专著作为支撑门户的柱子了，而是以家书为主要形式"❷。也有学者感叹，家书体族规家训在近现代已经形成了风尚。❸家书体族规家训之所以能够成为近现代族规家训最为主要的类型，重要原因在于，受时代影响，我国人口的社会流动性加强，交通工具也日渐发达，人们长期远离家乡居住在外，加上近现代邮传业的兴起和发展，为家书的发展提供了便利条件，族规家训主要以家书形式表现也就成为可能。

族规家训内容出现转型。近现代族规家训的转型固然可以从其表现形式的变化中体现出来，但更主要的还当从其内容方面来看。也即是说，近现代族规家训内容的变化才是我们判定其是否转型的关键。通过对近现代族规家训内容的考察，我们发现近现代的族规家训虽然有许多传承和保留了若干传统的封建伦理纲常思想，如曾国藩等地主阶级改革派的家训中充斥着浓厚的封建儒家思想，国民党也极力提倡封建旧道德和旧思想，使当时的族规家训依然带有严重的封建残余。但是，随着近现代社会变革的加剧和外来思想的传入，我国的

---

❶ 这些近现代人物的相关书信介绍可以参见朱明勋的《中国传统家训研究》、徐少锦和陈延斌的《中国家训史》、王长金的《传统家训思想通论》等相关章节。

❷ 朱明勋：《中国传统家训研究》，四川大学2004年博士学位论文，第211页。

❸ 王长金：《传统家训思想通论》，吉林人民出版社2006年，第90页。

族规家训在内容上也展示出与时代同步发展的特征，融入了许多新的思想，体现了向近现代转型这一重要变化。这种变化主要有如下表现：第一，"开眼看世界"的爱国泽民思想。其以魏源、林则徐等最早开眼看世界的地主阶级改革派的族规家训为代表，如魏源的诗训和林则徐的家书体家训中都反映了强烈的"师夷长技以制夷"的爱国主义、民族气节和经世致用等思想。第二，学习西方先进科技以自强的思想。其以曾国藩、李鸿章、左宗棠、张之洞等地主阶级洋务派的族规家训为代表。当时的洋务派主张"中学为体，西学为用"，主张"师夷长技以自强"，反映在他们的家训思想中就是主张向西方学习，提倡经世致用。第三，兴办民族企业的实业救国思想。其以郑观应、冯桂芬等资产阶级改良派为代表，他们的族规家训中包含了振兴民族工商业、自立自强等思想。第四，变法自强以救亡图存的维新思想。其以严复、康有为等资产阶级维新派为代表，他们的族规家训中有主张学习西方以"开民智"，要求维新变法、救亡图存等内容。第五，丰富的反封建民主革命思想。清末民初资产阶级革命思潮兴起和发展，加上新文化运动的开展，宣扬了民主和科学思想，掀起了反封建的浪潮，许多资产阶级革命人士和知识分子的族规家训中就含有如破除封建迷信、反对剥削压迫、反对尊卑观念、抛弃旧的婚姻制度、提倡劳动自立等反封建的民主思想。第六，无产阶级的社会主义思想。"五四运动"后，无产阶级开始登上了历史舞台。作为无产阶级的代表，中国共产党人的家训中除了蕴含丰富的反封建思想外，也包含有以人民为中心的民主主义思想、大公无私的集体主义思想、反帝救国的爱国主义思想和追求共同富裕的共产主义理想等内容。纵观近现代族规家训的内容，其打破了以往的传统，"脱破了说教的窠臼，灌入了许多新思想、新知识"[1]。这正是近现代族规家训内容出现转型的重要表现。

因此，从其表现形式和思想内容的变化中均可以看出，近现代的族规家训已经在传统基础上发生了转型。这种转型体现了时代发展的特征，也反映了我

---

[1] 王长金：《传统家训思想通论》，吉林人民出版社2006年，第90页。

国族规家训顽强的生命力。

通过以上的梳理，我们可知中国传统族规家训文化源远流长。自产生之后，它就随着中国传统文化的发展而不断发展。中国传统族规家训，每个阶段都体现了一定时期的时代特征，是中国传统文化在各个不同时期家庭教育的具体体现。从其发展过程可知，中国各阶段的传统族规家训文化内涵十分丰富，特征非常明显，是融合中国传统的宗法制和儒家思想于一体的文化形态，是中国传统文化的重要组成部分。了解中国传统族规家训的发展阶段及其特征，有助于我们更深入地理解中国的传统文化，也有助于我们研究梵净山民族地区族规家训的发展阶段及其特征。

第二节　梵净山民族地区族规家训发展的阶段性特征

中国传统族规家训的主体思想是儒家思想，而儒家思想在中国各地的发展并不是同步进行的，它最初主要在汉族地区流行，后来逐步传播至周边少数民族地区和边疆地区，大致经历了由北到南，再往东南、西南、东北、西北等民族地区和边疆地区传播的过程。也就是说，受经济、政治和区位等因素影响，地处祖国西南的梵净山民族地区儒家文化的发展在历史上相当长的时期内是相对落后于黄河中下游地区和江淮流域的。作为儒家文化的重要载体，中国传统族规家训的发展也经历了类似于中国传统儒家文化由北向南，再向西南等地传播的过程。换言之，梵净山民族地区族规家训的发展并不是与中原地区和江南一带的族规家训同步发展的，而是相对落后于中原和江南等地，这是由中国古代传统文化的发展情况所决定的。因此，我们在讨论梵净山民族地区族规家训的发展阶段时，不能直接套用前文所探讨的发展阶段，而应该结合梵净山民族地区自身的发展实际来展开。总体而言，历史上梵净山民族地区族规家训的发展深受中原和江南等地的影响，这决定了它的发展过程相对晚于中原和江南等地相应发展阶段。笔者结合梵净山民族地区的历史实际，将该区域内族规家训的发展大致划分为产生、发展、繁荣、革新和复苏五个阶段，每一个阶段都体现出该阶段族规家训发展的特征。

一、产生：明代以前梵净山民族地区的族规家训

按类型划分，族规家训大致可以分为口头族规家训和成文（或文献、文字、书面）族规家训两大类。❶关于梵净山民族地区族规家训的产生，因资料的缺乏而无法考证其具体时间。但可以肯定的是，梵净山民族地区族规家训在远古时期就已经萌芽，主要表现为产生了一些口头族规家训。至少在明代以前，该地区已经产生了族规家训文献。

虽然梵净山民族地区因处古代西南"蛮荒"之地而致其文明进程相对缓慢，但我们可以推测，自进入氏族社会以后，该区域内氏族为了自身的生存和发展，会有意、无意地言传身教着氏族成员什么事情该干和什么事情不该干之类的训导之言。有学者指出："中国的远古社会必定产生了家法族规的雏形。"❷这种情形到后来的家庭社会中应该更为普遍，只不过由于梵净山民族地区大多民族长久以来因缺乏文字而使这些训导之言停留于口头上，停留于长辈的言传身教中。但不管怎么样，这是传统族规家训必经的一个过程和早期普遍出现的一种形式，并且这种口头族规家训的形式因梵净山民族地区的历史发展实际延续时间较中原地区更长。乃至如今，梵净山民族地区还有一些民族的族规家训依然靠口耳相传。这些族规家训的口头形式虽然因文字的缺乏而使后人无法了解其具体情况，但是由于"口头家训产生于文献家训之前"❸，故和全国其他地

---

❶ 徐秀丽：《中国古代家训通论》，《学术月刊》1995年第7期，第27页；朱明勋：《中国传统家训研究》，四川大学2004年博士学位论文，第7页。

❷ 费成康：《中国的家法族规》，上海社会科学院出版社2016年，第1页。

❸ 朱明勋：《中国传统家训研究》，四川大学2004年博士学位论文，第7页。

方一样，自先秦起，梵净山民族地区口头族规家训的存在应该是毫无疑问的。

秦汉以后，尤其是汉武帝以后，随着"大一统"王朝政治发展的需要，中央开始加强对包括梵净山民族地区在内的西南等地的统治，由此北方汉族军民逐渐进入梵净山区域，给长期处于封闭状态的梵净山民族地区带来了先进的中原文化，梵净山区域的社会风尚随之大变。这种现象在隋唐以后更为明显。地方史志记载："隋文帝开皇二年（582年）以田宗显为黔中太守"❶，他奉诏入黔，并率领"张、杨、邵、安、李、何、冉、谢、祝、覃"十大姓进军黔中。众多外来汉姓军民在黔中之地"瓜绵椒衍"❷，其中许多人逐渐定居梵净山地区。这样，大量外来汉姓军民的进入和繁衍不仅直接改变了梵净山区域的人口结构和民族结构，而且给梵净山地区带来了儒家文化，梵净山区域的家族制度随之兴起，家族组织日渐增多，族规家训文献也必然出现。笔者由于眼力所限，迄今未能见到隋唐时期梵净山民族地区具有族规家训性质的文献，但我们绝对不能由此否认隋唐时期该地区族规家训文献的存在，只能表明当时梵净山民族地区的族规家训文献比中原地区落后而已。

"自宋以降，我国的传统家训绝大部分存在于家谱之中。"❸虽然梵净山民族地区家谱的发展远远落后于中原和江南等地，存者寥寥，但其个别流传后世的宋代家谱中的确出现了一些具有族规家训性质的内容。例如，田祐恭于宋绍兴二十三年（1153年）在创修《黔南田氏宗谱》时为其作了一篇序，从这篇序中可以看出它具有族规家训的性质，某种程度上也可以说它其实就是一篇族规家训文献。兹将该谱序摘录于下：

---

❶刘显世、谷正伦修，任可澄、杨恩元纂：《（民国）贵州通志（一）》，《前事志四》，贵阳书局铅印本，民国三十七年，第396页。

❷夏修恕、周作楫修，萧琯、何廷熙纂：《（道光）思南府续志》，卷二《地理门·风俗》，巴蜀书社2006年，第52页。

❸朱明勋：《中国传统家训研究》，四川大学2004年博士学位论文，第5页。

◎ 少师公家谱原序

　　忆我祖宗，郡表雁门，源开京兆。发祥昌炽，庆衍云初。自隋唐迄我炎宋，其间孝子顺孙、忠臣良将，炳蔚历朝青史者。夫固皆班班可考矣。溯所由传，要皆矢忠贞之血性，成节义之显名。凤池声远，无非说礼敦诗，麟阁誉隆，悉皆请缨仗剑，振古如兹，于今为烈，屡邀帝眷，宠沐皇恩。念奇绩之难酬，世盟带砺，喜英雄之辈出，崇锡圭璋，以故分茅胙土，荣封遍楚、蜀、黔、滇。仰渥承熙，光裕及祖孙父子。此诚开辟以来，所独盛而罕其俦也。

　　予也恩承万世，派衍千枝，世守思州，益敦忠孝。先年策泸定播，不遗君父之忧，继且靖蜀宁黔，恪尽子臣之节，功云懋矣，福自申焉。步祖武于当年，固未敢私第多营。知有国而不知有身，计后昆之久远，亦必须贻谋燕翼，岂晰流而竟昧其源，此谱牒之所不能自已者。虽谓穰苴在周，功著司马，世传兵法之妙，田何居汉，文擅儒林，家推易学之宗，无俟谱牒之昭宣而已，识渊源之有自然。自今以往由一世以及万世，世远言湮，类于杞宋，倬无谱系于一朝，何以流传于奕冀想。予生平一十七，征讨贼平凶，活万姓将焚之骨，开疆辟土，控东南半壁之天，正气贯星日，功烈著朝廷。匪懈惟事一人豪侠，甲乎四海。天下之人，罔不争颂而加美。焉得不虞当时则荣，没则已焉者乎？顾谱之不可不修也，然显于西者，派远莫稽，而世于南者，瞭若指掌，自宗显公以及予，躬代越十四，历世之出没，鬣封群公之宏猷伟绩，一一备述，汇成谱牒。令后世之观者如去祖宗未远焉。谱成之日，诸寮友咸稽首而致贺曰："此诚公门万世子孙，永远发祥之善编也。"凡我子孙，自兹以始，务宜五世一续，十世再举。否则难免不孝之诛，祖宗在天之谴也。诚诵予之言，法予之志。毋以世远而不续，毋以派繁而不修。毋各亲其亲而遗分支之疏远；毋因贵尚贵而弃寒贱于无名。庶几子孙千亿，福禄攸同。昭忠义于百代，跻名位于三公。声誉扬乎四海，经纶著于九重。凛凛微言，载在谱中。凡尔子孙，其鉴愚衷。是训。

  时 宋绍兴二十三年春正月吉旦

十四世孙田祐恭垂训于翠松亭❶

  有学者指出，"无论是哪一类文献，我们在判断其是否为家训文献时主要是看其内容是否与教家训子相关"❷。按照这个标准，我们完全可以把宋代田祐恭的这篇谱序当作族规家训文献来看待。因为从其内容看，田祐恭在该序中提到要求在族谱中将田氏的历史源流、忠臣良将和孝子贤孙的丰功伟绩及宗派繁衍等情况一一备述，载入谱中，并要求后世子孙尊祖敬宗，相帮互助，不能各亲其亲，不能因贵尚贵，要子子孙孙福禄攸同，并告诫子孙昭忠义，跻名位，扬声誉，著经纶。这明显是在对族中子孙提要求和希望，是一番对后世子孙的训导和劝勉之言。从这篇谱序的形式看，正文末尾以"是训"结束，落款也用"垂训"一词，更直接反映了该篇谱序某种程度上就是一篇族规家训文献，即便这篇文献的标题没有冠以"族规家训"之名，但确有族规家训之实。

  至于宋代有无专门的族规家训单篇、专著或诗词，当时的族谱中有无专门的"族规家训"篇章等，因限于资料的缺乏，我们暂不敢断论。但仅从如上田祐恭的谱序可以看出，当时人们已经开始在有意识地编写族规家训了，只不过当时的族规家训从形式到内容均还不成熟。但不管怎么说，最迟到宋代时期，梵净山民族地区已经产生了族规家训文献。为此，我们将明代之前定为梵净山民族地区族规家训的产生时期。

二、发展：明代梵净山民族地区的族规家训

  明代是外来汉族人口移入梵净山民族地区的一个非常重要的时期。其间，大量外来汉族将士、手工业者、商人、流民及一些官员、文人等相继定居梵净

---

❶《黔南田氏宗谱》，《少师公家谱原序》，乾隆五年刻本。

❷朱明勋：《中国传统家训研究》，四川大学2004年博士学位论文，第7页。

山地区，其人数规模远较唐宋时期的汉军移民为多。加上中央王朝开始在梵净山地区进行"改土归流"，明代梵净山地区的经济、政治和文化均有了一定发展。此背景下，作为中国传统文化重要组成部分的梵净山民族地区族规家训也在原有基础上有了进一步的发展。

首先，族谱中的族规家训有所增多。由于绝大多数的族谱中载有族规家训的内容，故族谱的数量一定程度上可以反映该时期族规家训的多寡。虽然宋代时期梵净山民族地区的族谱已经出现，但笔者目前已知的仅有上文提到的田祐恭创修的《黔南田氏族谱》1部。而在明代，梵净山民族地区的族谱数量显然要比宋代多。当时除了多次续修的《黔南田氏宗谱》外，还有一些大姓也修了谱，出现了如《李氏族谱》《张氏族谱》《杨氏族谱》《安氏族谱》等多种姓氏族谱。据不完全统计，仅印江县一县境内留存至今的明代谱牒就有《张氏族谱》4部、《田氏宗谱》2部和《任氏宗谱》1部。[1] 这些数据虽然不能与同时期的中原和江南等其他地方相比，但与本地纵向比较，明代梵净山民族地区的族谱数量显然比以往有所增多。明代族谱的增多可以反映其中载有的族规家训数量也有所增多。

其次，族规家训的形式多样。上文提到宋代田祐恭的族规家训通过谱序形式表现。至明代，一方面继承了原有的谱序形式。如田祐恭的八世孙田儒铭于明洪武年间续修《黔南田氏族谱》时，也作了一篇谱序，其中表达了一定的族规家训内容。该谱序在阐述黔南田氏先祖历史及其为人处世基础上进一步指出，续修族谱是"遵祖训也"，"但愿后世子孙继继绳绳，以至于千百万世，莫不厘然灿然。将见家声与国运偕昌万世，庆渊源之有自；气节与经纶并著千秋，衍名誉于无疆。余故继祐恭祖训而谨续于简端如此"[2]。从中可以看出田儒铭显然是在依托这篇谱序给子孙以教导之言。这是对宋代田祐恭谱序家训思想的继承。另一方面，明代也出现了其他一些族规家训的表现形式。据笔者所掌

---

[1]《铜仁地区通志》编纂委员会：《铜仁地区通志》，卷五《文化》，方志出版社2015年，第3031页。

[2]《黔南田氏宗谱》，《宣抚公续谱原序》，乾隆五年刻本。

握的资料，可以知道至少还有如下三种形式存在：一是遗嘱形式。如明嘉靖二年（1523年），沿河县的张勖曾立有一遗嘱，他在该遗嘱中首先给子弟分好家产，然后明确指出："遗嘱之后，尔等务要兄友弟恭，毋得争长竞短，永受吾言，休违我命。如有不遵，天地监察，祖宗不容，自遭刑宪。"❶ 二是分关合同形式。如明万历二十二年（1594年），石阡县楼上村的周富、周嵩、周琦三兄弟曾立有分关合同，详载三兄弟的家产田土分配情况，并指出："自分之后，各照分关管理，子孙永无争议。丁粮二股，轮流赴库充当，不得一人推诿，立分关合同为据。"❷ 三是歌曲形式。如印江县坪兴寨等地的黄氏先祖曾将其"祖训词"谱上曲编成歌曲《黄氏祖训颂》，于明万历时由该村黄氏开基始祖黄世昂带入当地并传承下来。❸ 四是书信形式。如明嘉靖年间田秋的《诫子书》即是田秋对其小儿的殷殷劝勉之言，以自己的人生经历教育孩子如何去为人处世，为一典型的族规家训文献。❹ 以上提到族规家训的四种类型是笔者在明代以前梵净山地区的族规家训文献中所不曾见到过的，因此我们完全有理由认为该地明代的族规家训形式比以往要更加多样。

最后，族规家训的内容更广。上文宋代田祐恭的族规家训就其阐述内容来看，主要是要求后世子孙做到尊祖敬宗、孝亲睦族、相帮互助、尽忠昭义、扬名立世等内容。而明代的族规家训内容相比于宋代更加广泛。如田儒铭在其谱序中告诫子孙要追求"家声与国运偕昌"，"气节与经纶并著"，这些内容一方面是对其先祖训言的继承，另一方面又将家声和国运、气节和经纶放到同等重要地位，追求共同发展，已经意识到它们之间有关系，一定程度上表明当时的族规家训在思想内容上有了进一步的发展。印江《黄氏祖训颂》中的"外八句"为："信马登程往异方，任寻胜地立纲常。年深异境犹吾境，日久他乡即

---

❶ 张献荣等：《张氏源流史》，内部资料，2003年，第579页。
❷《周氏族谱》编委会：《楼上周氏族谱（1493—2008）》，内部资料，2008年，第21页。
❸《黄氏族谱》（续编）编辑组：《印江黄氏族谱》，内部资料，印江县档案馆藏，2017年，第10页。
❹ 收录于《田氏族谱》中，原标题为《西麓训子》，张子勇在对其作校注时改名为《诫子书》。参见张子勇：《田秋诗文校注》，光明日报出版社2017年，第126-128页。

故乡。朝夕莫忘亲命语,晨昏须荐祖宗香。惟愿苍天垂保佑,三七男儿总炽昌。"❶这首歌词反映了黄氏先祖鼓励黄氏子孙大胆走出故土,寻找更适合自己生存和发展的理想之地,不管到哪个地方落业安家,只要不忘祖宗、不忘祖训就行。这在安土重迁的传统社会无疑是一股新潮流。其内容不仅告诫后世子孙要尊祖敬宗,而且教育子孙"往异方""寻胜地"的生存之道,这也是明代以前的族规家训中不曾见到的内容。像石阡县楼上周氏三兄弟的《分关合同》、沿河县张勋的《分关合同》及其子辈的《八祖分关合同》等,均对家庭财产作出相关分配,要求后世子孙和睦共处,相帮互助,并对此安排遵行不悖。这说明明代族规家训的"治家"内容不仅反映在"睦亲"和"家规"等方面,也已经广泛地体现了"理财"等方面。这又是此前少有的现象。再如田秋在《诫子书》中,先讲述了自己的成长经历,以此来激发后人的志气,并通过示范效应和榜样力量,以身作则地启迪、教诲自己的后世子孙,同时主张"保护"合理的、正当的家庭和私有财产,但明确要求后人坚决拒绝不合理的"利权"。❷我们以此可知其内容不仅包含"治人"一面,也包括"治家"一面,相对来说,它作为单篇族规家训体现的思想内容还是较为全面的。因此,综观明代的族规家训,其内容不再局限于尽忠尽孝、敬宗睦族、心性修养、显亲扬名等人格修养和行为规范方面,还扩大至家庭理财、个人理事等方面,也即是说在"治人"和"治家"方面均有较大范围涉及。

如上从现存族规家训文献的数量、形式和内容方面,分别与明代以前进行比较,得出梵净山民族地区族规家训在明代取得了较大发展的认识。

三、繁荣:清代梵净山民族地区的族规家训

至清代,梵净山民族地区的政治、经济取得更大进步。政治上"改土归

---

❶《黄氏族谱》(续编)编辑组:《印江黄氏族谱》,内部资料,印江县档案馆藏,2017年,第10页。

❷钱明:《浅析田秋〈诫子书〉的思想特质》,《贵州文史丛刊》2018年第3期,第80-83页。

流"更为普遍，绝大多数区域逐渐变成了流官治理，中央政权在梵净山民族地区的控制力大增。经济上，随着中央在该地大力推行休养生息政策，以及大量外来移民的涌入和高产旱地农作物的引种，梵净山民族地区的经济得到前所未有的大开发。在政治、经济取得重大进步的同时，梵净山民族地区的文化发展也很明显，儒家文化以各种方式渗透于城乡各地。加上原有的家族组织发展到清朝已经根深叶茂，数量众多。这些条件都促使梵净山民族地区的族规家训在清朝取得巨大发展，以至出现繁荣景象。

首先，族规家训数量增多。关于清代梵净山民族地区族规家训的具体数量，我们因统计难度无法确知。我国传统族规家训由于主要体现在各类谱牒当中，笔者在此主要以已经获取或查阅过的相关族谱为例，从中窥探清代梵净山民族地区族规家训数量的大致情况。近几年，笔者通过各种途径，已经搜集到梵净山区域各类族谱63部。经查阅，其中除了4部没有记载族规家训的内容外，其余的59部都有族规家训的内容。而这载有族规家训内容的59部族谱中记载与清代相关内容的高达51部，占比86.4%。也就是说，绝大部分的族谱中记载了清代时期的族规家训内容。就这一点来看，其数量远远高于明代。许多族谱中记载的具有族规家训性质的篇数还不止一篇。如光绪年间编修的玉屏县《张氏族谱》中就有《修谱凡例》《圣谕十六条歌说》和《家规小引》3篇具有族规家训性质的篇章，当代编修的《贵州铜仁万氏族谱》中保留记载了清代族谱中已有的《万氏族规》《万氏祠规》《万氏家训（一）》和《万氏家训（二）》4篇具有族规家训性质的篇章，当代编修的《贵州印江黔东延陵吴氏宗谱》中也保留记载了清代时期的《吴氏祠堂训子孙条约》《祠规》《族规》《族训》和《家规五则》5篇具有族规家训性质的篇章。像这类以不同名称表现的具有族规家训性质的篇章在清代的族谱中大量存在，在此不再一一列举。按此计算，笔者搜集到的族谱中记载有清代族规家训的篇数达到120余篇。当然，清代梵净山民族地区留存至今的族规家训数量肯定远不止这个数据，因为还有大量的族谱因散落于民间而难以搜集，加上族谱之外的其他类型的族规家训也无法统计，所以如上数据只是反映清代梵净山民族地区族规家训数量的大致状况。

其次，族规家训形式完备。发展至清代，梵净山民族地区的族规家训表现形式更为多样，不仅继续沿用族谱中具有族规家训功能的如谱序、凡例和其他以家规、族规、家训、祖训、族训、家教、家法、家戒、家喻、祠规、宗规、宗训、条规等不同名称命名的专门的族规家训文献，也沿用以往出现过的如家书、歌曲、遗嘱、分关合同等不同形式。另外，还出现了一些新的表现形式，主要有：一是专著。如碧江区茶园山的徐镇于清乾隆年间撰有《徐氏家训十七条》，该家训虽然只有短短的79个字，但言简意赅，内涵丰富，教育面较广，是一篇专门的族规家训著作。有些宗族虽自己没有撰写族规家训专著，但是他们在修谱时把其祖上较有影响的族规家训著作收入谱中，当作该支族教育族众的专门的族规家训，如沿河县萧氏、印江县严氏分别于清代修谱时将各自先祖较有名气的《兰陵堂训》和《严子陵家训》收入各自谱中。甚至有一些宗族将不属于本宗族先祖所写的但在社会上很有影响的族规家训著作也收入谱中为己所用，如碧江区万氏就于清代修谱时将朱熹的《朱子家训》收入族谱，以此教育子孙。不管是自撰，还是借用，均说明清代梵净山民族地区族规家训以专著形式而存在的现象还是较为普遍的。二是诗训。以诗词形式来训子教孙在中国历史上很早就广泛存在，所以我们不能因暂未眼见清代以前梵净山民族地区的诗训资料而否认当时诗训的存在。但就笔者所掌握的现有资料来看，梵净山民族地区的诗训显然在清代数量为多，不仅一些文人个人撰有诗训，如碧江区茶园山的徐如洙就曾撰写《芸菜园示儿（二首）》《三女出适刘宅诗以送之（四首）》等多首家训诗❶，而且在有些姓氏编修的族谱中也有较多的体现，如玉屏县粟氏族谱中的《家训八字诗》等即是。三是族规家训集。族规家训集是将不同的族规家训汇集于一书而形成的著作。前述有些清代族谱中就将多种族规家训汇于一谱，这实际也是族规家训集在族谱中的一种表现。而清代梵净山民族地区最典型的族规家训集当数思南安氏的《儒行昌后图书》。该书是清代思南安姓的一本重要著述，是清代嘉庆年间杨家坳乡的安舒泰、安意泰、安景泰遵

---

❶ 徐承锦：《铜仁徐氏历代诗钞》，内部油印本（茶园山藏），1991年，第132-134页。

儒请祖临笔垂成，并组织木板刻印。清光绪二十一年（1895年）安氏族人又重新刊刻，木板印刷。该书共分四卷：第一卷为本传，主要写思南安氏始祖安崇诚及子安文、安武、安用、安赞的生平事迹；第二卷为昌后图书叙及英侯祖训；第三、第四卷为家训内集、家训，是始祖婆张夫人、杨夫人奉英侯祖命传图书以训万代子孙。还有文、武、用、赞、如山祖训等内容，都是以五言或七言诗歌的形式所写。❶ 四是乡规民约。梵净山民族区域内许多宗族发展到清代已经枝繁叶茂，一村往往居住着一个家族，因此这类村庄所制定的乡规民约实际就是一个宗族的族规家训。也即是说，清代梵净山民族地区族规家训还有以乡规民约的形式来表现的，如沿河县崔氏于光绪十六年（1890年）合族公立的《永远封禁碑》就属于此种类型。❷ 从上可以看出，清代梵净山民族地区族规家训的表现形式多种多样，远超前代，几乎涵盖了同时期中原和江南等地族规家训的所有常见形式。因此，表现形式的日趋完备是清代梵净山民族地区族规家训繁荣的一个重要表现。

最后，族规家训内容全面。就其内容方面看，清代梵净山民族地区的族规家训几乎面面俱到，远超前代。第一，"治人"内容广泛。一是其内容体现在"修身"上，即教育子孙以传统的伦理道德来陶冶性情以达到某种境界。清代梵净山民族地区族规家训的核心内容基本是关于修身问题的讨论，即要求子孙成为具备忠、孝、悌、仁、义、礼、智、信、廉、耻、恭、俭、忍、让等道德品质的人。如沿河县《陈氏族谱》所列"家训八条"中分别以"孝、悌、忠、信、礼、义、廉、耻"为标题❸，这种情况在当时的族规家训中多有表现。二是体现在"勉学"方面，即劝勉子孙要好好学习。这些内容不仅混杂于一些族规家训文献中，而且还出现了专门的"勉学"训言，甚至将其以立石刻碑形式呈

---

❶ 安显才：《思南安氏史志（1111—2005）》，内部资料，2005年，第59-79页。
❷ 该碑文的内容为："此山原系合族祖山，凡前后左右，无论公业私业，我崔氏子孙亲远不得在此葬地，如有佔葬窃葬，情事合议公议，轻则论罚，重则公同票究，誓不拘情。禁后各宜自重无犯。"于光绪十六年十月吉日合族公立，公元二〇一〇年八月吉日重立于沿河县崔氏陵园入口处。
❸ 其具体内容参见沿河县档案局藏《陈姓族谱》，内部资料，1996年复印本，第14-17页。

现。如印江县严氏在清道光年间修建宗祠时就刻了一块《严氏宗祠劝学序》的石碑,立于严氏宗祠内。❶ 三是教人如何择业也是"治人"内容的一部分。大多族规家训依然是沿袭了以往的以"耕读为本业"的思想,但是当时也出现了一些新的择业观,主要表现为凡是"四民"之业,均可为之,并坚决反对成为"四民"之外的"贱民"或游堕之民。如《思南秦覃氏宗谱》中"秦覃氏家训"中的第五条"守恒业"讲道,"在家重农事,出门细工商,人各守业,以行而有恒而得其道也","商恒为商,贾恒为贾","历天下之害,皆游手好闲者,樱利于弱民,可悲可鄙也。然则众姓有宗子督率之责,使子弟守其恒业,置身于四民哉"。❷ 由此可知,思南秦覃氏并没有传统的"贱商""耻商"思想,认为在"四民"之内,不管干何职业,只要好好干、努力干,做到"守恒业"就行。这种择业观是适应并符合时代发展的。其他如"交游""训子"等传统的"治人"思想在清代梵净山民族地区的族规家训中依然多有存在,此不例举。

第二,"治家"涉及内容也较多。"治家"的首要表现是"睦亲",主要分为"睦家"和"睦邻"两个层次。"睦家"就是要求家庭和睦,主要通过协调好家庭内部的父子、夫妻、兄弟、妯娌等关系来实现,这种教导子孙要家庭和睦的内容在当时的族规家训中大量存在。如《石阡县方氏谱牒》的"方氏家训"写道:"父慈子孝,兄友弟恭,夫刚妻柔,上和下睦。以引以翼,以享以祀,以介景福。"❸ 类似这种处理家庭内部成员之间关系的训言在清代梵净山民族地区的族谱中几乎都有存在。此外,各宗族不仅教导成员要正确处理好家庭内部的关系,同时也要正确处理好与族众及邻里之间的关系。如沿河县《李氏族谱》之"家训十则"中就不仅有"尊敬长上""孝敬父母""友爱兄弟"等"睦家"条目,也有"敦睦宗族""和睦乡里"等"睦邻"条款。诸如此类的"睦亲"内容在清代梵净山民族地区的族规家训中比比皆是。"治家"关乎"理财"。关

---

❶ 其碑文内容可以参见印江自治县文化体育广播电视旅游局:《印江土家族苗族自治县文物志》,内部资料,2012年,第140-141页。
❷ 思南县秦覃氏修谱编纂委员会:《思南秦覃氏宗谱》,内部资料,2010年,第462页。
❸ 方氏族谱编纂委员会:《石阡县方氏谱牒》,内部资料,2013年,第1页。

于如何"理财",清代梵净山民族地区的族规家训中有的提出"量入为出"之主张,也有的提出要珍视土地财产、耕作有方、取财有道等告诫,更多的是强调要提倡勤俭,反对奢侈和浪费。如玉屏县的尔昌公在其遗嘱中告诫儿孙"治家以勤俭为先"❶。石阡县楼上村的周易也在其遗嘱中提出,"处家之道,勤也,俭也,忍也。勤而不俭,不如不勤;俭而不勤,不如不俭;勤俭而不忍,不如不勤俭。三者并用而家道兴,且德业由兹成矣"❷。碧江区茶园山的徐如澍承其父性,特作《从俭说》一文来规劝后人。❸ 可见,时人将勤俭作为理财治家之最基本途径很是常见。"治家"关乎"理事",即如何正确处理与家庭相关的事务。这方面主要涉及尊卑有序、男女有别、婚姻的守则、遵循的仪式,以及避免争讼、反对各种恶习、落实族规家法等有关内容。这些"治家"内容在当时也很普遍。可见,清代梵净山民族地区族规家训的内容基本涵盖了"治人"和"治家"两大方面的各个领域,几乎无所不包。这应该是清代梵净山民族地区族规家训出现繁荣景象最重要的表现。

四、延续中革新:民国时期梵净山民族地区的族规家训

民国时期,虽然封建帝制已被推翻,民主共和思想在全国各地日渐深入人心,但地处黔东北的梵净山民族地区因交通闭塞、经济相对落后,受到新思想的影响极其有限,加上当时阶级矛盾仍然很深,专制统治依旧严厉,封建残余依然存在,诸多因素综合在一起使梵净山民族地区人们的思想开化程度比不上东部地区,许多家族依然固守着原有的传统文化,沿袭着旧有的行为方式。这反映在族规家训的内容特征上是既延续了旧有传统且带有很强的保守性,又在某种程度上适应了当时的时代发展而表现出一定的革新。所以,民国时期是梵

---

❶ 民国《玉屏洪氏族谱》卷之首,玉屏新亚印务局代印本,民国三十三年。
❷《周氏族谱》编委会:《楼上周氏族谱(1493—2008)》,内部资料,2008年,第16-17页。
❸ 关于徐如澍《从俭说》的具体内容,可以参见周政文:《黔东茶园山文化解读》,学苑出版社2010年,第424页。

净山民族地区族规家训对传统延续并有所革新的一个阶段。

从对传统的延续方面来看，虽然民国时期梵净山民族地区的族规家训总体上和全国状况一样呈现出衰退态势，但是许多宗族依然在沿袭着旧有的传统族规家训，与清朝时期相比较，无论在形式上还是在内容上基本没有多大变化。就形式而言，民国时期许多族规家训仍然像清朝一样采用如散文、书信、诗训、遗嘱、歌曲、契约、谱牒等多种形式。就内容而言，民国时期的族规家训依然多涉及尊祖敬宗、父慈子孝、兄友弟恭、和亲睦族等，教导的也是关于如何修身、训子、持家、治生、治学、择偶、择业等方法，劝诫的依然是关于拒绝和禁止不利于个人德行和家庭团结和睦的不良行为。如万山区杨氏长房隆裔于民国二十年（1931年）编入族谱的《家训诗》就分别以"孝父母""和兄弟""和夫妇""顺子孙""睦乡党""慎交友""守勤俭""戒斗殴""戒争讼""积德行"十个条目作为标题[1]，玉屏县洪氏于民国三十三年（1944年）编入族谱的《八德诗》也分别以"孝""弟""忠""信""礼""义""廉""耻"等为题来作[2]。这些正统规范的教育内容，显然与以前旧有的族规家训内容相一致。也有些家族不加任何修改，直接搬用其明清时期的先祖"遗训"来教育族众，如印江县新寨乡乐洋村的张氏族人将其明清先祖所订立的"十二条例"重新刊刻为《先祖遗训》的石碑，立于其张氏宗祠内，发挥其教化作用。还有些家族直接套用前朝的"帝训"作为本族的族规家训载入族谱以教育族众，如印江县《石氏族谱》中明确将康熙时期颁布的《圣谕十六条》原封不动地在该谱中冠以《格言》之名来教训子孙[3]。由此可见，对传统的延续是民国时期梵净山民族地区族规家训发展的一个基本特征。

民国时期梵净山民族地区的族规家训也出现了一些革新气象，主要表现为典型的时代特征和挽救民族危亡的危机意识。有学者指出，"近现代的家训

---

[1]《杨再思氏族通志》编辑部：《杨再思氏族通志（第二卷）》，内部资料，2006年，第86页。
[2] 民国《玉屏洪氏族谱》卷之首，玉屏新亚印务局代印本，民国三十三年。
[3]《石氏族谱》，内部资料，第4页。

在思想上相比清代以前的突出的特点就是教育内容上发生了实质性的改变"❶。我们也可以称这种实质性的改变为"转型",指的就是当时出现了一些革新的面貌。自鸦片战争以后,随着我国国门打开,鸦片种植因市场的刺激而日益增多。清末至民国时期,地处偏远山区的梵净山民族地区的鸦片种植也大有存在,社会上吸食鸦片的群体也日渐增多,给社会带来严重危害。为此,有些宗族为了避免族人染上这种不良风气,纷纷告诫子孙杜绝鸦片。如思南县安氏专门编制了《戒鸦片烟诗》,教导族人"切勿吹烟耍大仙","切戒鸦烟不染毫"。❷这对于当时不良社会风气的改变有一定作用。20世纪30—40年代,日本帝国主义入侵我国,给我国带来了深重的民族危机,救亡图存成为当时国人的首要任务。梵净山民族地区也有许多宗族通过族规家训号召族人积极参与到勇赴国难、保家卫国的行动中去。如民国三十二年(1943年),玉屏县张氏族人在重修族谱时,将原来的《家规小引》进行了修订,其中第一条就是"赴国难",❸凸显了保家卫国、共赴国难在其族规家训中的重要地位。同样,碧江区洋塘谢氏也在修订抗战时期的族规家训时,将"服兵役"作为第一条款,其下记载:"当兵义务,国民应尽;矧值国难,尤属紧急;父宜勉子,妻须劝夫;踊跃出征,切勿规避。"❹谢氏主张将抗击日本侵略者、挽救民族危亡作为其宗族的头等大事和族规家训的首要任务,把服兵役当作族众义不容辞的责任。也有些宗族意识到当时我国之所以国力衰微,主要是教育不振导致的,所以他们在其族规家训中非常重视教育。如上述洋塘谢氏在修订抗战时期的族规家训时,也专门写了"重教育"一条,其下曰:"教育一项,国脉所繁,启聋振瞶,富强之基,竞争时代,更应注意,凡有子女,入校宜急。"❺他们已经意识到教育是国脉所在,是强国之基,是竞争之要,要更好地报国必须进入学校接受教育。当

---

❶ 刘艳军,刘晓青:《基于传统家训文化视角的现代乡村治理与农民社会主义核心价值观培养研究》,光明日报出版社2016年,第7页。

❷ 安显才:《思南安氏史志(1111—2005)》,内部资料,2005年,第75页。

❸《张氏族谱》,内部资料,2012年,第81页。

❹《铜仁洋塘谢氏家谱》,卷二《史志门》,内部资料,2012年,第23页。

❺《铜仁洋塘谢氏家谱》,卷二《史志门》,内部资料,2012年,第23页。

然，他们所提倡的教育是以传播现代科技知识为主的新式教育，而不再是传统的以封建伦理道德为主的旧式教育。更为可贵的是，他们还提出"凡有子女，入校宜急"，即不管男女学童都需入校，这种主张女孩子也要接受学校教育的思想某种程度上打破了"男女不平等"的限制。有些人在接受新式教育后对传统的旧式家庭教育有所不满，建议族人改革教育方式，接受新鲜事物，用新的理念教育子女，必然能够培育出符合时代发展和国家需要的人才。沿河县淇滩镇的张泰钟曾写信给他的表叔：

> 订送你的杂志《现代父母》收到几多了？这杂志是做父母的唯一的良师，尤其是现代做父母的不可缺的宝贝，能够以上面所行所为所指示的种种方法去教养子女，去澈（彻）底实行，我相信所教养出来的子女不说单是身体健康，将来必定做国家的一个好国民。希望你以那上面所说的去做，切不可仍以十八世纪的老法来教育子女，压迫子女，使他们不能充分的发展其天职个性。你看了几本之后，你一定得了许多新常识的。❶

张泰钟在该信中劝告其表叔按照《现代父母》杂志中所提倡的种种先进方法教育子女，切不可再用18世纪的旧方式来教育后人，可见他对新式教育方式的重视，也是对传统封建教育发出的挑战。总之，从如上发展状况的梳理中，我们可知民国时期梵净山民族地区的有些族规家训富有鲜明的时代气息，呈现出反对封建专制，追求民主、科学、进步，主张废除陋习，要求振兴国家和挽救民族危亡的民主主义和民族主义的革命精神。

在对传统进行延续的基础上出现一定的革新，是民国时期梵净山民族地区族规家训发展的主要表现和总体特征。这既是当时政治上的封建残余与民族危机交织一起的产物，又是传统文化在继承与转型中的双重体现，反映了时人思想观念上封建与反封建同在、保守与进取并存的时代特征。

---

❶ 参见《一封抗战家书》，沿河县党史研究室张体珍先生收藏。

五、复苏：改革开放以后梵净山民族地区的族规家训

中华人民共和国成立后，优秀传统文化得到大力弘扬，糟粕腐朽的文化遭到进一步摒弃。与此同时，无产阶级的反封建思想和集体主义、社会主义文化得到较为充分的展示。党的十一届三中全会后，我国迎来了改革开放的浪潮，进入了社会主义发展的又一个春天，各项事业得到恢复并蓬勃发展，优良家庭和家风建设重新为社会所重视。在此背景下，梵净山民族地区的族规家训有了新的生存空间，重新获得较大发展，出现了复苏局面。

第一，族规家训数量上升较快。改革开放以后，族规家训依然主要通过各类族谱呈现。20世纪60—70年代，梵净山民族地区的族谱编修同全国各地一样，受当时政治社会环境的影响而处于停滞状态。然而，随着改革开放的进行，我国各地经济迅速发展，文化事业欣欣向荣，为族谱的繁荣创造了良好的条件。笔者收集到的63部族谱中，修于改革开放以后40年的数量高达41部，占了总数的65.1%之多。其中，修于20世纪80年代的有6部，90年代的有11部；21世纪头十年的有14部，第二个十年内又有10部。可见改革开放以后，梵净山民族地区的修谱之风逐渐复兴，并总体呈上升之趋势。当然，这41部族谱中均或多或少地载有各相关宗族的族规家训内容。也即是说，修谱之风的盛行某种程度上的确反映了族规家训数量的回升。

第二，族规家训呈现形式不一。单就族谱中族规家训的表现形式看，改革开放以后梵净山民族地区族规家训的表现形式也是多样的，主要从名称样式、体例形式和载承方式方面体现。在名称样式方面，当时的族规家训多以家训、族训、家约、族约、家风、族风、家规、族规、民约、规训等不同名称命名，这些不同名称实际都是族规家训的异名。在体例形式方面，族谱中的族规家训又多以提纲式、条款式、戒约式、诗训式等不同形式体现，尤其是诗训式的表现类型更为多样，如有三言诗、四言诗、五言诗、六言诗、七言诗等多种表达方式，当然多是口头诗，文字浅显，通俗易懂，适合在普通家庭推广应用。此外，有些家族还把个别家训诗谱成曲，以"家训歌"形式呈现，如万山吴氏宗

族的《族训歌》❶和思南邵氏宗族的《劝孝歌》❷。在载承方式方面,当代的族规家训大致以族谱、对联、遗令、家书、俗约、标牌等多种方式存在。

第三,族规家训内容多元。关于改革开放以后梵净山民族地区族规家训的内容,一方面大量继承了传统族规家训中的优秀成分,另一方面也增加了许多符合时代发展需要的或是反映时代先进政治文化和时代精神的新内容。这在最近四十年中续修各种族谱时新编的族规家训里有明显体现。如万山区杨氏宗族在其新编《家训》中,不仅保留了反映优秀传统文化的如"尊祖敬宗、孝顺父母、友爱兄弟、和顺夫妇、教训子孙、和睦宗族、勤俭治家、和睦乡邻"等条款内容,也将"热爱祖国""钻研科技"等条款写进其家训,❸足见该家族既重视优秀传统文化的传承,又具备敏锐的政治性和高度的爱国主义情怀,还具有重视现代科技的新时代的责任感和担当精神。类似万山杨氏族人那样新编符合社会发展需要的族规家训的宗族比比皆是。他们新编的族规家训除了为人处世和持家治业等优秀传统文化的内容外,还包含教育族人要热爱中国共产党、热爱国家、热爱社会主义和崇尚集体主义、崇尚科学精神、遵纪守法、维护民族政策和民族团结、践行社会主义核心价值观等方面的内容。这些内容是和时代发展相适应的,具有典型的政治性、民族性、规范性和科学性等多元化特征。

第四,族规家训利用方式多样。在国家对优秀传统文化日益重视的背景下,许多优秀的传统族规家训得到进一步的挖掘、整理和研究。在此基础上,梵净山民族地区的族规家训在当代也得到了较好的利用,并且其利用方式多样。除了如上提到的在修编族谱时得以利用外,主要还有如下一些基本方式:一是通过宗祠和乡愁馆来展示优秀的族规家训。改革开放以后,梵净山民族地区许多宗族对原已毁坏的宗祠进行了修复或重建,许多具备族规家训性质的宗祠对联、家族规范碑文等也随着这些宗祠的修复和重建得以再度展现。同时,近些年来,许多地方在新农村建设中纷纷兴建了一些乡愁馆,这些乡愁馆里也

---

❶ 关于该《族训歌》的具体内容,参见《吴世万氏族统谱》,内部资料,2006年,第118页。
❷ 有关其《劝孝歌》的具体内容,参见《黔东邵氏族谱》,内部资料,2005年,第764-765页。
❸ 参见《杨氏族谱·楚高公支谱》,内部资料,2015年,第418-419页。

对优秀的传统族规家训多有展示。二是通过文化广场和文化长廊来展示优秀的族规家训。当前许多农村建设了文化广场和文化长廊，这些广场和长廊也多以优秀的族规家训等来充实其文化内涵。三是在制定村规民约中渗透族规家训。当今各村几乎都重新制定了新时代的村规民约，许多村庄在制定村规民约时也融入了该村主要家族优秀的族规家训内容。四是通过文化标牌展示优秀族规家训。在当前的农村社会文化建设中，许多村落在主要的交通通道、典型的村寨巷道等地适当树立写有优秀族规家训内容的文化标识标牌，有利于优秀族规家训的传播。

总之，改革开放以后，梵净山民族地区族规家训数量的回升、呈现形式的不一、内容的多元和利用方式的多样等，均说明了该地族规家训的发展处于复苏的状态。这种复苏既反映在对优秀传统文化的继承上，又体现在适应新时代需要而作出的适当调整方面。

通过如上考察，我们可知，梵净山民族地区族规家训的发展大致经历了明代以前的产生期、明代的发展期、清代的繁荣期、民国的延续与革新并存期和改革开放以后的复苏期五个发展阶段。每个发展过程中呈现出来的发展特征既受到全国族规家训整体发展形势的影响，也是基于梵净山民族地区自身的政治、经济和文化发展基础之上而形成的。

第三章 明清时期梵净山民族地区族规家训的发展背景

宋代以来，尤其是明清以来梵净山民族地区族规家训的发展是在全国族规家训发展的大背景下逐步发展起来的。当然，梵净山民族地区族规家训的发展更有其区域自身的社会背景，尤其是与该地区社会经济、政治军事、文化教育的发展息息相关。本章即从上述三个方面着重考察明清时期梵净山民族地区族规家训发展的背景。

第一节　梵净山民族地区的社会经济

关于经济发展与文化教育之间的关系问题，中国古人很早就有相关的论述。如《论语·子路》中记载："子适卫，冉有仆。子曰：庶矣哉。冉有曰：既庶矣，又何加焉？曰：富之。曰：既富矣，又何加焉？曰：教之。"这段话体现了春秋时期孔子关于经济与教育之间关系的基本看法，即孔子认为，人们一旦在经济方面发展了，富裕了，就可以对之进行教育。这体现了经济是教育发展的基础和前提的观点。管仲也曾讲过："仓廪实而知礼节，衣食足而知荣辱。"这同样反映了经济是文明的基础。马克思主义唯物史观认为，经济基础决定上层建筑，这些都为我们探讨族规家训的发展条件提供了理论基础。也即是说，在社会经济发展到一定程度后，必然产生相应的族规家训。因此，要了解梵净山民族地区族规家训的发展，必须熟知该区域社会经济的发展状况。

一、社会经济发展状况

明清以来，中央王朝加强了对梵净山民族地区的统治。在生产力得到提高的同时，统治者还极力调整生产关系，推行休养生息的政策，尤其是"改土归流"政策的施行，改变了梵净山民族地区"化外""封闭"的社会状态，促进了当地社会经济的恢复和发展❶，使梵净山民族地区的农业、手工业和商业发展都有了较大的进步。

（一）农业生产提升较快

梵净山民族地区农业生产的发展有一个历史的过程，虽然明代以前各个阶段均取得一定发展，但是发展较为迅速的阶段是在明清时期。因为自明代开始在梵净山民族地区实行"改土归流"政策后，中央王朝日益加强了对该地区的直接统治。在当地人民的辛勤劳动下，该地区农业生产提升较快，农业发展成就明显，这可以从如下几个方面体现出来。

第一，农业生产技术不断提高。明代以前，尤其是隋唐以前，梵净山民族地区少数民族的生产技术非常低下，许多地方依然处于"火耕水耨，民食鱼稻"的原始生活状态。明清时期，虽然有少数地区依然沿袭着以往相对落后甚至原始的生产技术和生活方式，但是随着中央王朝对该地区统治的日益加强和该地人口的日渐增多，土地得到广泛利用，梵净山民族地区的农业生产技术不断提高，传统的精耕细作农业已经成熟，山地农业取得重大发展。

第二，鼓励垦荒背景下田土不断增多。明清时期，政府在梵净山民族地区采取了休养生息的政策，鼓励人们积极垦荒，开辟土地，发展农业生产。早在宋代，我国南方山地就出现了梯田，宋元时期，梵净山民族地区随着人口的增加，开辟的梯田数量也不断增多。地方史志记载："垦田随山势之高下，或斜而长，或环而曲，故不可以亩计，宋人所谓梯田者是，惟稍平坦处，略呈阡陌焉。""殷户田足，可招佃者，沃田认租，岁有常额。"❷如果将梵净山民族地区的土地数量从历史纵向来比较，明万历时期共约36.35万亩，到民国三十七年

---

❶ 黎帅：《清代黔东北经济开发研究（1644—1840年）》，光明日报出版社2021年，第46页。

❷ 夏修恕、周作楫修，萧琯、何廷熙纂：《（道光）思南府续志》，卷二《地理门·风俗》，巴蜀书社2006年，第49页、50页。

（1948年），总共达到196.76万亩❶。田土数量的增多是梵净山民族地区农业生产发展的重要表现。

第三，农业结构得到调整，农作物品种多样，产量增加。明代以前，梵净山民族地区的农业结构比较单一，明清时期则发生了很大变化。笔者曾对此作过详细考察，认为明清时期梵净山民族地区农业结构的变化主要体现在粮食作物和经济作物的种植两大方面。❷在粮食作物种植方面，不管是水稻，还是其他杂粮，都得到较大规模的种植，尤其是引进了适应力极强的如苞谷、番薯和马铃薯等旱地高产作物，其在梵净山民族地区的种植非常普遍，在百姓生活中占据重要地位。在经济作物种植方面，明清时期梵净山民族地区是以布料作物、油料作物和嗜食作物的种植最为典型。❸粮食作物和经济作物的广泛种植，极大地改变了明清时期梵净山民族地区的农业生产结构，使当地农业生产向多元化方向发展。

（二）手工业生产有所进步

在农业经济取得重大发展的前提下，明清时期梵净山民族地区的手工业生产也有较大的进步。这种进步主要体现在农副产品加工业的发展、林产品加工业的进步、矿产资源的开发和利用等三个方面。❹

首先，农副产品加工业取得较大发展。明清时期梵净山民族地区的农副产品加工业主要表现在粮食加工业和纺织业两大领域的发展。粮食加工以农副产品加工行业为主，其中最具代表性的就是酿酒业。随着农业生产的发展和粮食产量的提高，明清时期梵净山民族地区的剩余粮食也日渐增多，为酿酒业发展

---

❶《铜仁地区通志》编纂委员会：《铜仁地区通志》，卷二《经济》，方志出版社2015年，第782-784页。

❷ 李锦伟：《农业结构的变化与明清黔东商品经济的发展》，《农业考古》2010年第1期，第257-261页。

❸ 李锦伟：《试述明清时期黔东农村经济作物的发展》，《安徽农业科学》2010年第3期，第1606页。

❹ 李锦伟：《清代黔东地区手工业发展述论》，《铜仁学院学报》2010年第3期，第41-44页。

提供了物质条件。明清时期梵净山民族地区酿酒业的发展特征主要表现为酿酒原料丰富、酿造技艺提升和酒品种类多样三个方面。除了酿酒业的发展之外,其他如碾米、制面、制糖等行业也有明显发展。纺织业是明清时期梵净山民族地区农副产品加工的又一重要领域,主要有麻纺织、棉纺织和丝织业几种。纺织业的发展和粮食加工业的发展一道,共同推动了农副产品加工业的进步,是当时梵净山民族地区手工业发展的一个主要表现。

其次,林产品加工业有所进步。梵净山民族地区林业资源丰富,以此为基础的林产品加工业发展明显,成为明清时期梵净山民族地区手工业发展的重要组成部分。这些林产品加工业又以榨油、药材加工、编织、造纸和木材加工等为主。榨油业是因各种油料作物的广泛种植而兴盛起来的,并因原料的不同其油品种类也不一,有桐油、茶油、菜油、芝麻油、花生油、乌桕油、马鞍油、蓖麻油、君迁油等许多品种。梵净山民族地区的药用植物非常丰富,为当地药材加工业的发展奠定了基础。由此而出产的各种药材不仅数量多,而且品种丰富,如地方史志中记载清代的药材种类仅思南府就高达67种❶,铜仁府更多,达到92种❷。此外,编织业、造纸业等也较发达。

最后,矿冶业发展迅速。梵净山民族地区的矿产资源非常丰富,有金、银、铁、铅、铜、汞、锰、磁石等,直接促进了矿冶业尤其是汞业的发展。梵净山地区的汞矿开采历史悠久,至明清时期该区域内的汞矿开采范围更广,规模更大,产量更高。其开采范围遍及铜仁府、思南府、石阡府、松桃厅等地的各个州县,并且明朝政府早在明初就在这些地方设立了如板场、木悠、鳌寨、大万山等多个专门针对汞矿开采的管理和征税的机构——水银朱砂局。明嘉靖时规定仅思南府一府每年向朝廷入贡水银就达一百九十七斤八两❸,可见当时的

---

❶ 夏修恕、周作楫修,萧琯、何廷熙纂:《(道光)思南府续志》,卷三《食货门·土产》,巴蜀书社2006年,第119页。

❷ 中共贵州省铜仁地委办公室档案室、贵州省铜仁地区志·党群编辑室:《铜仁府志(据民国缩印本点校)》,卷七《物产·药类》,贵州民族出版社1992年,第109页。

❸ 谢东山、张道:《(嘉靖)贵州通志》,卷三《土贡·思南府》,齐鲁书社1996年,第95页。

汞业生产规模已经相当大了。至清代,梵净山民族地区的朱砂开采规模更大,尤以铜仁万山的朱砂质量更佳,获之最难,当然也最为昂贵。其他手工行业像淘金、冶铁、冶铅、冶铜、炼钢等在明清时期的梵净山民族地区也都有一定进步,在各地多有分布。

(三)商业发展成效明显

农业和手工业的发展是商业发展的基础和前提。明清时期梵净山民族地区农业和手工业的发展,推动商业不断发展,成效较为显著,主要从商品种类、经商人数和商业市场三个方面体现出来。

第一,商品种类丰富。农业和手工业的发展,直接导致农副产品和手工业产品大量增加。这些产品除了满足个体小家庭自身需要外,也有许多流入市场。例如,随着粮食作物的广泛种植和粮食产量的提高,不仅一些粮食如大米、番薯、苞谷等直接投入市场成为商品,而且有许多粮食被加工成各种产品,如酒、红苕粉、挂面和索粉等不仅在当地多有销售,而且贩运外地。随着明清时期梵净山民族地区农业经济和纺织业的进步,作为商品的各类布匹在市场上也较为常见。许多林业产品如桐油、茶油、菜油、麻油、乌桕油、君迁油等及茶叶、烟草、纸、中药材等也进入市场。至于矿产商品则以朱砂和水银为大宗,梵净山地区各府州县的地方志中几乎都有朱砂和水银远销外地的记载。总的来讲,明清时期农业和手工业均出现了商品化生产,大量的农副产品、林业产品、矿业产品成为商品,种类非常丰富。

第二,经商人数增多。随着商品种类的日益丰富,商品交换变得频繁起来,促进了经商人数的增加,商人队伍日益壮大。明清时期梵净山民族地区的商人既有外来客商,也有本地商人,且以外来客商为多,其中又以江西、陕西、湖广、四川等地商人为主。这些外来客商多从事商品的长途贩运,他们将梵净山地区缺乏的物资如食盐、布匹、棉花等运进来,就地贩卖后又把该地富余的土特产如桐油、木材、朱砂、水银、中药材等运销出去,赚取差价。外来客商的经商活动,不仅推动了当地经济尤其是商品经济的发展,而且一定程度上促进了当地经商风气的形成，一些百姓纷纷加入经商行列，改变了以往"鲜有贸迁"的现象。当时许多农人在农闲时走街串巷，肩挑负贩，做些小本生意，如思南府就出现"惟米、豆、猪、牛小负贩，俟农隙时村民多为之"❶的情况。本地商人和外来客商，共同构成了明清时期梵净山民族地区的商人队伍。商人队伍的壮大既是商业经济发展的结果，反过来也有力推动着商业的进一步发展。

第三，商业市场发达。随着明清时期商品经济的发展，梵净山民族地区的商业市场逐步繁荣，主要有府州县级和镇村级两类。前者为该区域内的中心市场，设在府城和县城，是该区域内的经济贸易中心，本地周边的土产和外来的货物大多先集中于这些府州县城，再集散贩运到区域内外。因而这些府州县城也就成为当地的商业中心或集散中心，如铜仁府城早在明代中期就出现"舟楫往来，商贾互集"的现象❷，成为该区域内的商业中心市场。后者就是农村市场，分布于农村的乡镇或人口较多且交通较便利的村寨，农民将其山货集中于这些农村市场出售，除了部分与本地百姓交换外，还有部分被贩运商收购运往更大的市场交易。此外，也有诸多外来商品进入一些交通便利的农村场市售卖，补充当地百姓生产生活所需。明清时期梵净山民族地区的农村市场不仅数量众多，而且场期稳定，多为五日一集，并且有些市场规模不断壮大，其中依托乌江和锦江水路兴起的市场规模更大，影响更加深远。总之，数量众多的地处乡镇或村寨的农村市场和地处府州县城的中心市场，构成明清时期梵净山民族地区商业市场的网络，是当时商业市场日渐发达的表现，促进了地方商业经济的发展。

总体上看，明清时期梵净山民族地区在农业、手工业和商业等方面都有了很大的发展。这说明当时的社会经济已经有了很大的进步，为其他社会事业的发展奠定了坚实的经济基础。

---

❶ 夏修恕、周作楫修，萧琯、何廷熙纂：《（道光）思南府续志》，卷二《地理门·风俗》，巴蜀书社2006年，第50页。

❷ 沈庠，赵瓒等：《（弘治）贵州图经新志》，卷七《铜仁府·风俗》，齐鲁书社1996年，第81页。

二、社会经济与族规家训的发展

经济基础决定上层建筑。明清时期梵净山民族地区社会经济的发展为当地族规家训的发展奠定了经济基础。我们将从以下两方面作分析,以说明社会经济的发展促进了族规家训发展这一历史事实。

(一)社会经济的发展促进了人口发展,推动族规家训的发展

随着明清时期梵净山民族地区社会经济的发展,该地区的人口数量迅速增长。自明代始,地方史志中即有梵净山民族地区各地人口的粗略统计。如思南府在明嘉靖年间,有"官民2637户,23666丁口"❶。明末清初,人口稍有减少,但经过清初的休养生息以后,到清中期人口增长非常明显。如清康熙三十年(1691年),思南府属原额人户共2644户,男妇共29817口;到乾隆六年(1741年),增加到6630户;道光十年(1830年),大幅增加到91842户,共有男妇376077口。❷所以,"休养生息垂二百年,滋生日蕃,寄籍亦日众,诚庶矣哉"❸。思南府的人口发展到清道光年间是明嘉靖时期的35倍之多,人口增长之多由此可见一斑。该府府志记载:"郡县户口备载《赋役全书》,思郡自前明迄国朝,案册具在,顾山巅水涯,居处零星,地里觭沙,编查不易,科吏虑为民扰,应以虚文,在所不免。准是以论,户口实数有其过之无不及也。"❹其他地方人口增长同样十分明显,如石阡府在明嘉靖时统计有官民杂役817户❺,

---

❶ 谢东山、张道:《(嘉靖)贵州通志》,卷三《户口·思南府》,齐鲁书社1996年,第102页。

❷ 夏修恕、周作楫修,萧琯、何廷熙纂:《(道光)思南府续志》,卷三《食货门·户口》,巴蜀书社2006年,第91-92页。

❸ 夏修恕、周作楫修,萧琯、何廷熙纂:《(道光)思南府续志》,卷三《食货门·户口》,巴蜀书社2006年,第91页。

❹ 夏修恕、周作楫修,萧琯、何廷熙纂:《(道光)思南府续志》,卷三《食货门·户口》,巴蜀书社2006年,第92页。

❺ 谢东山、张道:《(嘉靖)贵州通志》,卷三《户口·石阡府》,齐鲁书社1996年,第103页。

万历二十五年（1597年）报增824户[1]，乾隆时期又新增3945户[2]；再如铜仁府于明嘉靖时统计有官民杂役939户[3]，到清乾隆时新增户口1472户[4]，自嘉庆十九年（1814年）至道光三年（1823年）又新增户口166户，共29290户[5]，光绪时期再新增户口272户[6]，乃至出现"铜仁自设府以来，生齿蕃衍，几与大郡相埒"[7]的状况。如上地方史志中有关人口数量的统计和说明，无不反映出明清时期梵净山民族地区的人口增长非常明显。在经济资源有限的前提下，人口的迅速增长必然导致无业游民的日益增多，给社会带来一定的不稳定因素。因此，为了维护社会秩序的正常发展，上至国家统治者，下至普通家庭，都希望通过族规家训来教育、劝导、规范甚至制约人们的行为。此种背景下，族规家训必然得到一定发展。

（二）社会经济的发展导致宗族势力发展，促进族规家训的发展

族规家训是宗族（家族）为教育族众而制定的，故宗族势力的发展会促进族规家训的发展。随着社会经济的发展和人口的激增，明清时期梵净山民族地区的宗族力量发展迅速，不仅唐宋时期随田氏而来的"十大姓瓜绵椒衍，十

---

[1] 王耒贤，许一德等：《（万历）贵州通志》，卷十七《石阡府》，书目文献出版社1991年，第381页。

[2] 鄂尔泰等修，靖道谟、杜诠纂：《（乾隆）贵州通志》，卷十一《食货·户口》，巴蜀书社2006年，第190页。

[3] 谢东山，张道：《（嘉靖）贵州通志》，卷三《户口·铜仁府》，齐鲁书社1996年，第103页。

[4] 鄂尔泰等修，靖道谟、杜诠纂：《（乾隆）贵州通志》，卷十一《食货·户口》，巴蜀书社2006年，第193页。

[5] 敬文等修，徐如澍纂：《（道光）铜仁府志》，卷四《食货·户口》，巴蜀书社2006年，第334页。

[6] 中共贵州省铜仁地委办公室档案室，贵州省铜仁地区志·党群编辑室：《铜仁府志》（据民国缩印本点校），卷六《食货·户口》，贵州民族出版社1992年，第93页。

[7] 中共贵州省铜仁地委办公室档案室，贵州省铜仁地区志·党群编辑室：《铜仁府志》（据民国缩印本点校），卷六《食货·户口》，贵州民族出版社1992年，第93页。

倍于昔"❶，而且宋元明以来的其他外来姓氏经过几百年的繁衍生息也已经枝繁叶茂，子孙众多，加上本地以龙、石、吴、麻等为主的土著姓氏经过历代繁衍也变得人口繁多。这样，明清时期梵净山民族地区以姓氏为单位出现了众多的宗族大家，各姓宗族在人口庞大到一定程度后，又相继分迁四方，形成本姓宗族分支。大宗当中有小宗，是明清时期梵净山民族地区诸多姓氏宗族发展的基本状况。随着宗族势力的不断发展，各个宗族依托族规家训来管理家族就成为时代所需，这势必会促进族规家训进一步发展。正如有学者指出的那样，随着生产力不断提高和社会经济的不断发展，"家庭与家族的土地、粮食等的管理、分配、继承问题日益凸显，因此，家法族规日渐成为家族、宗族管理的重要依据"❷。除了族众外，宗祠和族谱也是宗族制发展的主要表现，我们要了解当时宗族发展的状况，有必要考察宗祠和族谱的发展情况。社会经济的发展，不仅为各姓氏族众增加创造了条件，也为其宗祠修建和族谱编修提供了经济基础，使宗祠和族谱的发展于明清时期出现繁荣景象。如宗祠修建方面，明清时期梵净山民族地区绝大多数姓氏修建有宗祠。据第三次全国文物普查统计，印江县修建于明清时期并留存至今的宗祠有20个姓氏的32座宗祠，其中杨氏和戴氏宗祠最多，分别有6座和5座。❸这是该县留存至今的宗祠数据，实际上该县修建于明清时期的宗祠数量远不止这些，只不过有许多后来因毁坏失修而消失于历史的尘埃中。就单个姓氏而言，梵净山区域各姓氏宗祠数量少则数个，多则几十个。如仅思南一县范围之内修建于明清时期的安氏宗祠就有20座。❹2017年笔者在碧江区瓦屋和漾头调研时，发现这两个乡镇方圆5千米左右的范围内修建于清代并留存至今的刘氏宗祠就有司前、瓦屋、丁家溪、翠

---

❶ 夏修恕、周作楫修，萧琯、何廷熙纂：《(道光)思南府续志》，卷二《地理门·风俗》，巴蜀书社2006年，第52页。

❷ 杨威，刘宇：《明清家法族规中的优秀德育思想及其当代价值研究》，人民日报出版社2016年，第3页。

❸ 印江自治县文化体育广播电视旅游局：《印江土家族苗族自治县文物志》，内部资料，2012年，第137-188页。

❹ 安显才：《思南安氏史志（1111—2005）》，内部资料，2005年，第437-440页。

溪、施滩、恶滩6处之多。宗祠修建后，一般需要有宗祠使用和祭祀等相关规定，故宗祠的发展必然催生祠规、祭规等族规的发展。就族谱编修情况看，一方面，族谱的编修需要一定的经济基础，而明清时期社会经济的发展提供了这个基础，使族谱编修有了基本的物质保障。另一方面，随着宗祠的修建，该家族会倾力编修族谱，以此维护该家族宗族制的良性发展。明清时期编修的族谱，往往包含许多族规家训的内容，也就是说，族谱的发展和族规家训的发展是成正比例关系的。所以，明清时期梵净山民族地区各姓族谱的大量涌现，说明该地区族规家训有了较大的发展。

第二节 梵净山民族地区的政治军事

作为中华传统文化的重要组成部分，中国族规家训的发展也受到特定时期政治军事状况影响。故要考察明清时期梵净山民族地区族规家训的发展情况，有必要了解当时该区域的政治军事状况。

一、政治军事状况

长期以来，历代王朝在梵净山民族地区实行的是羁縻之治和土司制度。自明代始，中央王朝开始在该地"改土归流"，推行"土流并治"政策，结束了该地区长期的游离状态，加强了对该区域的直接领导和管辖，推动了我国统一的多民族国家的发展。不过，其过程并非一帆风顺，而是伴随着军事战争，明清以来梵净山民族地区长期呈现政局动荡、社会不安的状况。

(一）政治上"土流并治"

明初，我国西南地区沿袭元代的土司制，梵净山民族地区依然分属思州、思南两个宣慰司管辖。宣慰司下又设若干长官司，对地方社会和民众进行直接管理。宣慰司和长官司的长官统称土司，他们在辖境拥有高度的自治权，拥有自己的军队，对中央王朝除了表示臣服、定期纳贡和承担一些出兵义务外，可以不再受中央王朝的管辖，基本游离于国家权力控制之外。这种情况使国家政策难以在土司管辖地区有效推行，也不利于统一的多民族国家的发展。随着统一的多民族国家加强统治的需要日益强烈，中央王朝对加强梵净山民族地区的直接统治的愿望就越加迫切，"改土归流"也成为历史发展的必然。

明永乐时期，中央王朝在贵州地区进行"改土归流"的条件日益成熟。明永乐十一年（1413年），思州宣慰使田琛与思南宣慰使田宗鼎叔侄间为争夺砂坑利而继续仇杀，永乐帝趁机以军事手段对"二田"进行讨伐弹压，派镇远侯顾成"以兵五万执之，送京师"[1]，果断地解决了"二田"争端，废除了思州和思南两宣慰司。明王朝开始在以梵净山民族地区为中心的黔东大地进行大规模的"改土归流"，以原两思辖地分设思州、镇远、黎平、新化、铜仁、思南、石阡、乌罗八府，委派流官进行管理，并在此基础上建立贵州布政使司。贵州由此建省，成为当时我国第十三个行省。通过"改土归流"，中央加强了对梵净山民族地区的直接管辖。但是，这次"改土归流"不彻底，仅废除了一些宣慰司，而原宣慰司下的大小长官司还大量存在，故梵净山民族地区在明永乐十一年后实际是处于"土流并治"时期。后来，为了进一步扩大流官统治区域，尽可能地使皇权渗入地方基层，明清中央王朝又多次在梵净山民族地区进行了"改土归流"，将大量长官司要么改为县或里、图、乡，要么直接撤销。至清代后期，梵净山民族地区绝大多数土司经历了"改土归流"。如原铜仁府辖铜仁、省溪、提溪、大万山四长官司，思南府辖水德江、思邛江、沿河

---

[1] 张廷玉：《明史》（第27册），卷三百十六《列传第二百四·贵州土司》，中华书局出版社1974年，第8167页。

佑溪、蛮夷四长官司，石阡府辖石阡、苗民、龙泉坪、葛彰葛商四长官司，乌罗府辖乌罗、答意、治古、平头著可、朗溪蛮夷五长官司，共有十七个长官司均经历了明清时期的"改土归流"。❶不过，由于"改土归流"的不彻底，明清时期梵净山民族地区"土流并治"的局面一直存在。这种"土流并治"主要表现在两个方面：一是就整个梵净山民族地区而言，既出现了众多因改流而成的流官治理的局面，也依然保留了一些土司，如施溪、黄道等长官司一直延续到清末民初才消失；二是就梵净山民族地区内的某一个行政区来看，中央王朝在对这些地方改归流官管理的同时，也多将原长官司长官授以土县丞、土主簿等土官职，即在同一地方政权领导班子中既有流官，也有土官。这说明，虽然在"土流并治"的过程中，流官统治逐步深入并巩固，土司统治逐渐削弱乃至趋于消亡，但是"土流并治"现象一直贯穿于明清时期梵净山民族地区政治的始终。

（二）军事上战争频繁

军事是政治的延续。明清时期中央王朝在贵州进行的"改土归流"虽然有利于加强中央集权，有利于推进贵州融入多民族国家统一发展的总体进程，但是其过程并不是一帆风顺的，尤其是当时"改土归流"后的社会矛盾表现得更加多样化。在"土流并治"格局下，社会上既存在土司与百姓之间的矛盾，也存在流官与百姓之间的矛盾，还存在流官与土司之间的矛盾。各种矛盾交织在一起，如若处理不当，就容易引发战争。而事实上，明清时期贵州"土流并治"的政治历史进程中确实也伴随着频繁的战争。有学者对明清两代贵州地区发生的战争年份进行过统计，得出的结论是，贵州在明清两朝543年中发生过战争的年份有372年，占所有年份的68.5%，尤其是清代出现战事的年份更是高达85%之多。❷可见，频繁的战事使明清时期的贵州经受着"血与火的洗礼"，地处贵州东北部的梵净山民族地区当然也不例外。

---

❶《铜仁地区通志》编纂委员会：《铜仁地区通志》，卷四《政治》，方志出版社2015年，第2442页。

❷刘学洙：《明清贵州：血与火的洗礼》，《贵州文史天地》2001年第6期，第36页。

明清时期，梵净山民族地区的"改土归流"虽然有利于中央王朝加强对该区域政治权力的渗透，强化中央政权对该区域的直接统治，但是也在某种程度上加剧了该地区各种矛盾的激化。如明清时期的梵净山民族地区，土流之间、土司与土司之间、平民与统治阶级之间的矛盾，层出不穷，抗争与反抗争斗争愈加激烈，战事此起彼伏，连续不断。据地方史志记载，元明清时期发生于梵净山民族地区的主要战事有：元至正二十六年（1366年）至明永乐十一年（1413年）的思南、思州"两思"田氏交恶；明洪武二年（1369年）至洪武十三年（1380年）的朗溪九姓苗民反明斗争；明宣德五年（1430年）至正统初年的石各野、吴不尔等"苗王"反明斗争；明正统二年（1437年）的黄柏山计砂苗抗明斗争；明正统十四年（1449年）至正德七年（1512年）周边义军在铜仁的战争；明成化十年（1474年）发生的石金州起义；明正德七年（1512年）至正德八年（1513年）的龙童保起义；明嘉靖十七年（1538年）至嘉靖三十一年（1552年）的龙许保、吴黑苗起义；明万历三十三年（1605年）发生的吴老乔、阿伦起义；明万历三十七年（1609年）至明末的红苗暴动；清顺治五年（1648年）至顺治六年（1649年）的张先壁转战黔东；清康熙十一年（1672年）至康熙二十年（1681年）的镇压吴三桂叛乱；清乾隆六十年（1795年）至嘉庆二年（1797年）的石柳邓起义；清嘉庆五年（1800年）发生的白老寅起义；清咸丰五年（1855年）发生的杨凤战死石阡乌江渡；清咸丰五年（1855年）至同治七年（1868年）的咸同号军起义；清光绪元年（1875年）至光绪六年（1880年）席卷梵净山的刘满起义；清宣统二年（1910年）发生的张尚轩起义。❶ 明清时期梵净山民族地区发生的这些战事呈现出持续时间久、波及范围广、战争规模大诸多特点。从战争时间看，该区域在整个明清时期绝大多数时间内出现了战争，长期遭受着战争的蹂躏；就单个战事而言，其持续时间少则数月，多则十数年，甚至数十年；就战争波及范围讲，当

---

❶ 参见《铜仁地区通志》编纂委员会：《铜仁地区通志》，卷四《政治》，方志出版社2015年，第2826—2847页。

时该区域内除了个别战事只涉及某一两个县域外，绝大多数战事波及整个梵净山区域内的所有州县，长时期出现无处不战的局面；从战争规模看，卷入战争的人数众多，大多战争参加人员是数以万计，乃至十数万甚至数十万计，如明永乐时期为了讨伐"两思"土司间的争斗，明政府派镇远侯顾成率五万大军入境弹压；尤其是因阶级矛盾、民族矛盾而起的以少数民族为主体的平民起义，更是一呼百应，集者甚众，如清咸同时期的号军起义，广大百姓纷纷加入，红号军、黄号军、白号军等各路义军风起云涌，此起彼伏。这些起义都遭到了中央王朝的镇压，如为了镇压规模浩大的咸同号军起义，清政府调动了湘、川、云、桂、贵五省十多万兵力，并组织地方团练近十万人，最终才把起义镇压下去。毫无疑问，清政府在镇压人民起义过程中也付出了沉重的代价，如为了镇压乾嘉苗民起义（石柳邓起义），清政府调两湖、四川、云贵、两广等周边七省十八万大军前来围剿，但起义军仍给政府军以重创，甚至导致如云贵总督福康安、四川总督和琳等清军统帅、朝廷重臣、封疆大吏喋血苗疆、折死军中的结局，给清政府以沉重打击。由此可见，明清时期梵净山民族地区的战争异常频繁，规模浩大，社会影响甚巨。

二、政治军事与族规家训的发展

明清时期，中央王朝通过"改土归流"，逐步加强了对梵净山民族地区的直接统治。在"土流并治"现象和流官统治逐步深入的过程中，虽然一定时期内维持了比较稳定的政治局面，但由于各种矛盾的存在使该地区统治的基础并不牢固，尤其是频繁的战争引起了区域内政局的长期动荡。然而，不管是何种政治军事状况，均在客观上促进了梵净山民族地区族规家训的发展。

（一）政治统治的需要促进族规家训的发展

在明代以前，处于羁縻之制和土司制度之下的梵净山民族地区，或因属"化外"之地，或因处"蛮荒"之区，长期不在中央王朝的直接管辖之下。也即是说，明代以前，中央王朝在梵净山民族地区的统治力量非常薄弱，导致包括族规家训在内的儒家文化在该地的传播速度也就相当缓慢。明清以来，随着中央王朝在梵净山民族地区"改土归流"的不断推进和政治统治的日渐深入，作为中原统治文化重要组成部分的族规家训在该地区也得到迅速发展。

明初，梵净山民族地区范围内的思州和思南两大田氏土司长期交恶，影响地方社会稳定，令中央统治者极为不满，终于引发了明成祖的调兵镇压。明永乐十一年（1413年），中央率先在贵州的梵净山民族地区拉开了全国"改土归流"的帷幕。虽然这种"改土归流"很不彻底，时断时续，乃至延续到清末民初，使梵净山民族地区长期出现"土流并治"的局面，但是梵净山民族地区"改土归流"的不断演进也正是流官统治逐渐深入的过程，这使梵净山民族地区与中央王朝之间的关系日益密切，中央集权不断加强。自西汉武帝以来，儒家思想就一直占据着统治地位，历代中央王朝均是以儒家文化作为最主要的统治思想，因此作为儒家文化具体表现之一的族规家训自然也就受到统治者的推崇。换言之，家族文化实际就是政治文化在家族中的表达，政治文化需要借助家族文化来施行和渗透。正因族规家训有其强大的政治作用，才会长期受到统治者的重视。所以，随着"改土归流"的进行，梵净山民族地区族规家训的发展就有了强有力的政治推力。明清政府为了扩大儒家思想在梵净山民族地区"土流并治"时代的影响力，并维护区域社会的稳定，大力支持和倡导地方族规家训的制定与运用。例如，明太祖朱元璋本着"治国之要，教化为先"❶的治国理念，非常重视社会风俗教化。他说："孝弟之行，虽曰天性，岂不赖有教化哉。自圣贤之道明，谊壁英君莫不汲汲以厚人伦、敦行义为正风俗之首务。旌劝之典，赉于闾阎，下逮委巷。"❷为此，他不仅亲自编撰《祖训录》以训诫皇子皇孙，还亲自订立被后人称为"圣谕六条"的"六谕"——"孝顺父母、尊敬长上、和睦乡里、教训子孙、各安生理、毋作非为"，以教化百姓。同时，

---

❶ 谷应泰：《明史纪事本末》（第一册），卷十四《开国规模》，中华书局1977年，第204页。
❷ 张廷玉等：《明史》（第二十五册），卷二百九十六《列传第一百八十四·孝义》，中华书局1974年，第7575页。

他还树立家庭典范,对世代合族而居的浦江郑氏大加褒奖,赞之为"江南第一家",极力推崇该家族《郑氏规范》的教化作用。其后,明成祖朱棣也编写有《圣学心法》,供皇子们学习和效仿。明仁孝文皇后还亲自撰写《内训》,作为明代重要的女训著作。至清初,顺治帝仿效朱元璋,重颁其教民"六谕",通行全国。其后,康熙帝订立了影响更大的《圣谕十六条》[1],雍正帝又将其衍化为《圣谕广训》,令全国上下遵行不悖。明清统治者亲自编订的圣谕及他们极力推崇的家族规范,成为当时民间族规家训订立的重要蓝本,并随着中央王朝统治势力的不断深入而推行到全国各地。在此背景下,为了更好地维护政治统治,明清梵净山民族地区的族规家训必然取得很大发展。

(二)频繁的战争推动族规家训的发展

明清时期梵净山民族地区政治上"土流并治"的过程伴随着频繁的战争。这些战争数量众多,持续时间长久,规模浩大,破坏性极强,是明清时期梵净山民族地区政局动荡、社会不稳定的主要表现。订立和运用族规家训可以在很大程度上规范人们的行为,维护社会的稳定,这不仅是统治者巩固政权的需要,也是各个家族谋求安身立命和进一步发展的需要。针对频繁的战争带来政局动荡、社会不安的局面,不管是统治者,还是普通百姓,均渴望通过族规家训的作用来维护社会秩序的正常运转。因此,频繁的战争确实在客观上起到了推动梵净山民族地区族规家训发展的作用。

首先,频繁的战争使统治者对族规家训有所倚重。面对频繁的战争造成的政局动荡、社会混乱局面,作为统治者的地方土司和中央王朝均希望采取措施以维护正常的社会秩序。而族规家训因传承着中国传统的儒家文化,并且通俗

---

[1] 康熙"圣谕十六条"的内容为"敦孝弟以重人伦、笃宗族以昭雍睦、和乡党以息争讼、重农桑以足衣食、尚节俭以惜财用、隆学校以端士习、黜异端以崇正学、讲法律以儆愚顽、明礼让以厚民俗、务本业以定民志、训子弟以禁非为、息诬告以全善良、诫窝逃以免株连、完钱粮以省催科、联保甲以弭盗贼、解仇忿以重身命。"(见马齐等:《清圣祖实录》,卷三四,康熙九年九月癸巳条,中华书局1985年,第461页。)

易懂，利于传播和被接受，对于安定人们的心思、规范人们的行为极其有利，自然成为统治者维护其政权的良好药方。早在明初，出于加强和当地土司的密切关系，同时也为了控制这些土司，强化中央集权，明王朝鼓励土司子弟学习儒家文化，支持土司家族制定族规家训。同时，这些土司作为地方的统治者，在了解到儒家文化的有效治人作用的前提下，也积极制定各自的族规家训。如朗溪土司先祖田儒铭于明洪武年间为其所编的《田氏族谱》作了一篇序文，实际就是朗溪田氏土司的族规家训。❶ 这说明族规家训已经在梵净山民族地区的土司家族中受到重视并得到传承发展。在弹压"两思"争战并进行"改土归流"后，为了进一步控制梵净山民族地区的各类土司，加强中央集权，中央王朝继续支持地方土司家族修订族规家训，促使明清时期梵净山民族地区的土司大家族如田氏、杨氏、张氏、安氏、冉氏、李氏、刘氏等，均先后多次对各自的族规家训进行了修订或补订。另外，由于明清时期梵净山民族地区的少数民族反抗斗争风起云涌，统治者除了进行血腥的军事镇压外，更加倚重地方宗族势力，力图将族规家训当作束缚民众的工具，因而不断号召梵净山民族地区的普通百姓尤其是少数民族家庭制定和完善族规家训，以更好地维护地方社会的安定，加强对梵净山民族地区的统治。

其次，频繁的战争使老百姓有自觉强化族规家训的诉求。明清时期频繁的战争不仅给统治者带来重创，更使老百姓陷入灾难。地方史志中有关百姓因遭受兵燹而蒙难的记载非常普遍。时居住于今贵州省铜仁市碧江区中南门的徐氏家族就在这场兵祸中全家遇难，唯有徐以暹因当时在南明小朝廷为官在外而幸免于难。他为了"避清"和自保，被迫迁往人迹罕至的六龙山腹地——茶园山过着渔樵耕读的隐居生活，并且告诫子孙以耕读为业，诗书传家，由此开启了茶园山徐氏家族耕读诗教的家训传统。无独有偶，石阡县楼上村的周氏家族也在"戊己兵变"中几乎全家遭难，仅有其四世祖周国祯在外为官而逃过一劫。他后来毅然辞官在家，教子训孙，并形成"不愿儿孙去为官，惟愿儿孙个个

---

❶ 参见《黔南田氏宗谱》，《宣抚公续谱原序》，乾隆五年刻本。

贤"的家训口耳相传于后世子孙。像碧江茶园山徐氏和石阡楼上周氏等这样的家族在兵燹后为求自保而自觉地制定族规家训以教育儿孙、繁荣家族的现象比比皆是。同时，战争导致社会不安、秩序不稳，许多家族内部也产生诸多不安定因素，面对这种境况，为维系族内安定，促进宗族发展，许多家族需要借助族规家训以壮大家族势力。总之，为了避免在战乱中淹没，明清时期梵净山民族地区许多家族纷纷制定、补订或修订族规家训，以此规范和约束族（家）人的行为，以便安全地度过乱世，使家族获得发展。也正是这一诉求极大地推动了明清时期梵净山民族地区族规家训的发展达到高峰。

由上可知，明清时期频繁的战争，加剧了政局的动荡和社会的不安，统治者为了维护政权稳定，老百姓为了维护家族发展，均需要借助族规家训来实现其愿望，这必然推动梵净山民族地区族规家训的大发展。

第三节 梵净山民族地区的文化教育

族规家训本身既是一种文化现象，又是一种教育样态；既是一定时期一定区域内文化教育的表现，又要受到地区文化教育发展的影响。故我们要考察梵净山民族地区族规家训的背景，不能不关注其族规家训发展所依托的区域文化教育基本状况。

一、文化教育发展状况

明代以前，梵净山地区的民族文化保留较好，中原地区的儒家文化在该地的影响力相对比较弱小。明代，经过明初中央王朝在梵净山民族地区的撤司建府和贵州行省的建立，以及此后陆续的"改土归流"，中央王朝逐渐加强了对梵净山民族地区的直接统治，中原汉族的主导性文化——儒家文化也广泛地渗透到该区域。同时，随着明清时期移民浪潮的出现，大量外来汉族移民纷纷进入梵净山民族地区，直接推动了汉族儒家文化在该地区的发展。这些儒家文化发展的主要表现可以从明清以来梵净山民族地区文化教育的发展状况方面得以反映。本书从学校教育、人才培养和社会风尚三个方面来了解明清时期梵净山民族地区文化教育的发展大状况。

（一）学校教育发展迅速

明清时期梵净山民族地区文化教育发展的主要表现是学校教育发展迅速。明代以前，梵净山民族地区的学校教育发展缓慢，进入明代以后，其学校教育逐渐有了起色。早在明初，统治者为了加强统治，非常重视教化的作用，意识到"教化之道，学校为本"❶，并将这种思想推行全国。在对梵净山民族地区撤司建府和"改土归流"后，中央王朝为了加强对该区域的统治，必然也将这种兴学兴教的思想施行于该地区，直接推动该地区学校教育的发展。笔者曾对明清时期梵净山民族地区学校教育的发展状况进行过系统考察，认为当时该地区学校教育已经有了较大的发展。❷ 由于古代的学校主要有官学、书院，以及社学、义学、私塾等类别，本书分别从这几个方面来梳理明清时期梵净山民族地区学校教育的发展状况。

1. 官学是学校教育的主体

官学即官方学校，亦称"儒学"，是封建时代由官府直接举办和管理的学校，有中央官学和地方官学之分，是我国封建社会历朝历代最主要的学校教育制度。明清时期，梵净山民族地区的官学教育有了很大发展，司学、府学、县学、厅学、卫学等官学纷纷兴建。梵净山民族地区最早的官学当属明永乐五年

---

❶ 谷应泰：《明史纪事本末》（第一册），卷十四《开国规模》，中华书局1977年，第204页。
❷ 李锦伟，刘玲：《明清时期西部民族地区学校教育的发展》，《兰台世界》2013年第27期，第50—51页。

（1407年）建立的思南宣慰司学。随着明永乐十一年（1413年）的撤司建府，思南宣慰司学遭废，改设思南府学。其时，乌罗府学、石阡府学、铜仁府学等也相继建立。明中后期至清代，随着"改土归流"的不断深入，又分别建立了平溪卫学、印江县学、安化县学、铜仁县学、玉屏县学、松桃厅学等多所官学。总之，明清时期梵净山民族地区共建有官学11所，其中府学4所、县学4所，厅学、卫学、司学各1所，❶保证了"改土归流"后每府（厅）、每县（卫）均有1所官学，直至清末科举废止。明清时期，梵净山民族地区的官学虽然数量不多，但纵向比较，却实现了从无到有的突破，发展也较明显，并且在该地区的封建学校教育体系中一直占有主干和主导地位，是当时学校教育的主体。

2. 书院是学校教育的重要组成部分

书院是自唐代兴起并不断发展的教学研究和培育人才的传统教育机构。梵净山民族地区的书院教育兴起较早，南宋时已出现。地方史志载："銮塘书院，在思南府沿河司，宋绍兴时建，今废，石碑尚存。竹溪书院，在思南府沿河司，尚留遗址断碑，余无考。"❷建于南宋的銮塘书院和竹溪书院成为梵净山民族地区最早的书院。明代"改土归流"以后，中央王朝为加强对梵净山民族地区的教化以巩固其统治，大力支持地方书院的建设，直接推动了该地区书院的发展。有关统计资料表明，除了前述銮塘书院和竹溪书院外，梵净山民族地区在明清时期出现的书院还有铜江书院、兔儿坪书院、镇东书院、明德书院、龙川书院、起凤书院、斗坤书院、为仁书院、中和书院、文明书院、龙津书院、正本书院、育才书院、凤冈书院、聚星书院、印山书院、崧高书院、凤鸣书院、凭依书院、鹤鸣书院、松茂书院、培宗书院、卓山书院、双江书院、文思书院、崇德书院、松阳书院等。❸这些书院的教育宗旨与官学类似，都是以培养封建统治人才为目的，是明清时期梵净山民族地区学校教育的重要组成部

---

❶ 贵州铜仁地方志编委会：《铜仁地区志·教育志》，贵州人民出版社1992年，第13页。

❷ 鄂尔泰等修，靖道谟、杜诠纂：《贵州通志》，卷九《营建·书院》，巴蜀书社2006年，第158页。

❸ 贵州铜仁地方志编委会：《铜仁地区志·教育志》，贵州人民出版社1992年，第25—27页。

分，培育了大量人才，推动了学校教育的发展。

3.社学、义学和私塾是学校教育的有益补充

与全国各地一样，明清时期梵净山民族地区的学校教育除了官学和书院外，还有社学、义学和私塾之类的学校，它们是当时学校教育的重要补充。社学有官办也有私办，多设于乡村（有些城镇也有）。义学是通过私人集资或政府公益金创办的免费学校，多招收贫寒子弟入学。私塾是一种开设于家庭、宗族或乡村内部的民间幼儿教育机构。社学、义学和私塾招收的对象基本是少年儿童，都是用于启蒙的教学机构。据统计，明清时期梵净山民族地区设立的社学主要有印江县社学、朗溪司社学、石阡府城南社学、石阡府城北社学、铜仁府社学、铜仁县社学、松桃厅社学、沿河县社学、省溪县狮象社学和省溪县方城社学10所社学❶，义学有思南宣慰司义学、铜仁府义学、思南府义学、石阡府义学、孟溪场义学、铜仁县义学、安化县义学、玉屏县义学、木黄义学、来安营义学、怀德堂义学、铁厂义学、罗家场义学等31所义学❷。至于私塾就更多，乃数以千计，如至清光绪三十一年（1905年），梵净山民族地区仅铜仁、玉屏、万山、石阡、思南和印江6县（未计松桃、江口、德江和沿河县）就有私塾1011所，塾师1011人，学生17233人。❸社学、义学和私塾等学校重在进行蒙学教育，在地方学校教育的发展中也起到了重要的作用。

上述官学（儒学）、书院、社学、义学和私塾等各类学校的纷纷出现，反映了明清时期梵净山民族地区学校教育的发展状况，一方面表明该区域的学校教育发展成果显著，另一方面也说明该区域在文化教育上确实是较前有了重大发展。

（二）人才培养成效明显

人才培养既是学校教育的基本目标，也是文化教育的主要表现。故要考

---

❶ 贵州铜仁地方志编委会：《铜仁地区志·教育志》，贵州人民出版社1992年，第23页。
❷ 贵州铜仁地方志编委会：《铜仁地区志·教育志》，贵州人民出版社1992年，第24-25页。
❸ 贵州铜仁地方志编委会：《铜仁地区志·教育志》，贵州人民出版社1992年，第28页。

察明清时期梵净山民族地区文化教育的发展状况,还需要了解当时该区域人才培养的大致情况。人才是指具有一定专业知识或专门技能,对社会做出贡献的人。明清时期,教育仍然是以培养封建统治人才为宗旨,科举人才依然成为各类人才的主体。

虽然科举制度自隋唐时就已兴起,但一直到明代以前,当时的梵净山民族地区因属"蛮荒"之区,科举教育一直未受重视。进入明代以后,尤其是随着"改土归流"的进行,中央王朝为了加强对该地区的统治,大力支持地方政府乃至社会各界就地兴办教育,鼓励人们参加科举考试,逐渐推动了该地科举人才的兴起。不过因明代前期的贵州区域未设考点,贵州考生需要去云南参加秋闱考试,极为不便,很大程度上影响了贵州科举人才的选拔,导致当时能够科考成功的考生非常少,尤其是能够登进士者更为稀有。如中央王朝在贵州正式设立乡闱(1537年)以前,梵净山民族地区考中进士的仅有申佑、侯位和田秋三人。然自明嘉靖十四年(1535年)朝廷批准田秋上书《开设贤科以宏文教疏》,并决定于嘉靖十六年(1537年)在贵州首开科考以后,梵净山民族地区的科举人才纷纷涌现。据不完全统计,在明清两代500余年的科举制度时期,铜仁、玉屏、石阡、印江、思南、德江、沿河7县(市)登进士者126人,中举人者1043人,有贡生1908人。❶当然,这些科举人才绝大部分是在明嘉靖十六年(1537年)贵州首次开科以来涌现出来的。从如上的统计数据看,明清时期梵净山民族地区的科举人才数量虽然与江南和中原等地区相比依然有较大差距,但是与贵州本省区域相比,却占有较大优势。如果按照明清贵州"七百进士六千举人"的说法,梵净山民族地区涌现出来的进士和举人人数大约分别占了全省的18%和17.4%。从这个占比看,明清时期梵净山民族地区培养出来的科举人才当居贵州各地区前列。尤其是通过纵向比较,该地科举人才的培养在明清时期可谓成效显著,有直追中原之势。这些科举人才大多被

---

❶《铜仁地区通志》编纂委员会:《铜仁地区通志》,卷五《文化》,方志出版社2015年,第3169页。

授予一定官职，或为政一方，或就教乡里，获得一定美名。如除了前述梵净山民族地区的首位进士、官至监察御史的申佑和有着"贵州教育之父"称号的田秋等名人外，像"中朝理学名臣"李渭、科甲冠铜郡的"陈氏八英"[1]、"十里三进士隔墙两翰林"的"石阡三杰"[2]、道光帝的老师徐如澍、农业专家黄世发、书法大家严寅亮等，这些人才不同程度地为国家建设和地方社会发展作出了重大贡献。诸多科举人才的纷纷涌现，说明明清时期梵净山民族地区的人才培养效果明显，是该地文化教育大有进步的具体表现。

（三）社会风尚"悉效华风"

随着学校教育的发展和人才培养的进步，明清时期梵净山民族地区的社会风尚也发生重大改变，主要表现为"悉效华风"，即儒家文化越来越多地渗透进当地社会生活的方方面面，在很大程度上改变着当地文化教育的发展走向。当地少数民族文化不断汉化或儒家化，即"悉效华风"面貌的出现，已经成为明清梵净山民族地区文化教育发展的一大特征。这从地方史志中有关风俗的记载中可以明显体现出来。如思南府在明弘治时期虽然"蛮獠杂居，言语各异"，但许多方面已经"渐被华风"[3]；至明嘉靖时期，则"汉民婚娶礼义、服饰体制，与中州多同"，"饮食言语素所服习，椎髻之俗，悍劲之性，靡然变易矣"，"夷獠多效中华，务本力稼"[4]；再到清道光时，更是"儒教大兴"，"士敦行谊，重廉耻，尊官长"，"涵濡雅化兢兢焉，各束修自爱，以卑污苟简之行为辱，垂今

---

[1] 陈氏八英：明代铜仁人陈珊，于明嘉靖三十二年（1553年）中进士，后其子陈扬产于明万历二年（1574年）中进士，另外两个儿子陈吴产、陈荀产都中举人，陈珊的两个孙子陈如旦、陈麟瑞及两个曾孙陈佳主、陈佳印也均中举人。陈珊一家四代之内，出了两位进士、六位举人，被后人称为"陈氏八英"。

[2] 石阡三杰：指清代石阡府的成世瑄、徐培深、张海澜三人。三人同在清嘉庆二十二年（1817年）中进士，被嘉庆皇帝和京城名宦誉为"贵州石阡三杰"，成为石阡近200年来的美谈。中进士后，张海澜与徐培琛同入翰林院，两家因同住石阡城内，仅一墙之隔，故又有"隔墙两翰林"之称。

[3] 沈庠，赵瓒等：《（弘治）贵州图经新志》，卷四《思南府·风俗》，齐鲁书社1996年，第51页。

[4] 谢东山，张道：《（嘉靖）贵州通志》，卷三《风俗·思南府》，齐鲁书社1996年，第82页。

弦诵遍乡里也"。❶可见，明清时期思南府的社会风尚不断变化，中原汉族文化在当地的影响日渐深入。这种情况在明清时期的梵净山其他区域也有着同样表现。如铜仁府在明弘治时期社会上"稍知礼义"；❷至明万历时，则"渐比中州"，"力本右文，士多向学"，土人习俗"渐被华风，靡然变易"❸；再到清乾隆时"民性淳和"，"声教渐敷，为之丕变"；❹清道光时更是出现"文教蒸蒸，今异于古"的现象❺。再如石阡府明弘治时也已"渐染中华之教"❻，至明万历时则"服嗜婚丧悉慕华风，土著夷民，其俗各异，涵濡日久，渐拟中州"❼。诸如这些地方史志对该地少数民族风尚出现如"渐被华风""渐拟中州""声教渐敷""儒教大兴""文教蒸蒸"等描述，反映了明清时期梵净山民族地区的儒家文化已经得到很大发展，儒家文化对梵净山民族地区已经产生了重大影响。社会风尚出现的"悉效华风"现象也是明清时期梵净山民族地区文化教育发展的一个显著表现。

  以上分别从学校教育、人才培养和社会风尚三个方面阐述了明清时期梵净山民族地区的文化教育所取得的成就。这在很多方面影响着当地社会的发展，也大大地促进了该地区族规家训的发展。

---

❶ 夏修恕、周作楫修，萧琯、何廷熙纂：《(道光)思南府续志》，卷二《地理门·风俗》，巴蜀书社2006年，第49页。

❷ 沈庠，赵瓒等：《(弘治)贵州图经新志》，卷七《铜仁府·风俗》，齐鲁书社1996年，第81页。

❸ 王耒贤，许一德等：《(万历)贵州通志》，卷十七《铜仁府》，书目文献出版社1991年，第393页。

❹ 鄂尔泰等修，靖道谟、杜诠纂：《(乾隆)贵州通志》，卷七《地理·风俗》，巴蜀书社2006年，第116页。

❺ 罗绕典：《黔南职方纪略》，卷六《铜仁府》，成文出版社，民国六十三年，第190页。

❻ 沈庠，赵瓒等：《(弘治)贵州图经新志》，卷六《石阡府·风俗》，齐鲁书社1996年，第64页。

❼ 王耒贤，许一德等：《(万历)贵州通志》，卷十七，《石阡府》，书目文献出版社1991年，第380页。

二、文化教育与族规家训的发展

明清时期梵净山民族地区文化教育的发展，为该地族规家训的发展奠定了文化基础。至于文化教育推动族规家训的发展情况，我们可以从以下三个方面作进一步的解读。

（一）文化教育的发展促进了儒家文化的传播，充实了族规家训的内容

在传统儒家思想作为正统思想的明清时期，文化教育的方方面面依然是以儒家文化为核心，所以文化教育的发展，必然推动儒家文化的发展。这从当时的学校教育及其人才培养中能够得到很好的反映。据统计，明清时期梵净山民族地区的各类学校使用过的教材主要有《钦定诗经传说汇纂》《钦定书经传说汇纂》《御纂周易折中》《钦定春秋传说汇纂》《钦定三礼义疏》《圣谕》《上谕》《御选资治通鉴纲目》《御制诗文》《钦定四书文》《十三经注疏》《二十一史》《朱子全书》《学政规条》《学政全书》《明史》《小学》《祭器考》《乐清》《训俗遗规》《性理精义》《近思录》《古文观止》《大清通礼》《四书正蒙》《古文雅正》《从政遗规》《乡饮酒礼义注》《臣鉴录》等。❶这些教材所反映的教学内容都属于传统的儒家文化范畴，从这些教材的使用中可以明显看出，当时学校教育完全就是以传播儒家文化为目的。并且，这些学校教育还与当时的科举取士紧密结合，学校教育培养出来的人才也是具备一定儒家文化基础的封建统治阶级所需要的人才。所以，从学校教育和人才培养方面看，基本是以传播儒家文化为旨归。此外，从当时社会风俗的变化同样可以窥见文化教育推动儒家文化发展的大致情况。如道光《思南府续志》之《风俗》载："嘉隆以来，儒教大兴，郡人李渭，倡理学，重躬修，教孝悌，行四礼，返朴还淳，士骎骎慕孔孟、排释老，习俗一归于正……士敦行谊，重廉耻，尊官长，非公事不轻干

---

❶ 贵州铜仁地方志编委会：《铜仁地区志·教育志》，贵州人民出版社1992年，第14-15页。

谒，自有明诸先，正以气节、道学、功业、文章，表着一时。迄我朝二百年中，涵濡雅化兢兢焉，各束修自爱，以卑污苟简之行为辱，垂今弦诵遍乡里也。惟家鲜恒产，衿青后多资馆谷谋生，俸入不丰，动形拮据，数十年中，府县振兴书院以时，给其膏火、笔资，又为筹宾兴公项，以助乡试途费，士林大有起色，各乡间有捐置义学之举，向后经明行修，以乡先正为则效，人文愈彬彬矣。"[1]这段描述更是说明当时梵净山民族地区的社会风尚已经儒家化了。

综观明清时期梵净山民族地区族规家训的内容，与中原等其他地区的族规家训内容大同小异，差别不大，主体内容基本包含"忠""孝""仁""义""礼""智""信""恭""悌""恕""廉""耻"等方面，体现的是积极有为、博爱厚生、公平正义、诚实守信、革故鼎新、文明和谐、廉洁守法的儒家精神。毫无疑问，这些族规家训中的儒家内容及精神与当时社会生活中儒家文化的广泛渗透息息相关，而社会生活中儒家文化的渗透又与文化教育的发展进步紧密相连。因此，明清时期，梵净山民族地区文化教育的发展极大地促进了该地区儒家文化的发展，也很好地充实和丰富了该地区族规家训的内容，进而推动了族规家训本身的发展。

（二）文化教育的发展提升了人们的文化水平，促进了族规家训的制定和推广

随着明清时期梵净山民族地区文化教育的发展，该地区不仅高级知识分子人才日增，而且社会整体文化水平大有提升。

一方面，人们文化水平的提升，提高了族规家训制定者的能力，有利于族规家训的完善。一般而言，族规家训要么由个人私订，要么由合族公立。从流传文献看，能够私订族规家训的个人基本是具备丰富传统文化知识的知识分子，如思南田秋、碧江徐镇、印江黄世发和严寅亮等，他们或为进士，或为举

---

[1] 夏修恕、周作楫修，萧琯、何廷熙纂：《思南府续志》，卷二《地理门·风俗》，巴蜀书社2006年，第49页。

人，编纂了各自的教子训言，影响深远。此外，一般乡绅如石阡周易、沿河张勖、玉屏洪聿麟等都是秀才或地方文化名人，他们也编写有各自的族规家训流传于世。可见，族规家训的个人制定者大都是具备较高文化水平的人。从现有数量看，明清时期梵净山民族地区传承至今的族规家训大多还是合族公立的。合族公立族规家训时并不是随便找些人来编制，而是要在族中找几位德高望重且具备较高文化水平的代表来负责，他们编撰完后再经宗族委员会审议通过后颁行。所以，不管是私订，还是公立，族规家训的制定者一般都是由文化水平较高的人来充任。从这个方面看，由于明清时期梵净山民族地区文化教育的发展提升了人们尤其是族规家训制定者的文化水平，也就必然有利于族规家训的制定和发展。另一方面，人们文化水平的提升，扩大了族规家训的接纳范围，有利于族规家训的推广。前已述及，文化教育的发展不仅培养了许多如进士、举人、秀才乃至生员等经过正规教育训练的知识分子，而且还促使略懂诗文、晓以孔孟之道、能识字断句明义的普通百姓大量产生。前者的传统文化水平相对较高，他们易于接受传统族规家训的说教和规定。即便是后者，因其也具备了基本的识字能力和一定的传统文化知识，他们对族规家训的接受程度也在逐步提高。换言之，由于明清时期梵净山民族地区文化教育的发展提升了人们的文化水平，实际就是提升了当地人们对族规家训的接受能力，这无疑有利于族规家训的进一步推广。因此，随着文化教育的发展，明清时期梵净山民族地区人们的文化水平得到普遍提高，不仅提升了族规家训制定者的能力，也提升了族规家训接受者的水平，于族规家训的制定和推广均为有利，必然推动族规家训的发展。

（三）文化教育的发展推动了宗族势力的壮大，扩大了族规家训的需求

宗族是指同一个男性祖先的子孙，若干世代相聚在一起，按照一定的规范，以血缘关系为纽带结合而成的一种特殊的社会组织。宗族的发展除了得益于前述社会经济的发展之外，也与我国传统社会中儒家文化的发展息息相

关。而明清时期的梵净山民族地区，其文化教育正是以传统儒家思想为主体内容，儒家宣扬的忠孝伦理、尊卑礼教、和合规范等均符合宗族发展的需要。此外，宗族的发展还得到统治者的推崇。因为我国传统社会中，政治与宗族是紧密结合在一起的，即宗族的稳定发展有利于政治的发展，"家国同构""家国一体""家是最小国，国是千万家"等思想早已深入人心，故出于维护统治出发，历代许多统治者极力推崇累世同居的大家族，号召各姓家族向其学习，如江州陈氏、浦江郑氏等家族就成为统治者推崇的对象，其家族文化《陈氏义门家规》和《郑氏规范》等也成为人们学习的典范。因此，在中央王朝的倡导下，随着以传统儒家文化为核心包括家族文化在内的文化教育的发展，明清时期梵净山民族地区的宗族势力必然得到发展壮大，出现诸多强宗大族。如早在宋代，田氏就率"张、杨、邵、安、李、何、冉、谢、祝、覃"十大姓安居梵净山民族地区，在此"瓜绵椒衍"，至明清时期已经成为该区域内人口繁众、势力强盛的宗族。除了上述田氏及张、杨、安、冉等十大姓之外，明清时期梵净山民族地区还涌现出如陈、姚、吴、徐、严、龙、麻、石、任、刘、王、黄等许多大姓宗族。这些大姓宗族的出现，反映了明清时期梵净山民族地区的宗族势力已经得到发展壮大。

随着宗族势力的壮大，各宗族对族规家训的需求也日增。这种需求主要表现在以下三个方面。其一，为调和宗族内部矛盾，需要族规家训。日益壮大起来的各宗族由于人口众多，因房屋和田地等分配问题，不可避免地会发生一些矛盾或争执。如果有一套可供调节宗族成员纠纷的族规法则，就可以起到防止矛盾激化的作用。为此，许多宗族为了调和宗族内部的矛盾，会制定相应的族规家训，以通过伦理道德教育来达到"家和万事兴"的目的。如石阡楼上周氏族人为了避免丁粮完纳中出现纠纷，合族制定了《丁粮条规》，规范了家族丁粮完纳制度，维护了宗族内部的稳定和谐。其二，为促进宗族成员的社会化，也需要族规家训。人不仅是自然人，更是社会人。而家庭、家族、宗族又是人社会化的首要场所，故制定规范的家庭教育和行为准则对于家族成员成长成才、适应社会具有重要意义。族规家训中为人处世、修身养性、交友为官、生产生活等方面的内容，都是家族成员走向社会、适应社会的必备知识和能力。可以说，族规家训在宗族成员的社会化过程中发挥着基础性作用，即宗族成员的社会化，需要族规家训的指引。其三，为使宗族能够在乱世中立足，也需要族规家训。明清时期的梵净山民族地区，大部分时间战争不断、社会动荡。各宗族为安全地渡过乱世，不致为战乱所淹没，纷纷制定和强化族规家训，约束族人的行为，以获得立足和发展。可见，随着宗族势力的壮大，为了调和宗族内部矛盾、促进宗族成员社会化和保证宗族立足于乱世，乃至培育宗族子孙成才等，均有赖于族规家训，发挥其教化和规范作用。此种背景下，族规家训的发展势在必行。

总之，梵净山民族地区的文化教育在明清时期得到了较快发展。这不仅促进了该地儒家文化的传播，充实了族规家训的内容，而且提升了该地人们的文化水平，促进了族规家训的制定和推广，还推动了该地宗族势力的壮大，扩大了族规家训的需求。文化教育的发展显然成为明清梵净山民族地区族规家训发展的重要推力。

第四章 梵净山民族地区族规家训的表现形式和传承载体

第一节 梵净山民族地区族规家训的表现形式

总体上来说，族规家训的表现形式可以分为口头类和文献类两大类别。一般而言，口头族规家训出现于文献类族规家训之前，但也并不意味着族规家训文献产生后就没有口头族规家训的存在。实际上，口头族规家训是一直存在于人们的生产生活过程中的。本书在对梵净山民族地区的族规家训进行相关问题的讨论时一般以文献类族规家训为基本依据。本节分别从其存在形态、表现形式和体例样式三方面对宋明以来梵净山民族地区族规家训的表现形式进行分析。

一、存在形态

宋明以后，我国族规家训的存在形态已经非常完备。受此影响，梵净山民族地区族规家训的存在形态也相当丰富，出现了如专著、散文、诗歌、遗嘱、对联、分关合同等不同类型、不同样貌的文献。

（一）专著

自隋初《颜氏家训》面世以后，族规家训开始以专著形式存在。随着时间的推移，至宋元明清时期，专著已经成为族规家训各种形态中最主要的形态。

清代《印江严氏族谱》中收录的《严子陵家训》当是一部家训集式著作。它汇集了其严氏先祖——汉代名士严子陵的各种教子训言而成，共分十六段，

每段论析某一个方面的做人原则或处世方式。全文如下:

◎ 严子陵家训

心吉则百事吉,闻过喜而意不逆,百无一二,千无一二。喜于闻过,岂非君子之人。所亲者君子,吾即君子也,所亲者小人,吾即小人也。君子处心尚恕,不恕,则与小人一间耳。

吾遇事则审,而求其理,不敢遽以私见定其去取,故少过误。损人即此自损也,爱人即此自爱也。

奢则财散,俭则财聚,用度当俭不当奢,亦理也。贪则有害于子孙,而且以是为子孙计,不胜其误矣。

吾家子弟,当急亲贤。广置田园,不如教子为善。颜子箪瓢,人知其贫,谁知其富,此箪瓢中万事皆足。

人之大患,在乎自满而以己为贤,故损其身,学无所成。近来学者多伪,至于临死亦安排。慈爱恭敬,可以修身,可以齐家,可以治国,可以平天下,安富尊荣由此而出。

吾家子弟,或适忝科名,未可以遽入仕,必待所学开明,从而自试,上不误君上任委之心,下不失人民倚赖之意,九泉乃祖于此无恨矣。

贤者德重,则服人也众;德轻,则服人也寡。观人之众寡,则知己德之重轻。

君子有所养,处富不骄,处贫不忧,无得失,无逆顺,其心常一,应酬不乱,无所不容。

圣贤垂训,盖使人求诸己也。人贫贱则忽之,事细身微则不谨,若此者,率以为常,君子于此战战兢兢敬心无二。

此身乃天地间一物,不必兜揽为己。处高堂则气宽,居茅舍则气隘,对风日则气清,当晦昧则不爽,类皆如此,以其有我也。叵耐之语起于心,已失道矣。人生一世,只忙迫一场便休。

学欲得要,则学不劳而成。不贪则百祥来集,贪则众祸生。人惟颠倒故多忧，不颠倒故常乐。人心至灵，惜乎错用却。君子无所欲，亦无所不欲，第由理而行耳。好学之心，人皆有之，其间所以不成就者，有待来年之失也。

大中至正之道，近在日用，见于动静语默，不必他求。凡我子孙之有家者，有栋宇可以居，或谷粟可以食，更有园蔬足用，若此等则已属于富矣。惜乎人有所不知，是以人间得知足者鲜。

学有进时，如龙换骨，如鸟脱毛，身与心俱轻，安享福泽无已。立家有法度，人不敢轻易。君子以国为先，祖宗次之；居官以民为先，子孙次之。善治国者，必以德教；德教行则治道成矣。实心无所往而不可，盖实心一也，可以应天下之万变。家事处置了则休，不留滞在心。君子仕宦，或有升擢，自雇其材不足则辞之，于义为当，于身则荣，才不称职，君子耻之。

治人不在威，得理则人敬服，如四三百，临事通变，寡怒人自不犯，死之日邻里下泪。

智乃我所自有，不患无智，此心不动，日夜常清，物至自明，事至自应，如明镜止水，毫发无差。有家者，起不可不早，食不可不齐，于此可观家之兴衰，吾家之乐不可量也。

贤者干事，谨终于始，万事存乎天命，不达则止。见人处世劳苦，孟子曰：臧氏之子，焉能使予不遇哉。凡有家者，当行七事，一曰好善，二曰谨虚，三曰长厚，四曰俭约，五曰行直，六曰容物，七曰质朴。此可以修身，可以齐家，而道在其中矣。世世子孙敬而听之。❶

这篇《严子陵家训》以"心"开篇，"心吉则百事皆吉"为首，教育族人做人要从心开始，须有一颗善良、诚信之心；又以"行"结束，劝导族人当行七事：好善、谨虚、长厚、俭约、行直、容物、质朴。有心有行，人生在世即可安身立命，修身齐家，立于不败之地。其说教论理既全面又深透，颇具教育

---

❶贵州省印江县严氏宗亲理事会：《印江严氏族谱》，内部资料，2010年，第11—12页。

意义。

清末民初，印江严氏后人，也是享誉国内的著名书法大家严寅亮曾重新编撰《严氏家训》著作一部，以之教育后人。❶有学者在对严寅亮生平事迹的相关研究中曾提到：他（严寅亮）亲自编写《严氏家训》教育子孙，对他们加强理想与道德的培养。❷临终之际，他留下这样的遗嘱："凡我子孙，世代必须遵循《严氏家训》，各奔前程，为国效力。"❸可见，严寅亮的《严氏家训》应是存在的，并且在其家族教育中的地位应很突出。

明清时期梵净山民族地区族规家训著作也以家规体式表现。如思南府原田氏土司家族后人于清代乾隆年间编撰的《田氏家规》❹，是一部家规体式著作。其开篇引言说明编写此家规的缘由和目的，然后分成"敦孝悌""定尊卑""教子弟""端品行""肃闺门""睦宗族""戒恶习""笃戚谊""隆师儒""重丧祭""戒奢侈"十一条款，并分别对每一条款进行叙述和论理说教。该著作以条款形式出现，虽然其条款仅十余条，总字数也仅千余字，但《田氏家规》所涉及的家规家教内容非常广泛，包罗万象，将各种道德教诫或显或隐地寓于相应的规条中，能够起到劝化和约束族人的双重效果。

明清时期梵净山民族地区的族规家训中还存在一种汇集式著作，其中最典型的当属思南安氏的《儒行昌后图书》。该著作系清代嘉庆年间思南杨家坳乡中岑安元吉之曾祖安舒泰、安意泰、安景泰尊儒请祖临笔垂成，并组织木板刻印。因年久不清，失板数十，到清光绪二十一年（1895年）由安氏裔孙安元吉送谱，由志儒、体道二人主持重新刊刻，木板雕刻。全书共分四卷：第一卷为本传，主要写入黔始祖安崇诚及子安文、安武、安用、安赞的生平事迹；第二卷为昌后图书叙及英侯祖训；第三卷、第四卷分别为家训内集、家训，是始

---

❶ 关于严寅亮的《严氏家训》一书，笔者虽曾多方打听，努力搜寻，但终未能得，故该书的具体内容笔者不得而知。
❷ 张明，张寒梅：《贵州乡贤严寅亮生平及其影响》，《教育文化论文》2016年第3期，第142页。
❸ 秦礼显：《中华书法之乡：印江古今书画集》，大众文艺出版社2011年，第150页。
❹ 田氏族谱统公支系续修专辑：《田氏族谱》，内部资料，2011年，第29-31页。

祖婆张夫人、杨夫人奉英侯祖命传图书以训万代子孙，还有文、武、用、赞、如山祖训等内容，都是以五言或七言诗歌的形式所写。❶

以上所举几例，均说明梵净山民族地区族规家训专著多有存在。不过，虽然其数量无法和中原及江南等地相比，也没有出现如《颜氏家训》《钱氏家训》《袁氏世范》《郑氏规范》《朱子家训》《朱柏庐治家格言》《曾国藩家书》等影响重大的族规家训著作，但作为一种主要的存在形态，专著类族规家训在梵净山民族地区的影响还是较为重要的。

（二）散文

散文是中国六朝以后出现的一种散体文章，它不押韵、不重对偶，具有写作方式灵活、易于抒发个人感情、注重文采和意境等特点。随着这种文体的逐渐流行，一些文人在撰写家训时也往往采用这种形式。明清以来，梵净山民族地区族规家训以散文形态表现的也多有之，试举两例。

万山、玉屏、松桃一带的重华堂《姚氏族谱》中刊载了一篇由姚贞会撰写的名为《家训》的文章，内容如下：

> 上天生人大异禽兽，非以其有五常之性，因有五常之理也。何谓五常，仁、义、礼、智、信，即天命之性也。何谓五伦，君臣、父子、夫妇、昆弟、朋友，即率性之道，孝弟而已。可知圣贤千经万典，垂训后世，俱以孝义为先，故孝顺，德也，顺则孝，逆则不孝。人子当怀抱时，不识不知饥饱凉燠、痛痒啼哭，父母曲体诚求，唯恐抚育未至，三年之爱，极其劬劳，至成人教养完配时，虑子债未完，拮据早夜，幸而其子贤肖，干蛊兴家名利奔驰时，唯子疾是忧，父母之恩，实同苍昊，窃见世间子弟，幼年爱亲敬长，不失本来天性，年当少壮，人欲渐胜天性日漓，一切问寝视膳、爱慕友恭之情，日见衰薄，此时父母援室，各有子女，乃身为父，不能尽子职，身养子不克报亲恩，至双亲垂白，弟兄分居，父母

---

❶ 安显才：《思南安氏史志（1111—2005）》，内部资料，2005年，第59页。

第四章　梵净山民族地区族规家训的表现形式和传承载体

87

或分养，或自灶，徒供薪水置甘旨于不问，此等人子，祖父产业，视为弁髦，劬劳教养，置之膜外，或父母教之以正，则互较长短，继之以怒交相御侮，不知君父有命，虽死无辞，天下岂有不是之父母哉。故人子由少而壮、而老，父母在堂，无时不当孝顺，无事可稍悖逆。用是备述，垂为家训云。❶

该篇姚氏《家训》以"力尽孝道"为中心思想，以抒情、记叙、论理等方式劝导子孙要孝顺父母。这是一篇典型的训子散文。

清代中期铜仁府茶园山的徐如澍撰写过一篇名为《从俭说》的散文家训，亦以说理等方式告诫子孙后代不仅要在思想上更要在行动上做到"从俭"。全文如下：

◎ 从俭说

夫礼义生于富足，家计窘则贪妄之计日以滋。凡可以谋利苟且便宜之事，将必至无所不为，品斯下矣。辱及先人，可忧孰甚？可羞孰甚？世之士农工商，皆各有本业。开其源在于勤，塞其流在于俭。不能勤者，生之无由，毋足论已。有能勤而仍不免于窘者，则以其不知俭之宜从也。能勤之人，躬亲其事，知生之大不易，应无不俭者。其有不俭，率皆逸居之妇女子弟辈，不知日用之艰辛耳。有辄用之，所有能几何？不能俭，徒勤何可恃？人情莫不好胜。居处不如人，思有以新整之；饮馔不如人，思有以鲜美之；衣服不如人，思有以更换之；亲族里党，庆吊往还，馈遗宴会，色色思有以夸耀之。不惟无不如人，并欲人人之不我如也。如家稍宽裕，犹曰出自探囊。如事费周张，必至转而称贷，久之借债还债，卒之有借无还，败落之余，百孔千疮，计无复售。昔之得已而不已者，今且于必不可已而已之矣。回视平日渠所不屑与接悭，窃窃焉，笑为鄙已甚者，其家计或依然如旧。俭与不俭，明效大验为何如哉！子曰："与其奢也，宁俭。"

---

❶ 姚茂钦：《姚氏族谱》，卷二《家训》，内部资料，1999年，第41页。

盖可忽乎哉！余是以有从俭之说，或谓余曰："俭为美德，人人知之，人人亦能言之，而不能人人躬行实践之也。"子之说，毋亦徒烦口舌，徒费笔墨乎？余曰："虽然，然吾为此说，亦以尽吾之心焉尔。"❶

大多家书类家训其实也是采用散文样式写成的。如明代思南田秋撰写的《诫子书》：

◎ 诫子书

吾幼承父兄之教，十三廪于学，十七荐于乡，十八下第回，始毕姻，二十一登进士第。时先太参公已七旬有二，太淑人已六旬有五；长兄素齐，作县新津；次兄松轩，分教邛州。吾以养病为归省之计，家居且八年。至嘉靖壬午年，素齐兄以曲靖府通判致仕，强予北上，太参公亦曰："恩命之光荣，愈于膝下之承欢也，有离忧而亲心乐，汝不闻乎？"乃以是年谒铨曹太宰乔白岩公，授福建延平府推官，癸未四月到任。甲申十二月本太参公讣音。丁亥服满，哭素齐兄。时松轩兄亦以服满，不仕矣。是冬起复，到部，授直隶河间府推官。

戊子春，行取授户部给事中。己丑，奉敕清查御马监。庚寅，升礼科左给事中。辛卯，充荣府册，封副使。便道归省，奉太孺人冠服于堂上，行焚黄之礼于墓间。是岁七月，复命到京，旋闻太孺人之讣。癸巳服满，已无仕进意。甲午，长男时中领云南乡荐第八名。丙申，已服过三年，迫于禁例，四月到京，补吏科左给事中，五月升户部都给事中，十二月升福建布政司右参政。过家，哭松轩兄。丁酉八月到任。戊戌年，奉表，过家。己亥，复升四川按察使，过家，十月到任，十二月有回禄之变，家计罄空。庚子，升广东右布政使，过家，次男时龙领贵州乡荐第一名。十二月到任，佐蔡半州司马，征琼州之黎。

---

❶ 徐如澍：《宝砚山房文选》，《从俭说》。转引自周政文：《黔东茶园山文化解读》，学苑出版社2010年，第424页。

辛丑六月，师次雷州，闻时中、时龙会试下第，连丧于京邸，疮钜痛深，方过迷乱，弃官而归。再疏请乞致仕，乃得准家居，修饰先墓，创建宗祠，买祭田以供粢盛，置邸舍以供祭物。暇则修桥梁、治药饵，以惠乡民，耕作凿井之外，别无经营以自封，平生耻攀权要、干谒贵。致仕以来，未尝入官府干挠公事。居官虽二十年，历俸未及九。性甘淡素，居官且不当利权。在广东仓皇就道，不持一物，途中家人腹痛，觅胡椒不得，乃于邵州市二两。年四十八致仕，今已登六旬，秉赋素弱，加之忧患，尔来日渐衰颓。痛念时中、时龙，俱以奇才早逝，二妇不能守节。尔时都茕然孑立，况娉李氏，比及婚期，彼又夭殁，兹载娉安氏，宗祧之念，吾所最切。

读书，不止于应举取科第，内则以之涵养气质，熏陶得性，外则资之以抚世酬物。若修身慎行，不辱先人，虽不能成大名，亦为贤子。居官持廉者多深刻，吾廉而不刻也，宜有后人。各处庄田，俱以俸资倍价得之，修治之资又十倍于买价，尔宜保守。诸兄、姊丈，多贤读明义理者，凡事难处者，可咨询请教，必不汝欺。锡目、越溪、善都，俱营有兆域，择而用之，余以待吾辈。汝力弱，不能别求，庄地虽劣，亦免争竞也。犹后子孙众多，当以二人继二兄之后。

呜呼！吾少颖敏，过目几于成诵，惜未经大儒指授，偶得科第。于道未闻，未成童而食廪；君恩至重，未尽致身之节；少为父母所钟爱，乃以虚名奔走，竟逢属纩之日，此皆吾终身所抱恨。尔生也晚，未知吾履历之详，因述吾平生梗概以贻尔，幸毋若伯鲁之简紊。❶

田秋在该篇《诫子书》中从讲述自己成长经历出发，告诫儿子在读书、为官、持家、治业等方面应持的态度，至情至理，用心良苦，用情颇深，是一篇专门教子的散文作品。

因散文既具有题材广泛、写作自由、生动活泼的特点，又能够抒发作者情

---

❶ 选自张子勇：《田秋诗文校注》，光明日报出版社，2017年，第126—128页。

感，感染力强，还可以展示文采，故一直深受文人的喜爱。因此，梵净山民族地区一些文人在撰写族规家训时也多用散文形式，从而使散文成为当时族规家训的一种存在形态。

（三）诗歌

作为一种抒情言志的文学体裁，诗歌强调节奏和音韵，注重结构上的形式美。它在我国古已有之，尤其是唐宋以后，作诗填词已然成为社会风尚。因此，"诗训"很早就已经成为族规家训书写的一种常见形式。明清以来，梵净山民族地区的诗歌体族规家训有诗、词和歌曲三种具体形态。

1.诗

用诗来表现的族规家训，在明清以来的梵净山民族地区较为常见，尤其在一些文化水平相对较高的家庭用诗训形式来教化子孙的现象更多。例如，有"黔东文化古村落"之称的碧江区茶园山的徐氏家族一直崇尚耕读为本、诗礼传家。在该家族成员流传至今的众多诗词当中，不乏一些用以训子教孙方面的家训诗。如徐如澍的《示儿子》：

> 春朝春夜好时光，试把工夫自转量。若是读书人替得，老夫情愿为儿忙。❶

徐如澍通过《示儿子》一诗劝其儿子要珍惜时光，在读书方面必须全靠自己，要下苦功夫，努力学习。他还写有许多教育子弟方面的家训诗，如《寄来甫弟》《家寄书口占示舍弟》《由施秉寄邬玉山兼示诸甥》《示舍弟春融、乐源、朴民》《示舍弟》《舍弟涵以选拔来京诗以勉学》等。❷ 其弟徐如洙也写有家训诗多篇，如《芸菜圃示儿辈（二首）》和《三女出适刘宅，诗以送之（四首）》等：

---

❶ 徐承锦：《铜仁徐氏历代诗抄》，家族内部资料（油印本），1991年，第120页。
❷ 参见徐承锦：《铜仁徐氏历代诗抄》，家族内部资料（油印本），1991年，第97–126页。

◎ 芸菜圃示儿辈二首

　　小有闲园近草堂，薅锄栽种不辞忙。贪馋也美屠门嚼，扪腹还思计久长。

　　残蜂胜蝶影迟迟，正是秋菘转味时。下箸莫嫌滋味淡，淡中滋味老来知。❶

◎ 三女出适刘宅，诗以送之四首

　　及笄当嫁趁佳期，作妇难同作女时。膝下无妨由汝逸，堂前未许恃姑慈。顺承色笑还宜敬，奉侍晨昏合有仪。须识老年多寂寞，周旋常要近萱帏。

　　中馈事归新嫁娘，鸡鸣盥栉作羹汤。咸酸异嗜原无定，生熟同情合有常。既识物宜随意制，未谙食性倩人尝。饘饴酒醴须先备，莫待临时逐件忙。

　　两姓联欢本凤缘，今朝为尔庆团圆。多才不算闺中秀，克顺才为阃内贤。男儿勤劳须见恕，女子辛苦要垂怜。宽和自是宜家法，况在初归此最先。

　　查惟裙布与荆钗，崇俭堂前称老怀。慈意亦知诚菲薄，微仪已觉费安排。他年预卜芝兰茂，此日欣占唱和谐。鼓乐香车东望远，儿家瑞霭集庭阶。❷

作为一个区域内的文化大家族，茶园山徐氏家族流传后世的家训诗还有若干。并且，该家族中不仅徐姓男子善诗书，而且其媳妇们也多耳濡目染，熏陶有加，亦多工诗书，她们在教育子弟方面也留下一些家训诗。如徐如澍长子徐椥的妻子舒芳芷曾在病中作有《病中训子》五言长诗一首：

　　我年将四旬，儿才四龄尔。同母鲜弟昆，又无妹与姊。同父幸有人，手足善相视。儿父虽未衰，桑榆迫暮齿。儿病我心忧，病愈我心喜。菲食虑儿饥，华衣虑儿侈。欲睹儿成人，有母有所恃。无端一病侵，医庸无生理。难舍同心人，忍抛襁褓子。母训儿勿忘，遵行今日始。母去继母来，亲与生身比。倘得弟妹生，慎勿分彼此。儿到束发时，受书先经史。下帷不窥园，瓜

---

❶ 徐承锦：《铜仁徐氏历代诗抄》，家族内部资料（油印本），1991年，第132-133页。
❷ 徐承锦：《铜仁徐氏历代诗抄》，家族内部资料（油印本），1991年，第134页。

田莫纳履。光阴岂再来，尤须惜寸晷。但守旧书香，自能新门第。不愿儿高官，愿儿为善士。逝者如有知，含笑泉台矣。明月入簾来，清光照棐几。夫妻母子亲，团团同坐起。若得长相依，欢聚岂不美。欲留难久留，相逢梦寐里。苍苍四壁山，浩浩双江水。山水无尽期，相念何时已。❶

如茶园山徐氏家族那样采用诗训形式教育子孙，在明清以来的梵净山民族地区大有人在。各家族常用诗训形式教化子孙，或者用诗作形式来解释传统家训。这种现象在当时各家族的族谱家训中非常普遍。根据每句诗的字数多少，这些族谱家训诗主要有三言诗、四言诗、五言诗、六言诗和七言诗等不同类型。

如万山、玉屏、松桃一带的重华堂《姚氏族谱》中刊载的清代《姚氏家训》就是直接用五言诗句来教化子孙，劝导子孙竭力尽孝的。全文如下：

奉养徒饮食，财力可勉尽。父母得宽心，乃为大孝顺。出入我作问，存心常祗敬。有行须请命，有闻必进禀。

召命无诺语，问对绝厉声。乍时寒暑侵，亦必勤问省。家政有常变，临难必委身。重大艰难事，怠忽累亲心。

父母有嗔怒，不可生怨悔。自心有烦恼，怒不形于亲。弟兄各分灶，供养莫轻论。养生非大事，临终必谨慎。

过此无父母，望空嗟白云。棺椁衣衾美，哭恸见真诚。俭亲虽不可，涂饰亦虚文。久远常迫念，事死如事生。

人不孝父母，与兽禽何分。其家不可教，报应在儿孙。倘幸起家业，不可逞己能。丰亨与显达，莫非父母恩。

扬名显父母，方称达孝名。在家为孝子，在国即忠臣。推广此孝友，施于一家政。父子既慈孝，仁让一家兴。

妻帑皆好合，父母心亦顺。兄弟如既翕，门内不相争。宗祖敦雍睦，尊卑不逆伦。邻里无忿泪，汎爱乎众人。

不侮于鳏寡，怜恤夫孤贫。在家与在邦，莫非恺悌行。孝可感天地，

---

❶ 转引自周政文：《黔东茶园山文化解读》，学苑出版社2010年，第476页。

孝可格鬼神。孝可治天下，孝可化国人。❶

如上是直接以诗来教育族众的族规家训形式。至于以诗来进一步阐释传统族规家训的现象更多，如贵州省碧江区滑石沈氏于光绪二十二年（1896年）修的《沈氏家谱》中载有《八字家训》，则是对传统的孝、弟、忠、信、礼、义、廉、耻八字家训用四字诗的形式分别进行阐释。其内容如下：

◎ 八字家训

一曰孝

为人之子，须当尽孝。三年哺乳，恩深难报。膚发授汝，精神虚耗。时奉鸡豚，以养年耄。老莱班衣，俾无忧悼。扬名显亲，方称贤肖。追远慎终，谨遵圣教。愿我宗人，各尽子道。

二曰弟

最难得者，惟兄与弟。如手如足，天生羽翼。要知友恭，勿秉小利。夷齐让国，因明大义。灼艾分痛，古称宗帝。赵孝争死，姜肱同被。田氏不和，庭荆忽瘁。愿我宗人，莫伤同气。

三曰忠

为人臣者，须当尽忠。勿论吏胥，勿论三公。既承其职，不顾其躬。秉性骨鲠，爱实由中。勿二勿三，毋长毋逢。诚能修职，代亮天工。不负所学，大慰宸衷。致君泽民，愿我同宗。

四曰信

为人友者，只在一信。言期可覆，必与义近。既为莫逆，心志相近。许人一物，千金不更。禹知阳荐，弹冠预庆。鸡黍相约，千里亦诺。订妻寄子，冻馁常问。愿我宗人，交接宜慎。

五曰礼

人生在世，须当知礼。定为人纲，著为人纪。先王之道，斯为之美。

---

❶ 姚茂钦：《姚氏族谱》，卷二《家训》，内部资料，1999年，第42-43页。

冠婚丧祭，无不用矣。慎勿足恭，以远辱耻。交质彬彬，中规中矩。正其衣冠，丰其酒礼。愿我宗人，请事斯语。

六曰义

人生在世，又当知义。无适无莫，义之与比。裁制事物，合宜便是。若要行此，必先去利。鳏寡孤独，冠婚丧祭。有不能行，为之计议。助其美成，以遂人意。愿我宗人，以此为喻。

七曰廉

人生在世，应宜知廉。去污趋洁，如蚓如蝉。蝉吸甘露，蚓咽黄泉。非我所有，切莫垂涎。富贵有命，听其自然。夷齐採薇，圣人称贤。杨震清白，世代相传。愿我宗人，尝佩斯言。

八曰耻

人生在世，不可无耻。为父母者，教之于始。动静语也，端其容止。男若不教，即为浪子。女若不教，即为娼妓。巧言令色，圣贤共耻。玷辱祖宗，胡不遄死。不录入谱，非我沈氏。❶

清代梵净山民族地区家谱中类似碧江滑石沈氏那样采用对偶押韵的诗句形式来阐释传统八字家训的现象非常普遍，如玉屏县《粟氏族谱》中的"家训八字诗"、沿河县《陈姓族谱》中的"家训八条"等均是如此。即便到了民国时期，依然有些家族采用这种方式，如1944年编修的《玉屏洪氏族谱》中的《八德诗》便是：

◎ 八德诗

孝：

其一：孝为美德在于先，谁及事亲竭力贤。罔极之恩果尔报，由斯预卜福无边。

其二：有忤逆人情不敢，未知父母最深恩。俨如天地谁能比，若善养

---

❶ 参见碧江滑石《沈氏家谱》，光绪二十二年手抄本。

之福满门。

弟：

其一：弟恭兄长犹宜知，本立道生又在斯。和顺之心毋不敬，若人讵有阋墙时。

其二：同胞何故不相和，因未敬兄所以多。设若真心真意事，自然亲爱岂操戈。

忠：

其一：忠如一点常常存，遇合有期朝至尊。国可治焉民可泽，流芳百代不须论。

其二：从来败国与亡家，惟有奸人做事邪。试想尽心尽力者，宛然如美玉无瑕。

信：

其一：信于朋友族诸亲，谁不乐交来往频。君子一言为定准，似斯可谓读书人。

其二：其心苦者其言甜，反复无常极可嫌。若此未知真实辈，有人敬服不须占。

礼：

其一：礼能习熟诚堪嘉，言不错焉行不差。晋接周旋有逊让，一团和气万人夸。

其二：坐争上位行争先，气象于骄而不虔。应与谦谦君子会，奉伊为法始无怨。

义：

其一：义重如山者可钦，不存利己损人心。扶危救困弗稍缓，慷慨之恩似海深。

其二：无所非为众所憎，在伊尚未知竞上。是心羞恶人皆有，何不幡然而自惩。

廉：

其一：廉者平生洁若冰，光明正大气腾腾。物非应得则无取，一党贪人万不能。

其二：于兹偶尔遇多财，饕餮欣然快取哉。惟羡清清白白士，以为非分不徘徊。

耻：

其一：耻乃于人重要焉，事当为者不拖延。分毫非理未沾染，奚至怀惭莫了然。

其二：持身谨慎在于吾，处世且思何若乎。善则奉行恶不作，所云抱愧断然无。❶

玉屏洪氏分别用两首七言诗来阐释传统的"八德"（即八字家训）。与许多族谱中的其他家训诗一样，这种诗训形态存在的族规家训对仗工整，押韵感强，口头语倾向重，通俗易懂，因而在普通百姓的族谱中非常普遍。

2. 词

作为诗歌的另一种形式，词这种文学体裁自宋代全面流行以来，传播甚是广泛，许多文人雅士常用词的形式来编撰族规家训。明清以后，梵净山民族地区的"词训"也有出现。不过，相对于"诗"而言，作"词"的难度更高，讲究更多，因而"词训"并没有像"诗训"那样广泛存在。

通过检阅梵净山民族地区的各类谱牒，笔者发现个别族谱中也刊载有少量"词训"。如松桃县《戴氏族谱》中有《追溯宗训词》、印江县《徐氏族谱》中有《族风词》等。不过，考诸其形式，这些冠以"词"的族规家训实际并不是真正的词，只不过是通俗的"四言口头诗"而已。但是，真正的"词训"在梵净山民族地区也的确存在，典型的如思南县安氏于清代编撰的《儒行昌后图书》中就收录有两篇"词训"，摘录如下：

---

❶ 选自《玉屏洪氏族谱》卷之首，内部资料，民国三十三年，第6-7页。

一、"八字词"

"孝"字词

孝,孝,承欢听教。奉旨甘,令笑貌。出入不忘,晨昏是较。葬祭礼无违,弓治学克肖。起居时视观,言行事事则效。百年辞世恨终天,怵惕悽怆成大教。

"弟"字词

悌,弟,连枝同蒂。手足亲,坐行计。让产存恭,代死传世。为兄受苦刑,对毋有慈惠。患难相顾孔怀,和乐且眈不替。昔年让国两贤人。

"忠"字词

忠,忠,尽瘁鞠躬。医国乎,治日工。安上全下,戡乱秉公。时存伊尹志,常慕周公风。托孤寄命无忝,安邦定国奏功。无为而治法禹舜,喜起明良事以忠。

"信"字词

信,信,乞求心印。及豚鱼,矢忠尽。寄子托妻,情安理顺。胶漆羡雷陈,刎颈思廉蔺。脱骖已赙尽情,断弦不鼓难觑,直到而今交义忘,大都酒肉全无信。

"礼"字词

礼,礼,恭兄友弟。准人情,合天理。中矩中规,远辱远耻。反本不纵奢,相鼠犹有体。让畔让耕农民,丧仪丧德酒礼。男女途中左右分,宗邦远去固无礼。

"义"字词

义,义,舍生制事。最坚刚,洵利器。救兄弟全,存侄儿去。分金多与贫,济友全交谊。为嫂秉烛经天,保主出围纬坨。杀狗屠猪本贤良,劝夫亲爱笃大义。

"廉"字词

廉,廉,勿寡防嫌。惟字介,不趋炎;取兴有废,禁戒维严。辞禄原非矫，现石众晏朕。来暮人思有范。还钱自守闻阁。不贪为实贫无怨，六计能怀即此廉。

"耻"字词

耻，耻，悬眉挂齿。不可无，良有以。体与冰同，志将雪比。折节著芳名，改形能洁己。不作胡笳拍生，愿随湘水琴死。抱义怀仁礼由门，万世千秋称有耻。

◎ 二、耕、读、勤、俭词

"耕"字词

耕，耕，东作西成。耒耜负茶蓼耘。苦心耗力，戴月披星。春日功无暇，秋时获充盈。仓箱欣满载，俯仰羡常赢。足食丰衣昌后代，图书祖训始曰耕。

"读"字词

读，读，功纯业谷。三传详，五经熟。礼乐习娴，性情陶淑。德行发为文，涵养深绝欲。持身敦伦伤纪，人整躬布腹。大启文明自此昌，我祖训文又曰读。

"勤"字词

勤，勤，学习耕耘。时无暇，心不分。身苦田亩。日究典坟。韶华容易混，事业莫因循。分阴寸阴当惜，四十五十无闻。显亲创业劳心志，耕读流传总在勤。

"俭"字词

俭，俭，衣粗食浅。美丽来，面目靓。用勿骄奢，生自繁行。夏王菲深恩，汉妃粗检点。金钗裙布身安，疏食菜羹自勉。世代荣华会壮生，图书谨记终曰俭。❶

思南安氏这两首词均以"词"的形式来阐释其祖训，句子长短不一，但也

---

❶ 安显才：《思南安氏史志（1111—2005）》，内部资料，2005年，第59-79。

讲究押韵，读起来朗朗上口，听起来也通俗易懂，对其祖训起到了很好的阐释作用，有利于族众对其祖训的深入理解和广泛传播，其教育作用较为明显。

3. 歌曲

歌曲是一种将诗词和曲谱相结合的艺术表现形式，一般是由人以一定曲调将诗词唱出来，以表达一定的情感。明清以来梵净山民族地区的族规家训也有一些是以歌曲形态存在的。如印江县坪兴寨等地的黄氏自明代迁居该地以来就将其祖上流传下来的《黄氏祖训颂》以歌曲形式传唱于后世，其歌词分为"外八句"和"内八句"两部分：

◎ 外八句

信马登程往异方，任寻胜地立纲常。年深异境犹吾境，日久他乡即故乡。

朝夕莫忘亲命语，晨昏须荐祖宗香。惟愿苍天垂保佑，三七男儿总炽昌。

◎ 内八句

十郎峭公有三妻，官吴郑娘七子齐。创业兴家离祖地，归来报命省亲闱。

吾思日久难相会，宗叶分枝为汝题。若有富贵与贫贱，相逢须念共根蒂。❶

上列"外八句"与"内八句"在印江县坪兴寨黄氏裔孙中尚能牢记，至今还有少数家庭用"外八句"中第三句"朝夕莫忘亲命语，晨昏须荐祖宗香"作香火上的陪神对联。

---

❶黄氏族谱（续编）编辑组：《印江（坪兴寨、落鳌、昔土坝、道沟坪）黄氏族谱》，内部资料，2017年，第10—11页。

再如，思南邵氏也编写有《劝孝歌》，对族众进行及时行孝的教育。其歌词如下：

诸亲六眷来到此，大家一起听分明。我们要把孝义听，回去好孝二双亲。劝世人，要尽孝，父母劬劳恩难报。想人生，从何来，全靠娘身将你怀。十个月，在娘身，全靠娘血养你命。一日吃娘三口血，三日吃娘九肚浆。口口吃的是娘血，敢不竭力孝爹娘。儿出世，娘命悬，抢在手中血淋淋。娘在福中为罪，不戴银环不穿裙。白日里，怕儿啼，没得一时把儿离。到晚来，娘最苦，提尿换片娘为主。哄儿睡，娘落枕，方才睡着儿又醒。或拉屎，或撒尿，不嫌臭气将儿抱。娘睡湿，儿睡干，恐怕儿身心不安。卧床两边都湿了，双手抱儿在胸前。娘方睡，鸡又鸣，一晚何曾得安宁。娘起床，儿不睡，将儿包好驮在背。娘吃饭，儿叫唤，口衔饭食忙放碗。喂儿奶，腕做枕，等儿吃饱娘饭冷。每饭前，儿爱吵，三餐何曾娘吃饱。儿学走，父母教，又怕屋前门槛高。儿有病，去求神，为娘叹声将儿疼。睡半夜，起五更，父母何常怨几声。儿长到，岁二三，父母又忧痘麻关。许神愿，请医生，只望儿的痘麻轻。儿长到，六七岁，送儿读书求富贵。请先生，设学堂，安排上学十分忙。有好食，不先尝，让给儿吃上学堂。怕儿冷，怕儿饥，怕儿生虱常换衣。望小儿，努力学，埋头刻苦把书读。到后来，学成就，好好为民来服务。儿长到，十二三，父母见儿心喜欢。有好食，给儿留，父母常是吞空喉。好衣服，给儿穿，父母衣单又破烂。儿长到，十六七，又要把儿婚事提。托亲朋，四下奔，又怕媒人不用心。儿长到，婚配龄，要把媳妇接过门。费尽心，淘尽神，才把儿媳接进门。少数人，没良心，有了媳妇忘双亲。只顾他们夫妻乐，父母的劬劳全不说。妻子叫他带笑脸，父母叫他翻白眼。老人言语他不听，妻子说话句句信。二双亲，苦受尽，忍气吞声暗伤神。自埋怨，悄悄哭，活在世间如废物。饥和饱，无人问，堂前常坐冷板凳。为儿子，苦成病，他说娘是老毛病。每日里，咒骂娘，只望父母早日亡。这种人，该雷打，为何还在人间要。古今来，多少庙，哪个菩萨不是孝？这段孝义听过后，今后要做行

孝人。❶

与思南邵氏相似，思南县安氏《儒行昌后图书》中也编撰有如《开财源歌》《节财流歌》《昌后图书歌》等多篇歌词。❷可见，依据相关谱牒可知，传统社会中，梵净山民族地区以歌曲形式表现的族规家训也是比较常见的，即便到当今社会，有些家族依然用歌曲来教育族众。如万山、玉屏等地的吴氏宗族就编有《族训歌》，并载入族谱中，对家族成员进行教育。其歌词如下：

◎ 族训歌

> 泰伯仲雍为始祖，创建"勾吴"荆楚间，以国为姓源流远，族史三千二百年，人丁蕃衍遍全国，星罗棋布万户建。远口吴姓修通谱，资政育人利相兼。支分赣省家声振，派衍苗疆世泽绵，后裔人人遵族训，子孙代代永相传。省身念祖常追忆，寻根饮水当思源。不求金玉重重贵，但愿儿孙个个贤。学识渊博须苦读，衣丰食足贵辛艰。听从召唤服兵役，保卫祖国去戍边。当官要为民办事，先忧后乐保清廉。贪污盗窃切勿犯，嫖赌吸毒且莫沾。敬老爱幼传美德，和邻睦族认乡亲。交友务必慎择善，待客茶烟礼当先。邦派异党莫介入，团伙逞强是祸根。五湖四海皆兄弟，民族团结大家庭。破除迷信信科学，讲究卫生寿长延。婚丧喜庆移风俗，力求节约少花钱。谦虚谨慎戒骄躁，遵纪守法记心间。❸

除了一些族谱中载有一定族规家训类的歌曲外，梵净山民族地区民间还流行着具有族规家训功能的哭嫁歌。哭嫁歌是土家族盛行的一种特殊歌谣，是新娘的家人对她孝敬公婆的婚前教育。❹所以，哭嫁歌某种程度上也具有族规家训的教育功能，主要表现为母亲在女儿出嫁前对其嫁到夫家后为人处世方面的

---

❶《黔东邵氏族谱》编委会：《黔东邵氏族谱》，内部资料，2005年，第764-765页。

❷安显才：《思南安氏史志（1111—2005）》，内部资料，2005年，第59-79页。

❸吴让松：《吴世万氏族统谱》，内部资料，2006年，第118页。

❹杨宗江：《论土家族哭嫁歌的孝道内涵》，载《贵州民族研究》2006年第5期，第105页。

教导之言。作为歌曲的一种特殊形式,哭嫁歌也是梵净山民族地区较为常见而特殊的族规家训存在形态。

(四)遗嘱

遗嘱是人于生前或弥留之际对自己身后诸事的嘱咐与安排。它是一种有益的习俗式教育资源,继承人能够从中得到教化。❶由于遗嘱具有一定的教育功能,往往成为族规家训的一种表现形式。

明嘉靖二年(1523年),沿河县的张勖生前给其儿子立有分关合同,分配好财产,并立下遗嘱,要求儿子们遵照执行。全文如下:

◎ **张勖遗嘱**

> 立遗嘱分关字人:张勖,有父任沿河祐溪长官司职事。其先,勖原娶务川县邹氏生男张舜仁等。后因邹氏得颠疯症不能管家,勖又娶贵州城杨氏生张舜邦等。今勖年老,遂将祖父存田产并手内续置产业、人口与尔等从公,凭六亲冉国晶在内为证,一样均分,各行掌管,所有之业乃勖递年刀耕火种,并无余剩家财等项。遗嘱之后,尔等务要兄友弟恭,毋得争长竞短,永受吾言,休违我命。如有不遵,天地监察,祖宗不容,自遭刑宪。须至遗属者,数孙惟有张潮长一房媳,每毁骂公婆、亲叔,忤逆不孝,又一节嗷号咒棍,平空作法骗人。
>
> 嘉靖二年三月十三日
>
> 立遗嘱分关文字人张勖画,亲笔❷

立遗嘱人张勖在该遗嘱中分好家产后,要求众子做到兄友弟恭,和睦相处。否则,祖宗不容,自遭刑宪。其教育性和规范性显而易见,俨然一族规家训。

---

❶ 胡少明:《遗嘱的教育意蕴》,载《福建师范大学学报(哲学社会科学版)》2014年第1期,第167页。

❷ 张献荣等:《张氏源流史》,内部资料,2003年,第579页。

清代，石阡县楼上周氏六祖周易在乾隆年间也立有遗嘱一份，后世子孙为其取名为《易祖遗嘱原本》，并刊于其家谱内教训子孙。全文如下：

◎ 易祖遗嘱原本

从来人生之乐事，莫重于孝子贤孙。然而，孝子贤孙每由祖父之功德而致。千古以来，未有易也，予士庶之家建功立业，遽敢倖邀？亦不过上遵祖父之训，下计子孙之守，绵绵延延，尽力于人道之所宜焉，则几矣。

溯我始祖周伯泉与伯卉生于四川潼川州乐治县天井坝仁义乡。弟兄二人于弘治六年避难图存，行至思南府蛮夷属地山革泽，卉祖于山革泽得业。我始祖伯泉行至思南府蛮夷司属地寨纪，今名楼上。备银一百七十两与高攀得买田业一庄，凡亚秧寨、代家山、黄泥田等处皆是。此时始祖值鼎革于草昧，费创制之辛勤。始祖母龚、王、文、梁、雷无出。再聚妣氏张，张生二世祖朝隆、朝贵。泉祖身故，朝隆祖即随母抚养。此时田业一庄，无人耕食，恁从业主高姓耕种管理。及朝隆祖长成，娶祖母张氏欲回复业，殊知高姓已起霸业之意，拒业不给，不得复业。即在铺溪地上住座。所生三世祖：长周喜，次周富，三周嵩，四周琦，五周珩，六周凤。弟兄长成之日，欲上承祖父之业，下创子孙之基，于是请凭亲邻李、辜、里长罗商议复业。弟兄五人只有喜、嵩两公出头，其余三人不愿构讼。喜、嵩两公于思南府争讼二十余年将业得回。

有琦、珩祖者，富、嵩两祖念其手足之情，派出回银一十五两，将业五股均分，此正万历年间事也。及兵荒变乱，琦、珩祖又经逃散，惟富、嵩二祖谨守其业。及后寻查二祖杳无音信，才将产业二股均分。嵩祖得受左边楼上一股、载粮五斗六升，土丁七合；富祖得受右边代家山一股，载粮六斗，土丁七合。其界自鱼泉跟沟直上龙硐湾，跟左沟直上土巢，跟沟直上火石丫为界。分定管理，丁粮另住完纳。至戌巳兵变有三丁五丁之抽，人丁稀少难以承当。富祖寻访二人，将珩祖接回代家山同应差粮。

我嵩祖娶祖妣氏苟，生四世祖国宾、国贤、国祯、国贸。窃传我祖国祯，阅历多端，不能详述，亦可约略志焉，祖固学而未成者也。斯时楼上产业一庄，田园阡陌，佃户百余，影只形孤，置身其地，将祖父所遗正宅厅楼两廊天井以及鼓房马磴，愈加整饰，名为殷实大户。其后下至寇贼屡至，上而官吏贪赃。我祖早夜忧思，固欲贵以保富。不得已上省于布政司参房，例满即放湖广经厅，归家收拾上任。至家不久，有祖母所生之五世伯世高、世臣、世觉、世禄、晚弟、潼弟、世昌七人，前后数日一齐身故。我祖晏然悔曰：此跟官之大不幸也。立将札照呈缴，终日忧闷。时有直桥河西李公往看，慈心劝慰，即将晚媛许配我祖，后生我父世忠、叔世良、世英。此时敬天地，礼神明，救难济急，无善不为。时引我父至洋溪，与雷外公拜年。我祖夜梦三鬚髯人指楼上青龙手岩下阴地一穴，即归，果得其地，意为帝君之所指也。建阁在前，基园四置，界齐山脚。和尚田一分，瓦厂田一分，高家田一段，鱼塘田一分，大堰坎田一分，归阁无粮。又设祭祀之典，将腊树田、牛滚荡、火石丫田永作清明拜祭之需。我祖述古而祝帝曰："惟愿儿孙个个贤"，是我祖之为子孙计者深且厚也。

及我父世忠、母雷氏。先继螟蛉兄周镶，再娶母田易氏生坤兄与易。我父之遇有不可甚道者焉。乃体祖父之遗训，本分持身，耕读为业。虽为四邻约首，每捐资以解讼端，常舍己以全恩义。至若修斋念佛，补路修桥，一切善果皆所优为。我弟兄从学之师，不特待之甚厚，即礼貌无时苟简，其欲我弟兄为道中人者切也。惜有志未逮，其有石思业产。此时，世良叔无子，我父与世英叔将业二股分，关书云："日后世良有子，乃作三股阄分。"当出之田，备价赎归己业。花马丘、架枧沟、西冲湾、鱼塘田分给周镶兄。后二叔生周庠，延自雍正五六年，我父提出公众沙田，并花田四丘补世英叔与鉴兄，以业三股均分。我父之所阅历者，大概然也。父王，予年方二十，诗书颇得其概，即房力擎家，力送二子从学，负笈而往，未援尔耕，解馆而归，只课尔读。群牛数马，吾二老事，往来晋接，吾一人持。后双生二子，予心益快。兼之兴礼入阝库，兴隆入安邑庠。曾夫子赠联曰："难弟难兄，且喜两试父老兄弟黉序；兴崧兴岳，旋看一榜著贤书。"于是将长二男,严加责备,训诲二弟,予始得爽然于诵读之事焉。至戊子秋,阡府罗公(文思)赐予夫妇匾:"名继燕山,熊丸教子""积厚流光"之匾,安邑张侯赠焉,予实抚景而愧然也。

常训尔弟兄叔侄曰:"尚其体誉我之意哉!"幸兴元入阡庠,兴松入镇邑庠,长孙之秀入镇府庠,予心庶几满矣。然科甲犹未见其一试,予窃为尔等有望焉。兹者予夫妇年逾七旬,精力已衰,溯厥生平,忠厚持已,直道待人,亲友往来,时切恭敬;钱米出入,称其有无,从未因财失义,倚气生非。耕读而外,修斋念佛,补路修桥,布施棺椁,朔望神诞,尽礼诚拜,不敢游手以观人忙,偷安以忘己业。于是先业赖以守,门楣赖以光焉。

至处家之道,勤也,俭也,忍也。勤而不俭,不如不勤;俭而不勤,不如不俭;勤俭而不忍,不如不勤俭。三者并用而家道兴,且德业由兹成矣。

今尔弟兄等有庐舍蔽风雨,桑田给衣食,学校治身心,诸孙十余人,尔等课其耕读。曾孙数人予则含饴分甘,聊为提训,尔等切莫教人而忘庭训,勿以子侄等闲人。率教者奖劝之,劣拙者惩责之,全凭一点公心,勿认形护短。如是家有绳墨而曲直皆归,庭中有篱壁之固,门外绝窥伺之情。第见一堂融泄,而天地祖宗有不默佑也哉。

然耕者读之本,于无能者教以勤耕。勿贪外务,则忘乎财之所自有。休贪便利,以种损利之深根。天道四季不息,功亦与为不息。极力栽插,极力粪肥。农时不违,谷不可胜食;斧斤以时,材不可胜用。此天地自然之利也,而何暇外求哉!由是而既富方谷,第见速诸父而肥羚有供,爱敬之良以起;歌婴鸣而先施有具,仁让之风以存。岂非上光祖宗下启后人之美意也哉,于有能者,教以苦读,须当依吾训尔等之意,仍费一片栽成洗涤之心。幼时勿语戏言,勿令操妄,尝取其易见易明者启发之。举凡食息起居之微,洒扫应对之末,时时引以正大之规,养成德性,则俗理明而圣贤之理易入。虽下愚可近于中才,至若日行书多寡,认其性之敏拙而督责之，勿致姑息宽待，勿令抄写杂书以起外骛。字画务遵帖式，文章必随时兴。所有汇通讲书，历科墨卷，系尔等得力之书，爱惜秘传，则丹桂青云不患攀跻之无基也，岂非尔等之大幸也哉。

其有思石田业，立成孝弟忠信字号，阄分尔等，各成一家。数年来，尔等和睦颇如吾意，孙等众多，不暇为尔等经意矣。爰叙来历以伸嘱咐，尔等当念我一点苦心。弟兄叔侄，遇窄宽想，勿令子孙有乖义方，以孝以友，忍让勤俭，以耕读肇根底，以礼仪作门户。师三代遗风，亲睦友助。张公云心者身之主也，予即心也，尔等四体也，诸孙百骸也，一有不和，有不关心恸耶。

诗云：兄弟既翕，以致父母之顺。自是光前裕后，尔炽尔昌，朱衣万代于勿替也，何乐如之。❶

清代的玉屏县洪氏除了前述尔昌公曾立有一遗嘱外，其后世聿麟公也于清同治四年（1865年）立有一遗嘱，均被刊于《洪氏族谱》中，教导族众。分别摘录如下：

◎ 尔昌公分关后遗嘱

此所嘱者，余老身衰朽，手足不仁，耳目不聪，明有当言者，有不当言者；有虑到者，有虑不到者。尔等宜公平变通，以守之可也。我每日独坐无聊，思前想后，见世道愈趋愈泊惟利是，视父子致伤天性而视如路人，兄弟多失友恭而变为枪刀，伦理不敦，尊卑不认，深可痛悼。惟愿尔等后来子孙世守田园，勿念先人之业，读论语半部克敦孝弟修身齐家之道；诵棠棣篇章当念阋墙兄弟之忧。处家庭宜和睦，待亲友宜厚实。谚云：家内不和邻里欺。自然来也，当戒狂言。居乡以耕读为本，治家以勤俭为先。莫管他人闲事，以防借故牵连。偷闲且读儒书，但愿出人头地。

---

❶《周氏族谱》编委会：《楼上周氏族谱（1493—2008年）》，上编，内部资料，2008年，第14—18页。

时常洁扫庭除，修砌墙垣，多栽蒔菜，广种豆麻，田间乐趣仅仅有余。至于钱粮，早早完纳，以免官府催科。尔等子孙能于吾言体之遵之，即属吾家之孝子慈孙。匪独我心欣慰，即我祖父母亦瞑目于九泉矣。❶

◎ 聿麟公遗嘱

  余曾祖玮公由洪家塆迁靸马塘，此地东水往西流，山形极其正秀，所出子孙不会赌钱打牌，诚仁里也。但愿世守勿失，后世子孙必有发者矣。公喜治家，广置业产，玉屏钱粮至十七八石，非世之重利、惟利盘者所可比。故后人沐其德，至今不衰。云祖其坤公善家书，所抄诗文甚夥，因苗乱焚毁殆尽。公体胖严气正性，人皆望而畏之。凡遇大小两试，必择壮丁四名，乃能胜任。时家中饶裕，又值玳公做濮州欢劝加捐出仕，公以见上司行礼，跪而难起，故不允。余父如晛生平好学，重道尊师，老而弗倦，凡遇读人皆爱敬之。道光壬子科，年六十余，犹赴南闱。可恨甲子七月初九，大苗倏至，遂殉难，使余抱恨终天。溯余命途多舛，年甫周，慈母见背又多疾病，三岁不行，全赖余父以乾道兼坤道多方调养，始得成人。及小学谆谆教诲，至舞象匀粗，知八股，虽在外从师，而庭训之力居多焉。年廿遂冠童军，旋即晋省贵山书院肄业。癸卯甲辰，荐而弗售，后复两试，因苗变停科，及至补行，大道梗塞，虽绕道可行，而盘川难办，遂决然舍去。时家计萧条，逐年舌耕，故值戊辰年大荒，米价一升昂至百余钱，饥色饿莩，各处皆然。余家幸免者，砚田之力也。大凡为人无他，只要存好心，刀兵瘟疫，俱不能伤人，若害哉自有天相。盖人身最难得者，余尝作十字保身歌劝人，夫人果于孝弟之道，中庸之德，身体力行，可以希贤希圣，至于《朱子家训》《太上感应篇》《文昌帝君阴骘文》，时为记诵存心，作事方有检点，有子孙定要送读书乃能知礼，时晓大义，不必定要做官。幸而得官，必要清、慎、勤。为国为民，当得之禄有余，以与邻

---

❶选自《玉屏洪氏族谱》卷之首，民国三十三年，第48-49页。

里乡党或效范文正公广置义田，训族间子弟，人己两得，代代发达，讵不懿与？若一味贪婪，剥民脂膏，宦囊虽充，不过为子孙嫖赌之具，再传而后，化为乌有，子孙流落比比皆然，百般罪孽，自己当之有何益哉！子弟迟钝者，或耕田，或贸易，都是正经门路，要勤俭，戒奢华，切莫养讼，讼则终凶，更不要跟衙门与拷钉磕锤。父母在时，一切奉养竭力以事，不与兄弟分彼此，言行要谨慎，不遗父母忧，不亏体辱亲，也就是孝。死时衣衾棺椁事事周密，勿贻后悔，切莫开吊。古云：丧事用鼓吹，以人死为乐，是可忍孰不可忍也。若夫做道场一事，更不可信，明时《学政全书》谓：秀才家父母死，用僧道即槭革衣顶，学师革职。昔乾隆时西方有一活佛来朝，在京出痘身亡，皇上与他做道场，翰林作一联云：千里迢迢活佛竟成死鬼，三魂渺渺东来不得西归。又有一联云：读东鲁书不信西方佛法，遵北堂命大开东阁道场。即今时湖南曾国藩大人家乡做万人缘，唱目连彼作一联，纵然罔极报深恩也，不过舜之慕参之养，胡乃十殿寻亲，孝子如斯，真古怪，只为开婚成大罪。曾未闻吕在汉武在唐，全无半点磨孽，阎君这样太糊涂。如谓做道场可以解罪，是以父母为恶，人死去定入地狱，居心已不可问，即或可以解罪，则有钱者无妨作恶，死后多做几天道场就无罪了。世之无钱者，该死阳间，贪官污吏受贿免刑，阴间阎王亦若是乎？未可以为信，不待智者决也。程子云：杨墨之害道甚于申韩，佛氏之害甚于杨墨，盖佛氏之言近理惑人最深，牢不可拔，世之靡靡者皆为俗所移，间有一二高明之士，欲挽末俗浇漓之习，作砥柱于中流，奈手无尺寸之柄，则力难易俗，空谈何補，亦惟抚膺太息而已。

至于历代坟茔，尔等子孙必每年拜扫，远祖不能尽备祭礼，亦须纸钱标挂，吾每见族繁人众之家多生推诿，遂致弃祖墓如故坟者多矣，是自弃其根本也，何以昌后？尔等子孙切须记之。

大清同治四年岁在己卯暮春之初著❶

---

❶ 选自《玉屏洪氏族谱》卷之首，民国三十三年，第49—51页。

上列几篇遗嘱内容均重在教导子孙如何为人处世和持家治业，可视为族规家训一种样态。

（五）对联

对联是中华传统文化之一，是一种兼具民俗性、文学性、艺术性和教育性的独特的文学艺术。它要求对仗工整，讲究平仄协调。透过对联的内容，人们不仅可以深化对某些事物的认识，还可以从中得到一定的教育和激励。也即是说，对联具有一定的教育功能。正因如此，中国自古有一些家族用具有一定教育功能的对联来教育、激励家族成员。这样的对联实际起到了族规家训的作用。换言之，族规家训也可以通过对联的形式来表现。梵净山民族地区的族规家训以对联形式来展示的较为常见，并以祠联为多。

明清以来，梵净山民族地区随着宗族的发展，兴建的宗祠也迅速增多。这些祠堂里基本都有一些反映其家族历史发展和做人行事规则等内容的对联。这里仅摘录玉屏县洪氏宗祠内的对联几副：

玉水建宗祠上追明代箕裘袭封镇国；敦煌绵世胄下启今时枝叶忠孝传家。

春霜秋露当思德业由先泽；云蒸霞蔚留得诗书启后人。

读圣贤书智仁礼义数端事；守祖宗训忠孝节廉几样人。

要好儿孙须从尊祖敬宗起；欲慕门第还是读书积善来。

忠孝廉节身范克端纯祖武；农桑诗礼家规垂训翼孙谋。

礼乐家声远；诗书世泽长。

科第尚哉必忠孝节廉自任几端可无惭宗祖；诗书贵矣但农工商贾各尊一业非不肖子孙。❶

从这几副对联的内容可以看出，玉屏洪氏以神圣的祠联形式教育宗族子孙要"尊祖敬宗""忠孝传家""读书积善""德业由先""诗书启后"，做到智仁

---

❶ 选自《玉屏洪氏族谱》卷之首，民国三十三年，第37-39页。

礼义、忠孝节廉，于士农工商可各尊一业。其对后世子孙的规劝教育功能甚是明显。类似于此的祠联在各个宗祠内几乎都有，其例不再赘举。

除了各个宗祠内有大量祠联可供教育族人外，许多家庭也会以对联内容来教育家庭成员，并且其对联多是张贴或悬挂于堂屋的神龛两旁、大门或柱子上。如印江县木黄乌溪杨氏家族多有人家在其神龛两侧贴有这副对联："光荣谱史千秋颂，清白家声万代传。"以此将其祖上"清白"品格代代相传。再如印江县峨岭严氏家族多有人家将"惜食惜衣非为惜财原惜福，求名求利总须求己莫求人"的对联张贴于堂屋两旁的柱子上，告诫家中子孙要节衣缩食，珍重福分，万事求人不如求己。也有人将自己的生活体悟和对子孙的忠告编入对联教育子孙，如石阡县楼上村的周正典先生曾作"做明白人在倘佯中保留正气，作平凡事于关节处贵有典型"的对联，不仅将自己名字中的"正"和"典"相应嵌入进对联中，而且还告诫自己、劝告子孙，要做明白人，做平凡事，要留正气在人间。

还有一些人于去世前写好富有教育意义的对联，传给子孙，以让子孙从中明白一些做人做事的道理，是为遗联。如印江县黄世发曾撰有两副遗联，一为"不耕则读，不读则耕，方是传家至宝；能勤须俭，能俭须勤，斯为处事良模"，劝告家人要耕读为本，勤俭处事；另一副为"凡事当忍，忍到无可忍处，耐耐心，重新再忍；逢人便让，让至莫能让时，平平气，依旧还让"，教育家人凡事要忍让，退一步海阔天空。印江县木黄镇的喻氏也将其先祖的两副遗联传承于世，一为"衍祖宗一脉真传，克忠克孝；教子孙两行正路，惟读惟耕"；另一副为"事五尺天而天知，存方寸地而地知，为人父母无愧；领千钟粟以粟养，读万卷书以书养，在我子孙自修"。其宗族常将此当作族规家训来教育子孙，要求子孙后代忠孝两全，耕读为本，遵纪守法，修身养性。

由上可知，对联有祠联、门联、楹联、遗联等不同的呈现形式。因其含有丰富的教育内容，故梵净山民族地区许多家庭或家族以此来教育子孙，发挥其族规家训的功能。从这个意义上看，富有教育意义的对联也是梵净山民族地区族规家训的存在形态之一。

（六）分关合同

分关合同即家庭内部划分家产的合同。明清以来，随着家庭人口的增多和人们法律意识的增长，梵净山民族地区订立分关合同的现象非常普遍。分关合同一般包含分家缘由、财产来源、分家方法、寄托或勉励语、当事人之间的约定、财产分配详情及落款等内容。其中的"寄托或勉励语"部分旨在规定当事人及其子孙后代要遵守合同、和睦相处、相互帮助等，实际上具有与族规家训同等的教育意义。正是基于此，我们才将分关合同也认作族规家训的一种特殊的存在形态。

明嘉靖四年（1525年），沿河县张勖的儿子们鉴于其父两年前订立的分关合同存在家产分配不均的现象，一致同意重请凭中作证，重新订立分关合同，这就是沿河张氏《八祖分关合同》，其内容如下：

◎ 八祖分关合同

立书合同分关人：张舜仁、舜义、舜礼、舜信、舜邦、舜秀、舜典、张淳等。为因嘉靖二年三月内，父存日，未曾齐众，请中，将田产家人等项分与七人不均，至嘉靖四年五月内，父亡故。仁、义、邦七人等见得不均，兄弟情愿请凭亲族人众，眼同品搭高低均分，所有本户粮、马、里、差、徭，舜仁六人等一样充当。内除舜典一份，供养母亲，悯其年幼、不当差役，俟百年终世之日，照住七股充当，自今逐一分晰，中间并无未划不均。立关之后，务要兄友弟恭，毋得倚尊凌卑，倚强欺弱，倚富吞贫。如有不遵故违，关约内所得分田产、家人、器皿等项，再行妄生异端，捏造争分，自遭上天谴责，不得昌盛，即争到官，甘罚军储米拾硕，愿运官仓上纳，罚后仍依此为定管业。今书合同关约，一样两张附与舜仁、舜邦收执。其有关内田产、人口虽属各分，恐有外人争占，兄弟七人须同心协力，向前明直。如有一个不前者，照前誓言，天神谴责，勿遗自悔。所有各人受分什物，开列于后，子孙永远管业执照为据。

计开：什物等项（此处省略）

以上凡诸所有，点画分明，弟兄各受，永远繁昌。

嘉靖四年八月十三日❶

此分关合同明确指出，立关之后"务要兄友弟恭，毋得倚尊凌卑，倚强欺弱，倚富吞贫"，如果不尊，就要接受规定的惩罚，并强调在面临外人争占大家族上的田产时，本家族成员均须同心协力，维护大家族的共同利益，否则也要遭受相应惩罚。诸如这些内容实际是在教导家族成员，即便分家了，也要长期相互尊重，相互团结，相互帮助，和睦相处。这在一定程度上对家族成员起到了相应的教育和规范作用。

明清以来，梵净山民族地区以分关合同形式来划分家产、规定家庭成员的行为、教导家庭成员做人和行事规则的现象非常普遍。以石阡楼上周氏为例，该家族至今还保存有自明末至民国的分关合同若干份，主要有《周富、周嵩、周琦三兄弟分关合同》《周学政分关合同》《周永洪、永琪分关合同》《周永棋分关合同》等。在这些合同中，立合同人在分配好家产后，一般都会写上如"自分之后，各照分关文契管理"，"其丁粮平当，水平放"，"不得以大凌小，以强欺弱"，"永敦和好，子孙发达"等内容。❷

以上分别以实例说明了明清以来梵净山民族地区族规家训的存在形态，但实际不只以上所列的几种，如一些乡规民约、地契文书、家族字辈等，均包含有一定的对子孙后代的教育与规范方面的内容。因此，这些也可算是族规家训的存在形态。

二、表现形式

上文提到的如专著、散文、诗歌、遗嘱、对联和分关合同等不仅是族规家训的不同存在形态，也是族规家训的不同表现形式。如果根据其教育内容来划

---

❶ 张献荣等：《张氏源流史》，内部资料，2003年，第580—581页。
❷ 周政文：《臙臙楼上》，光明日报出版社2019年，第216—222页。

分，可以把梵净山民族地区族规家训的表现形式分为综合性族规家训和单一性族规家训两大类型。

（一）综合性族规家训

综合性族规家训，指的是以综合性、多元化的内容表现出来的族规家训形式。我们以清代印江县的《黄世发家谕》为例简作分析。例文如下：

◎ **黄世发家谕**

> 天地之造化无穷，人生之光阴有限。时不再来，责无旁贷。教之无愧，生养葬祀尽其诚；地道无亏，余坐其诚生其义。始忠心，方能示祖，始有辉光。孚信用，乃可交朋，言无谎语。知耻者，固然有理，合理者，方可服人。书可读，功名不可求。若学优入仕为官，必须清廉自守，谋利造福于民。田宜耕宜种，宜节不宜失，失时必定少收成。求妇只求妇德，不计妆奁。选郎先选郎才，次观门第。工艺易学难精，总要用心研究。生意将本求利，不宜假货参真。不爱风流，方为贤士。不交邪道，才是好人。处社会且谦且让，居家庭宜忍宜和。莫怨妇女无知，听其长舌，视其真诚，纳善从之。莫谓父母不是，漠不关心。生来八字安排，命之修短有数。缘系三生修结，家之兴败在人，早起迟眠，富贵皆从勤里得；粗衣淡饭，盈余都自俭中来。父母翁姑奉养何分厚薄，妯娌姐妹和睦相处情真。能敬父母者是贤女，能教子女者是母仪。勤俭儿孙都自足，善事之人必有成。要善交朋友，广结良缘，君子之交道义相砥，过失相规。小人之交，利益相争，谄谀相害。欲色者，身败必自损。静心者，福多且延寿。少杯者，既不乱性，又可安神。排难解纷，莫过多说几句话。周贫济困，无非多用几文钱。英雄莫抱乎门枋，免遭众议。富贵莫压于乡党，免结世仇。不贪不义之财，不取不仁之利。宗庙祭祀为礼道地方，季节常当讲演，启迪后人，文坛乃节修所在，诸神默莫，时节归阴，祖安乐于清闲。是篇谕

文，子孙宜记之，以笃言行，百世其昌。❶

黄世发在该篇谕文中教育子孙的内容非常广泛，涉及做人、勉学、为官、干事、择偶、交友、治生、持家、养生等方面，其内容的综合性特征非常明显。类似《黄世发家谕》在教育内容上包含许多领域的族规家训在梵净山民族地区占有绝大多数，即综合性族规家训是梵净山民族地区族规家训的主体部分。

（二）单一性族规家训

单一性族规家训相对于综合性族规家训而言，指内容单一的族规家训，即在内容上专门针对某一个方面进行教育或规范的族规家训。虽然明清以来的单一性族规家训在梵净山民族地区不占多数，但也是该地区族规家训的重要补充。

中国历史上形成的一些优良传统美德，历来为人们所提倡。族规家训多以弘扬某种优良传统美德为主。如前文提到的徐如澍的《从俭说》，就是教育子孙后代不仅要从思想上认识到节俭的重要性，更要在行动上真正做到从俭，当为一典型的单一性族规家训。万山杨氏的《节俭惜财训》也是劝告族人要节俭的单一性家训，全文如下：

◎ 节俭惜财训

> 俭是治家本，族人须细听。银钱得不易，常思有余剩。你看致富人，惜财如惜命。但看败家子，金钱霎时尽。钱丢不复来，奢华当首禁。粗饭布衣裳，存心莫好胜。纵遇吉凶临，尤宜自安份。可省只便省，崇俭非悭吝。❷

学习是个人修行的重要方面，一直为诸多家族所重视，故内容以专门劝导、勉励子弟好好学习的族规家训也较为常见。如清道光时期印江县严氏族人

---

❶《黄氏族谱》（续编）编辑组：《印江黄氏族谱》，内部资料，印江县档案馆藏，2017年，第13-14页。

❷《杨再思氏族通志》编辑部：《杨再思氏族通志（第二卷）》，内部资料，2006年，第506页。

在兴修严氏宗祠时,就在其宗祠内专门立有一块《劝学碑》,劝导宗族后人好好学习,光前裕后。其碑文如下:

◎ 严氏宗祠劝学序

窃闻父兄之教不严,子弟之率不谨,而父诏兄勉作亟课以诗书,未尝东发受书,而欲变化其气,卖此惟善人之道,则然非所望于悠悠之流俗也。顾或者曰:既富,方谷土物,心臧似诵诗读书,惟在豪华温厚之家,而贫省不与,不知为学之道,非徒等取功名,不过明义理已耳。尝见读书子弟彬彬然,有儒雅风,岂必扬名显亲,始见学之有益于人哉,即衣冠言动能自黜,其粗浮亦足徵,有得于学。我严姓自江右来,子子孙孙不为不多矣,而宗族印堂,未敦古处衣冠立心,制行大背,先人矩获乡之互其在资乎?里之仁不可得,已居今日而欲移风易俗,回既倒之狂澜,讲让型仁,作中流砥柱,则莫此以□于学,使之涵养性情,益奋芝胰,必达圣贤之理,□□□简应,知善恶之分,学则俗义风清,不学则离经畔远,长幼尊卑之莫辨。而亲者亦?父兄,宗族之不尊,而小者加大忍,必害理胁弱,诈愚或发粗言或怀恶意,宗庙本礼法之地,儿童嬉戏于其间,春秋乃祭祀之。□远□法,忌于其际,种种陋习,难以枚举,不学之弊大害哉。间有一□学□洁清自好,不汨泥而扬波,而目□心伤,只得忍气吞声,缄口而□乡邻之事,要之幼成,若人性习惯如自然,求如孝及睦□上,和亲康乐之书,则未之有得也。惟帝王、庸民觉世必兴之,以乡三物而纠之乡八刑,今族长等怀振奋之恩,力恢弘之志,重修宗祐,永妥先灵哉!使后世子孙咸知劝学,将凡入孝出弟,不负儒雅之称,说礼敦诗,可供辎轩之采,他日兰台振响,艺苑蜚声,以之光前,而前即以光;以之欲后,而后足以裕。人文蔚起称蝉联,有不从学而得蔡者出?是为序。

大清道光拾陆年岁在丙申仲夏之吉盛族众等□敬立 ❶

像严氏族人那样专门劝导子孙后代努力学习的《劝学碑》，显然也是属于单一性族规家训。

还有宗族就某一件事情的运行法则以族规家训形式规定下来，让族人遵从，以致对族人起到教育和规范作用。如民国时期石阡县楼上周氏族人专门针对农田灌溉问题，作出了轮流放水的有关规定，并勒石刻碑，立于庄严的宗祠内，教育族人，规范秩序。其碑文如下：

◎ **轮水碑**

盖闻天生一水，地六成之。水之为利大矣哉！我境楼上，数百年以来，苦蕨坪至载朝湾一带，田业数号，干涸艰于耕插，用力多而收成寡。虽素知水迹，一言开采，莫不退然色阻。俟至乙丑季春，爰皆有众集会商。派洋一万元，得买周正荣苦蕨坪之田。新开水堰一条，宽一丈零五尺，左右上下以新订石桩为界。于是踊跃兴工，有恒之贞，无垦之止。今已如愿开出，混混源泉，不舍昼夜。将水分配派定十一轮。

第一轮，瓦厂：周成铨、其印、其英、永轲、正年、正国、其柱；

二轮，载朝湾、瓦厂：正荣；

三轮，鱼塘：永绍、永忠；

四轮，杉树湾：其印、其英、正年、正国、正智；

五轮，毛堰沟、上苗寨：永辉、其明、其柱、其有；

六轮，马搭铃、河坪、杉树湾：杨廷元、德盛；

七轮，苦蕨坪、载朝湾：正祯、正身；

八轮，河坪、花田、载朝湾：其青、其芳；

九轮，苦蕨坪：正钿、正身、其有、正朝、其明；

---

❶ 碑文中脱落或无法辨认的字用"□"表示。见印江自治县文化体育广播电视旅游局：《印江土家族苗族自治县文物志》，内部资料，2012年，第140-141页。

十轮，毛堰沟、河坪：正身、其柱、其栋；

十一轮，苦蕨坪：永辉、永忠、永树、其珍。

谨遵会议，接轮水时，早一准定日出，夜一日过窝屎岩，左至苦蕨坪大沟切止，右至周正荣界内切止。按时按顺序三日一轮。特此铭刻，永敦和好。不得以强凌弱，持横估放。俾后子子孙孙，率由世守无替。特为勒碑，刻铭示后，以记不朽焉耳。

民国十四年岁次乙丑六月初四众等吉旦立❶

楼上周氏族人通过这种专门的轮水制度，教导族人"永敦和好"，"不得倚强凌弱，持横估放"，至少在水田灌溉方面规范了族人的行为，协调了村寨秩序，起到了良好的家族教育效果。这种专门的轮水制度实际也可以看作单一性族规。楼上周氏族人还制定了专门针对丁粮完纳方面的《丁粮条规》，也当属于单一性族规家训的一种，其全文如下：

◎ 丁粮条规

一议祠中谷石，每年三房各派一富家公正无私之人，征收变价，完纳二属（思南、石阡）丁粮，下余多寡，上簿注明，移交下首，侵蚀，加倍议罚。

一议族中卖田与外姓，务饬将丁粮拨出，毋得自行收钱，买转充当，查出加倍议罚，仍令照丁粮数拨出。

一议族中在外姓买业，丁粮愿入册中，自行捐资，照契拨合，仍遵旧章棚钱，交首事上簿，算交下首，侵蚀，加倍议罚，不愿听其自便。

一议族中卖业与族人，契中载明丁粮数目，每年由祠堂公项内，合众充当。

一议族中合粮后，当业与族人，无写差钱，当业于外姓，其差钱当主

---

❶《周氏族谱》编委会：《楼上周氏族谱（1493—2008年）》，上编《祠堂轮水碑文》，内部资料，2008年，第62-63页。

收交首事上簿，算交下首，侵蚀，加倍议罚。

一议族中每年征收祠堂谷石，首事三人，各给某谷斗，以作本年薪水，免兹弊端，侵蚀公项。

一议首事赴櫃完纳二属丁粮，祠堂公项内，共给盘缠钱某千文，其丁粮完去多寡，照实上簿报明，不得私漏过抬，有弊查出，加倍议罚。

一议首事每年三人，各清各房，有无当卖业产出外，差粮有无私交，并互相查实，不准舞弊，如有不妥，凭众议罚。

一议首事每年各项进出数目，务须逐一记明，秋祭算明，有无余剩，注清移交下首，如有亏欠，补清方可接领，不准徇情私交，查出两下议罚。

楼上每年承当地理包括思南府与石阡府两处丁粮：

思南新图四甲原册粮数、丁数；粮丁各保留一注，其丁，贯入周兴邦册内，粮贯入周镜册内。

阡属水东里原册粮数、秋米数目、丁数；周国祯原册承当。

思南特图九甲原册粮数、丁数；其粮，各注贯入周大芳册承当，其丁，贯入周兴国册内。

思南特图五甲新拨立册粮数、丁数；新立周尚濂册内。❶

石阡楼上《周氏宗谱》中刊载的《丁粮条规》，对族人丁粮完纳之事作出了种种规定，明确了相关的责任义务，对徇私舞弊者明确惩罚措施，规范了族人的有关行为，族中完纳丁粮的事项安排得井井有条。这也是梵净山民族地区出现的单一性族规的典型代表。

总之，就其内容看，明清以来梵净山民族地区的族规家训主要有综合性和单一性两种表现形式。相对而言，综合性族规家训是主体，单一性族规家训是补充。它们共同构成了该地区族规家训的总体面貌。

---

❶ 周尚濂：《周氏宗谱》，《丁粮条规》，清同治十二年。

三、体例样式

这里讲的体例是指族规家训的编写格式。通过对已有资料的考察，笔者发现梵净山民族地区族规家训的体例样式主要有条文式、单篇式和汇集式三种。

（一）条文式

条文式族规家训指分条阐述的族规家训。明清以来，梵净山民族地区族规家训在体例样式上以条文式最具代表性。这类族规家训又可以分为"详分项目"和"未分项目"两种类型。

详分项目指在编写族规家训时，先分成若干条以字词或短语作为标题的项目（即主题），再在每个标题项目下作进一步阐释或说明的体例样式。这种族规家训的编写体例在梵净山民族地区的族谱家训中最为常见。如铜仁府茶园山徐氏族谱中的《徐氏家训》就是采用这种条文式详分项目的体例样式：

◎ **徐氏家训**

一、敦孝弟：

人皆有父母兄弟，子弟要尊敬父兄，父兄要爱护子弟，一家欢聚，毫无间言，便是和乐家庭。

二、睦宗族：

凡人内有父子，外有宗族，同族之间，勿互相猜忌，须知族大人多，原是一公之子，休戚相关，忧乐与共，务要和睦同居，团结互助，共同发展，以保家声。

三、立品行：

为人要敦品立行，发扬五爱美德，事无大小，处处以理自持，勿要荡捡踰闲，忽略小节，不能自尊，取信于人，而不见悔于人。

四、正风尚：

男女老幼，作风要端正，要谨言慎行，树立勤俭朴素的好作风，好榜样，切勿染有懒惰骄傲的坏作风，影响家风。

五、课子弟：

养子不教，教子不严，都是父兄之过，子女在幼小时期，应教他（她）们学礼仪，送入学校接受教育，而后观其资质、性能和学习好坏，择优深造，习专业，保持耕读传家之传统。

六、尊师儒：

求学问，习技艺，均需老师传授，因此，必须尊师，尊师不仅要对师长礼貌，亦要对老师传授的知识虚心接受，努力钻研，争取有新成就，不负师长期望。

七、崇节俭：

饮食日用必须节俭，要深刻体会厉行节约兴家致富，勤俭办一切的懿训，吾竹村、介云公以崇俭二字名其家堂，流芳至今，必须世守书替，安分守礼，防止奢华浪费。

八、息争讼：

各房子弟能做到各条懿训，就会减少争讼，如他人不能做到，大家尽力劝解，批评，帮助化除成见，服从真理，减少争端，致伤和气，不但家族如此，对其他亲友、乡邻也应如此。❶

上列的铜仁《徐氏家训》将通篇家训分成"敦孝弟""睦宗族""立品行""正风尚""课子弟""尊师儒""崇节俭"和"息争讼"八个主题条目，然后在每个主题条目下面又分别作进一步的论述和解释说明。这就是条文式详分项目族规家训的主要形式，既分条，又分具体项目。这种族规家训体例的特色主要表现为纲举目张，让人一目了然。印江县朗溪《田氏族谱》中的《家规》分"敦孝弟""定尊卑""教子弟""端品行""肃闺门""睦宗族""戒恶

---

❶ 徐世汪：《铜仁徐福传人》，内部资料，1999年，第4页。

习""笃戚谊""隆师儒""重丧祭"和"戒奢侈"十一条目来论述说明❶，石阡县《方氏谱牒》中的《方氏宗规》先后分为"坟茔必亲""祠宇必静""祭祀必修""对越必慎""祔主必辨""颁胙必均""人伦必敦""宗族必睦""勤学必劝""节俭必崇""国课必先""借贷必禁""败类必惩""争讼必戒""办公必勤"和"掌理必严"十六条款来阐述❷，碧江区《贵州铜仁万氏族谱》中的《万氏祠规》也相应分"禁不孝""禁不弟""禁称呼越份""禁拜节逃避""禁挟势欺人""禁嫖赌""禁窃盗""禁调奸""禁招赘"和"禁恶逆"十条目并作相应论述和解释❸。诸如此类的条文式详分项目体例的族规家训在梵净山民族地区的族谱中不胜枚举。

未分项目是指人们在编写族规家训时，仅列出若干条款而并未明确各条款主题的体例样式。这种编写体例样式在梵净山民族地区的族规家训中也较为常见。如清乾隆年间铜仁府茶园山的徐镇撰有《家训十七条》，全文如下：

◎ 家训十七条

日学吃亏，日怜贫乏，日惜己福，日慎借书，日买书不惜价，日勿谋人墨宝，日子弟常视以勿狂，日惜字纸，日惜五谷，日惜花卉，日慎买书，日养心地，日借书当还，日勿轻受人恩，日慎交游，日勤细行，日蒙养正。❹

徐镇的《家训十七条》明确列出十七条款，没有对每一条款进行详细的解释和说明，以此直截了当地教训子孙。它虽然篇幅短小，仅有几十个字，但其所列条款涉及的教育内容却非常广泛，可算是一篇短小精悍、内涵丰富的未分

---

❶ 翻印田氏族谱理事委员会：《田氏族谱》，沿河县档案馆藏，内部资料，2011年，第29-31页。

❷ 方氏族谱编纂委员会：《石阡县方氏谱牒》，内部资料，2013年，第1-2页。

❸ 万氏族谱编委会：《贵州铜仁万氏族谱》，内部资料，2010年，第39-41页。

❹ 徐承锦：《铜仁徐氏先世事略前编》，《八世祖竹村公事略》，内部资料，民国二十八年，第50页。

项目的条文式族规家训。

也有一些未分项目的条文式族规家训，在每条之内还进行了一定的论述，说明为什么要遵循相关的规定。如下摘录的印江县张氏光绪三年（1877年）的《新立家规俚语十条》：

◎ 新立家规俚语十条

父母之恩，昊天罔极。人子欲报答于万一，不必尚虚文也，不必拘隆养也，但能婉容愉色，下气怡声，推爱子之心以爱父母则孝矣，不然虽日用三牲，犹为不顺之子。

兄弟原为分形同气之人，务要兄宽弟忍，兄友弟恭，有无相济，忧乐相共，切勿阋墙致釁，手足参商，彼听妇言而乖骨因时产而同仇者，反不如孤特之为愈。

夫妇人伦之始，闺门万物之原，其典綦重也。可诟谇时闻哉。愿我宗亲，女正位内，男正位外，夫为唱而妇为随，如鼓琴而如鼓瑟。夫妇和而后家道成，试目反目之成其能成者有几？

长幼之节并列五伦，年长以倍则父事之，十年以长则肩随之，凡我族中子弟，于先生长者，前当循循自下，隅坐徐行，切勿以贤智先人而蹈骄傲不逊之愆。

我业为治生，常一夫不耕或受之饥，一女不织或受之寒。《诗》云：昼出耘田夜绩麻。又曰：才了蚕桑又插田。男女职业情景宛。一家之中，男要勤耕贸，女要勤纺绩，慎勿辞劳就逸游手好闲，致家园终替。

诗书乃随身之宝，致贵之阶也。古云：三日不读书则口生荆棘。凡我族人当惜寸阴，焚膏油以继晷，勿玩日而愒时，腹既饱乎经纶，功名不落俗，况昔人映雪会拜三公，富贵福泽未始，不自勤苦得来？

人生得业端，自弟子如桑条，必从小擩父兄之教，不先则子弟之率不谨矣，所以古人自七年以至十年教，让教之诗、书、射、御，出就外传，不容宽退也。即女子稍长，亦当使其娴姆，训习内则、妇言、妇工、妇容，罔弗教训，若一味姑息纵容，男不知教礼义，女不晓规矩，咎将安归。

九族之亲，与我厥根源者也。岂可服公亲疏视如陌路哉。昔范文正公尝置田义，以济同族，亲之意蔼如也，我族人虽不效古先哲，亦当以情相接，以恩相联，诗不云乎？岂无他人不如我同姓，同姓具在，盖三复之。

乡村梓里，与我有相亲相附之谊。古云：乡里好如金宝，务要吉则庆之，凶则吊之，灾则救之，患则恤之。不可尔诈我虞，二三其德，以伤淳风。子曰：里仁为美。诗曰：洽比其邻。我族人当熟德。

词讼乃覆身亡家事也。《朱子家训》有曰：居家戒争讼，讼则终凶。《易卦》亦云：以讼受福亦不足敬，圣贤之欲无讼也，何惓惓哉。愿我族人毋恃财，勿使气，凡事饶一着让三分，则讼端自息。

以上十条乃敦本教让齐家要诀，愿我族人世守勿替。宗谱告竣，乐观厥成诗。❶

上列铜仁徐镇的《家训十七条》和印江张氏家族的《新立家规俚语十条》所载内容丰富，都是分条款来书写。不过，它们与前文提到的详分项目不同的是，虽然每一条款的内容体现出一定的主题，但并没有用相应的词句为题来明确标明或概括其主题，而是直接阐明或论述每一条的具体教育内容。

总之，条文式族规家训有详分项目和未分项目之分。采用这两种形式的条文式体例来编写的族规家训在梵净山民族地区最为普遍，多为合族公立族规家训时所采用。

（二）单篇式

单篇式族规家训意指采用单篇文章的形式来表示的族规家训。它多为个人撰写某种教子训孙的内容时所采用。如前文提到的明代思南府田秋的《诫子书》、清代印江的《黄世发家谕》和铜仁府徐如澍的《从俭说》，以及明代沿河

---

❶《张氏族谱》,《新立家规俚语十条》，内部资料，张俊珍手抄本，1985年。

张勷、清代石阡楼上周易和玉屏洪氏尔昌公、聿麟公等撰写的《遗嘱》等，均为个人撰写的单篇式家训。

除了个人多撰写有单篇式家训外，有些宗族也有以合族名义公立的一些单篇式族规，让族人共同遵循，如前文述及的清代印江县严氏宗族合族公立的《严氏宗祠劝学序》就是此种类型。民国时期玉屏县洪氏族人合族恭录的《宗族广训》也是单篇式族规，其全文如下：

◎ 宗族广训

昔贤有言：笃宗族以昭雍睦。又《书》曰：以亲九族，九族既睦，是帝尧首以睦族示教也。《礼》曰：尊祖故敬宗，敬宗故收族。明人道必以睦族为重也。夫家之有宗族，犹水之有分派，木之有分枝，虽远近异势，疏密异形，要其本源则一，故人之待其宗族也，必如身之有四肢、百体，务使血脉相通，而疴痒相关。《周礼》本此意以教民，著为六行，曰孝、曰友，而继曰睦，诚古今不易之常道也。盖宗族由人伦而推，雍睦未昭，即孝弟有所未尽。析言之，大抵宗族所以不笃者，或富者多吝，而无解推之德；或贫者多求，而生觖望之思；或以贵凌贱，而势利汩其天亲；或以贱骄人，而忿傲施骨肉；或货财相竞，不念祖党之情；或意见偶乖，顿失宗亲之义；或偏听妻孥之浅识；或误中谗慝之虚词。因而诟谇倾排，无所不至，非惟不知雍睦，抑且忘为宗族矣。人何不思子姓之众，皆出祖宗一人之身，奈何以一人之身，分为子姓，遽相视为途人而不顾哉。昔张公艺九世同居，江州陈氏七百口共食，凡属一家一姓，当念乃祖乃宗，宁厚毋薄，宁亲毋疏，长幼必以序相洽，尊卑必以分相联。喜则相庆以结其绸缪，戚则相怜以通其缓急。立家庙以荐蒸尝，设家塾以训子弟，置义田以赡贫乏，修族谱以联疏远。即单姓寒门或有未逮，亦各随其力所能为，以自笃其亲属，诚使一姓之中，秩然蔼然，父与父言慈，子与子言孝，兄与兄言友，弟与弟言恭，雍睦昭而孝弟之行愈敦。有司表为仁里，君子称为义门，天下推为望族，岂不美哉？若以小故而戕宗支，以微嫌而伤亲爱，以侮慢而违逊让之风，以偷薄而亏敦睦之谊，古道之不存，抑为国典所不恕。宗族之人，必须交相劝励，共体祖宗慈爱之心，常切水木本源之念，将见亲睦之俗，成于一乡一邑，雍和之气，达于薄海内外，诸福咸臻太平有象，胥在是矣，可不勖哉。

中华民国三十二年岁次癸未端月吉日合族恭录❶

此篇《宗族广训》即是以洪氏宗族的名义劝告其族人要尊祖敬宗、父慈子孝、兄友弟恭、和邻睦族，是一篇典型的单篇式族规。

不管是个人撰写的还是合族公立的单篇式族规家训，其涉及的主题和内容不一，可以视具体情况自由发挥，大致包括通论式和专题式两类。前述田秋《诫子书》、《黄世发家谕》、洪氏《宗族广训》等都属于通论式，囊括的内容较为广泛，涉及为人处世等各个方面。而像徐如澍的《从俭说》和印江严氏宗祠的《劝学序》等属于专题式，即其阐述内容是单一的，是凸显某一主题的，是专门有所针对性的。

（三）汇集式

汇集式族规家训是明代以后逐渐兴起的一种编写体例，它是汇集了先祖与先贤相关训言而形成的具有一定综合性的族规家训。如清末思南府安氏族人编写的《示子孙》就是集结了先贤和先祖的有关训言而成的，全文如下：

◎ **示子孙**

父子有亲，君臣有义，夫妇有别，长幼有序，朋友有信，此五教之目。

博学之，审问之，慎思之，明辨之，笃行之，此为学之序。

言忠信，行笃敬，惩忿窒欲，迁善改过，此修身之要。

正其谊不谋其利，明其道不计其功，此处事之要。

---

❶ 民国《玉屏洪氏族谱》卷之首，内部资料，民国三十三年，第1—2页。

己所不欲勿施于人，行有不得反求诸己，此接物之要。

又引史摺臣先生云：现在之福，积自祖宗者，不可不惜。将来之福，贻于子孙者，不可不培。现在之福，台点灯，随点则随竭。将来之福，如添油，愈添则愈久。

治家严，家乃和。居乡恕，乡乃睦。

读书者不贱，守田者不饥，积德者不倾，择交者不败。

祖训有曰：愿我子孙读书为本，维和维睦，克勤克俭，口不言讼，目不见赌，远僧道而绝六婆，厌倡优而慎非友，或有不遵遗训子孙互相规正，以固家声。此诚传家之药石不易之良法也。余常铭心佩服不敢偶违。愿我子孙如我恪遵，勿替。❶

上列思南安氏的《示子孙》汇集朱熹的《白鹿洞学规》（前五句）、史摺臣训言和安氏祖训等多种训言于一体，作为安氏教子训孙的族规家训。清代以来，梵净山民族地区许多宗族在修谱时多采取这种体例样式编写族规家训，如沿河县《李氏族谱》中的《李氏家训》汇集了《家训十则》（含孝父母、友爱兄弟、敦宗族、教训子孙、诚奉祭祀、修葺坟墓、尊敬长上、和睦乡里、谨守礼法、隆重师友）、《家戒十则》（含戒游惰、戒奢侈、戒犯分、戒酗酒、戒淫行、戒争斗、戒叼唆、戒越佔、戒为盗窃、戒同宗构讼及从匪赌博）和《附家训十则》（含教子弟、正家法、敦和睦、保身体、存心地、谨言语、顾廉耻、慎交游、积阴功、致孝享）三部分的家训内容。

当然，清代以来梵净山民族地区出现的最具典型的汇集式族规家训是思南安氏族人的《儒行昌后图书》❷。该家训汇集了思南安氏不同先祖的教子训言，均以五言或七言诗歌形式写成。其主体内容包括思南安氏先祖如英侯、文、武、用、赞、如山，以及张婆、杨婆等人的祖训，是诸多先祖训言的集结，是梵净山民族地区汇集式族规家训的代表。

---

❶ 安显才：《思南安氏史志（1111—2005）》，内部资料，2005年，第383页。
❷ 安显才：《思南安氏史志（1111—2005）》，内部资料，2005年，第59-79页。

汇集式族规家训虽然不是梵净山民族地区族规家训中最为常见的体例样式，但明清以后日渐增多的这种体例也确实是该地族规家训编写体例的重要组成部分，使明清以来梵净山民族地区族规家训的体例形式变得更为多元。

总之，梵净山民族地区族规家训的表现形式可以从其存在形态、内容表现和体例样式三方面得以体现。通过实例分析，可知梵净山民族地区族规家训主要有专著、散文、诗歌、遗嘱、对联、分关合同和乡规民约等多种存在形态，就其内容表现来看有综合性和单一性族规家训两种类型，其行文样式上主要有条文式、单篇式和汇集式三种体例。不管从哪个方面来看，均表明梵净山民族地区族规家训不仅内容宏富，而且表现形式多样。

第二节　梵净山民族地区族规家训的传承载体

本节对梵净山民族地区族规家训文献的传承载体进行考察，以从中明晰其传承途径和方式。通过实地考察并依据所掌握的文献资料分析，笔者认为梵净山民族地区族规家训的传承载体主要有族谱、家书、建筑物和碑刻等几类。

一、族谱

族谱也称"家谱""宗谱"，是"记述同宗共祖的血亲集团世系、人物、事迹的历史图籍"❶，是我国非常珍贵的历史文化遗产。我国族谱发展历史悠久，它起源于母系氏族社会至商代，诞生于周代至汉代，兴盛于魏晋南北朝至唐朝，转型于宋代，完善于明代，普及于清代至民国时期，新修于1978年改革

---

❶ 王鹤鸣：《〈中国家谱总目〉的编纂》，《国家图书馆学刊》2008年第1期，第35页。

开放以后。[1]我国族谱数量众多，数以万计，如1997年中华书局出版的《中国家谱综合目录》中共收录1909年以前的各类族谱目录达14719种，2000年上海古籍出版社出版的《上海图书馆藏家谱提要》中共收录族谱11700种；[2]而2008年上海古籍出版社出版的《中国家谱总目》中收录的族谱更多，达47000余种，是迄今收藏中国家谱最多的专题性目录。[3]当然这些还仅是不完全的收录，实际上加上散藏于民间的族谱，远不止此数。我国族谱不仅数量惊人，而且内容丰富。有学者对我国各阶段的族谱内容进行过概括，着重指出明代以后的族谱内容主要包含有谱序、谱例、姓氏源流、诰敕、世系图、世系传、祠堂、居徙、仕宦、恩纶、神像、文献、家传、行状、家训、族规、得姓始末、先世考辨、谱辨、宅第、丘墓、艺文、风俗、遗迹、里社、续后、派语、行辈、领谱字号、修谱名录、续修等。[4]从中可以看出，明代以后的族谱内容不但非常丰富，而且还刊有许多族规家训在内。为此，有学者也发出这样的感叹：把族规家训大量刊入族谱是明清时期族谱发展的典型特征。[5]由此可以看出，明清以来的族谱已经成为族规家训传承的重要载体。

梵净山民族地区的族谱产生于何时，因史料的缺乏我们暂且不得而知。但可以肯定的是，至少从宋代开始，该地区已经出现了族谱，如前文提到的田祐恭于宋绍兴二十三年（1153年）创修的《黔南田氏宗谱》便是有效例证。不过当时修谱仅限于个别强宗大族，还不普遍。明清以后，随着人口的增多和宗族力量的发展，梵净山民族地区的族谱迅速增多，大量的普通百姓家族也纷纷兴修族谱，已然成风，并一直延续到民国乃至当今。通过翻阅手上已有的族谱资料，我们发现明清以来梵净山民族地区除了极个别的族谱没有载入族规家训相关内容外，绝大多数族谱中是有这些内容的，正所谓"有家谱必有家训，有

---

[1] 王鹤鸣：《中国家谱通论》，上海古籍出版社2011年，第12-17页。
[2] 王利亚：《海内外对中国族谱的开发和研究》，《晋阳学刊》2003年第2期，第74页。
[3] 王鹤鸣：《〈中国家谱总目〉的编纂》，《国家图书馆学刊》2008年第1期，第38页。
[4] 王鹤鸣：《中国家谱通论》，上海古籍出版社2011年，第154页。
[5] 常建华：《宗族志》，上海人民出版社1998年，第440页。

家训必有家规"❶。

　　通过翻检梵净山民族地区的族谱可知，其族规家训的内容首先体现在专门的族规家训篇章中。这些族规家训篇章的具体名称虽然不尽一致，如有直接以"族规家训"命名的，也有以"家训""祖训""族训""宗训""家规""族规""宗规""家法""家戒""家教""家风"等不同标题命名的，但是这些不同名称下面所叙述的内容实际都是有关族规家训的内容。如沿河《秦氏宗谱》、松（桃）江（口）德（江）《张氏统族谱》等族谱中均有"族规家训"篇，万山《姚氏族谱》、碧江《洋塘谢氏族谱》等族谱中均有"家训"篇，德江《王氏族谱》、思南《安氏史志》等族谱中都有"祖训"篇，德江《文惠家谱》、万山《吴世万氏族统谱》等族谱中均有"族训"篇，沿河《李氏族谱》、江口《贵州王氏宗一、文二、胜三三公宗支族谱》等族谱中有"家戒"篇，思南《秦覃氏宗谱》、印江《柳氏威远谱志》等族谱中都有"家规"篇，印江《黔东桂西延陵吴氏宗谱》、碧江《贵州铜仁万氏族谱》等族谱中都有"族规"篇，松桃《戴氏族谱》等族谱中有"宗训"篇，石阡《方氏谱牒》等族谱中有"宗规"篇，万山《杨再思氏族通志》等族谱中有"家法"篇，玉屏《张氏族谱》等族谱中有"家风"篇，松（桃）印（江）《冉氏族谱·松印支谱》等族谱中有"家教"篇，等等。诸如这些篇章中所阐述的内容不外乎是关于其子孙在修身、治家、勉学、仕宦、处世、治生、择业、婚姻等方面的一些劝告性、勉励性或约束性和惩戒性的告诫之语。

　　显而易见，如上所列举的以"家训"或"族规"等命名的内容正是族谱中族规家训的主体部分。然而，除了这些内容外，明清以来梵净山民族地区各类族谱中还有一些内容也可当作族规家训来看待，主要有如下部分。

　　一是谱序。谱序即为谱书作的序言，大多为修谱者或本族有名望和文化层次较高者所作，也有些是邀请外族知名人士所作。其内容一般包含姓氏渊源，

---

❶ 姚茂钦：《姚氏族谱》（卷二），《家训规条小引》，内部资料，1999年，第41页。

家族迁徙与发展状况，修谱的缘由、目的和经过，以及谱学理论等。❶除此之外，也有许多谱序在以上内容之后载有修谱者或作序者有针对性地对后世子孙进行劝告和勉励性的话语。正是这些劝告性或勉励性的内容才使这种谱序一定程度上具有了族规家训的性质。如清康熙年间沿河张鲲在为其修的《黔南张氏族谱》所作的序中，先阐述其家族的历史发展脉络和修谱的大致情况，然后在此基础上着重指出该次修谱："长幼尊卑无之不叙，由尊尊而思亲亲，爱敬同风，仁让成俗，太和之气蔼然。在吾张氏族中也，宁独百忍之家声而已哉！将见族类繁昌，簪缨丕振，继文谟而展武烈，光先绪以示后昆。延至五世必有继鲲而修家乘者，其仍名为《黔南张氏族谱》，是鲲之愿也。愿自成化二年南轩造谱之后，至万历守刚时已五世也。又自守刚以至于鲲，屈指又五世也。古人谓：'五世不修谱，不许以孝。'今鲲恰值五世而更大修谱牒，谓非祖宗之默佑而命之使然，后五世而修谱者，其毋忘鲲今日谆谆之意云。"❷从该谱序中可以看出，作者意在通过修谱，劝告族众后人不仅要遵循五世修谱的惯例，而且将之当作敬孝的体现，要求后世子孙孝敬父母、尊老爱幼、兄友弟恭、和睦家族、遇事忍让，以此光先绪、示后昆。由此可见，该谱序包含了丰富的族规家训内容。正如前文提到的田祐恭在其《黔南田氏宗谱》的谱序中所提到的那样："凡我子孙，自兹以始，务宜五世一续，十世再举。否则难免不孝之诛，祖宗在天之谴也。诚诵予之言，法予之志。毋以世远而不续，毋以派繁而不修。毋各亲其亲而遗分支之疏远；毋因贵尚贵而弃寒贱于无名。庶几子孙千亿，福禄攸同。昭忠义于百代，跻名位于三公。声誉扬乎四海，经纶著于九重。凛凛微言，载在谱中。凡尔子孙，其鉴愚衷。是训。"❸其中的族规家训意义非常明显。

二是凡例。凡例也称谱例，主要阐明族谱的编纂原则、内容和体例，以及对修谱过程中的一些基本问题的规定或说明。修谱凡例往往以条款形式呈现，

---

❶ 王鹤鸣：《中国家谱通论》，上海古籍出版社2011年，第288-289页。
❷ 松江秀德张氏统宗谱编委会：《张氏统宗谱》（第一卷），内部资料，1995年，第18-19页。
❸《黔南田氏宗谱》，《少师公家谱原序》，乾隆五年刻本。

其中大多有关于对后世子孙相关教育或规定的内容，这些内容正类似于族规家训。如清同治元年（1862年）编修的《王氏万代源流（黔南王氏族谱）》中的"凡例"内容如下：

◎ **凡例条款**

凡他姓之子者，不录。义男义孙非正出者，不录。假冒字派者斥之尊卑上下失序者，正之。

迁移他乡仍注其地名，以便考查。

被掳入营、流离失所者，注其名字或乳名，以俟回籍之以便对查。

开例世数，便知某世某字派与某房某某相等，便于称呼。

训后来子孙：凡至五世，必修谱一次。俾远近相联，不致失序。如遇修谱之年，各房将谱执出，由今以叙至五世之子孙，则合族皆知，一目了然，必不得致于混淆，易于为功，以例后世之子孙，固易易也。

例后世之子孙，有出仕显荣者，即当追思报本，损赀崇祀，祖考以广孝思。

例后世子孙，有不读诗书、不安本分者，即为匪类，许令族人押赴朝廷，明正其罪。

谱牒所关者甚大，每遇兵燹火灾，必要珍藏，勿失。毋得擅自毁坏，自干罪戾。

袭职之官，祖宗之世荫受，朝廷之隆遇，当上报君父之恩，下敦一本之爱。如有长奸剥族无形及本支，许合族齐集公呈，声鸣罪状，立请斥革，另选贤能袭替，不肖子弟不许借故生端，以伤厚道。

春秋祭祀若宗官不预先通知合族，及合族既至而宗故意延捱者，即以不孝之罪罪之。

各族住居，虽隔别窎远，然一乡之中有尊长遇朔，望必宣《圣谕十六条》以训子孙。

族中有不公不法之事，先赴祠堂鸣之，族长会集剖断，明白即回宁家，不许多事，如有不遵约束，不听公处，族长宗官具呈当道衙门，从重治罪，仍罪银修理祠堂，毋得故违。

本族子女嫁适之后，或有不顺公姑、不敬丈夫、投水自缢而死者，不许族人言讲，即令掩埋。如有子弟蜂拥多人、持强吓诈、索取财物、倾人家产者，甚至有威逼人命者，皆非吾族子孙所为，许受害之人执此条约赴公法罪不贷，倘宗官不法，纵族多事，于中嗑索受财者，罪加二等。

本族原无门禁者隶卒，如有此等，即刻逐出，在外境不许受其祖业。

族中有因小事辱及三代子女即媒捏事故，即造谤毁人者，每一人起罚银五两，若一人至十起，则以不孝不弟逆伦罪之。

族中有能读书子弟，力不能延师，许赴祠堂从师，即以义田之谷膳之。

族谱先列王现一支，次列王龙一支，三列王虎一支，四列王凤一支，其有分支年远者，俱叙于四大房之后，以备参考。

祠堂乃尊祖敬宗之地，子孙骏奔昭格之所，必详注地基界至，刊刻族谱之首，咸使知之，庶不致豪强侵占，匪类倾圮，以垂永久。

义田，合族无此义举，乃系秀之自损以奉祭祀，并不与族人相干，日后不许族中不肖人等妄自议论，以蹈无耻。

祭祀日期，每年俱以二月初十、八月十八。月初十为定其祭祀仪物，宗子备之，届期勿误，族人亦量力相帮，其祭仪责之宗子者，谓得祖宗之世职，一以报本，一以会诸众族毋忘亲疏。

序谱昭守刚旧谱画图，用线纹联络，则支派繁多，难于刊刻，今止一世二世，逐一叙至二十世，将来自二十世以至千百世，重而修谱者，未必非期，谱之肇端而然欤。

祠堂内置族谱十本于柜中，俱系装订用封锁，凡遇清明祭祀之日，启而视之。

族中有能诗词歌赋、孝子顺孙、义夫节妇，并录之，以昭示后昆。

以上数条例，后世子孙各相恪守，毋自违悖。[1]

---

[1]《王氏万代源流（黔南王氏族谱）》，民国丁丑年（1937年）抄本，第13-18页。

该族谱凡例在明清民国时期的族谱中具有一定代表性。它一共列了23条相关规定，内容涉及面非常广泛，包括祠堂、祭祀、族产、职业、嫁女、官职、字派、勉学、续谱、谱牒珍藏等相关规定，甚至规定了相应的家法惩罚措施，要求"后世子孙各相恪守，毋自违悖"。通篇凡例的内容实际是在教育、劝导、告诫和规范子孙后代应注意的问题，某种意义上起到了与族规家训同样的作用。

三是祠规。祠规即宗祠的有关规定。宗祠又称"宗庙""祖祠""祠堂"，是供奉祖先神主牌位和举办祭祖活动的场所，又是族人从事聚会、议事、处理族内纠纷等家族内部事务活动的地方。宗祠里进行的各项活动与本宗族所有成员息息相关，并且相对复杂。为了对宗祠进行有效管理和利用，各宗族往往会在其修建后作出专门的规定，这就是祠规。它多以条规出现，并刊载于族谱中。明清以来，随着梵净山民族地区宗祠的大量修建，各家族谱祠规也纷纷出现。这些祠规的内容虽然是关于宗祠的管理和使用过程中的一些规定，但这些规定基本都是对族人进行为人处世方面的教育和规范。因此，族谱里的祠规实际也是反映了族规家训的内容，发挥了族规家训的作用，故可当作族规家训来看待。如碧江区瓦屋刘氏宗族于清光绪三十一（1905年）年修的《刘氏宗谱》中载有十四条祠规❶，对族众行为作出了相关规定，如要保持宗祠的整洁，不许在宗祠内吵闹、赌博、打牌、酗酒，不准在宗祠闹事，祭祀活动中要做到衣冠整洁、端庄严肃、虔诚恭敬，要爱护宗祠会赀，不能见利忘义、侵贪祠产，祭扫活动中也需展追远之敬等，否则要进行相应的惩戒。这实际是在教育族人哪些事该做和怎么做、哪些事不能做，重在告诫和规范族人的行为，能够起到较强的教育意义，其族规家训的教育和规范功能非常明显。

四是字辈。字辈也称"字派"，是宗族内规定族人取名统一使用的表明辈分用字联缀的成语、对联或诗句。❷传统社会中，各宗族一般都制定有自己的字辈，并刊载于该家族的族谱中，让族众知晓。族谱字辈实际是一个家族取名

---

❶《刘氏宗谱（三）》，内部资料，1985年重修本，第5-12页。
❷叶首明：《话说族谱字辈》，《四川档案》2006年第3期，第40页。

的规范，族人必须严格遵守。如碧江滑石沈氏族人在议定好其家族字派后特意强调："今特序明，以今各寨族人知所遵循，勿致错讹，则谱之修，上以溯先人名号，下以示后代字派，同相垂于千古不朽。云尔。"❶碧江瓦屋刘氏有类似说明："后起嗣孙，务须照所取字派依次命名，不许移前换后，颠倒世系。"❷石阡楼上周尚濂在其修订的《周氏宗谱》里也说道："原夫族必有派，无派则更名取字必多错乱颠倒，混杂不清，后世难以考核。我伯泉祖避难入黔，仓皇失谱，自朝隆公以至星公辈，俱随意取名。后兴崧公，恐其再误，因合族公议，列出二十字派，俾子孙有所遵循，不致妄取。殊我房有字派未到，先改元字者，三房有先改文字者，此皆昧于前人之心，而不知支派由此紊也。濂复为书之，惟冀子孙永遵先人取定字派，无或易焉。"❸类似这些族谱里所强调的那样，字辈议定后，各族子孙必须严格遵照执行。因此，从这个意义上来讲，族谱里的字辈本身就是一种族规。另外，有学者研究表明，有些家谱还将字辈直接收录于家规家训等篇章中。❹也即是说，有些家谱中直接将该家族的字辈当作族规家训来用。这在梵净山民族地区的族谱中也有体现。如铜仁革命烈士周逸群的家族就是以其字辈作为家训的，其族谱字辈如下：人贵自立，本敬以德，学期明道，用在济时，崇善尚义，步圣法哲，修齐治平，光绍濂溪。这32字既是周逸群家族的字辈，也是他们的家训。故从族谱字辈的这些外在形式来看，它本身即可被视作族规家训的一种。当然，我们之所以将族谱里的一些字辈当作族规家训来看待，不仅是因其形式，更主要的还取决于其内容。从族谱字辈中的单个字来分析，它本身就多少具有一定的文化内涵，如果再将这些字辈中的单个字连成几句话，并当成一首诗句或对联来理解，其中蕴含的文化内涵就更丰富了，且多为告诫和激励后世子孙要继承先志、积善积德、正义行事、奋发图强、光宗耀祖、报效国家等殷切教导之语。如石阡县楼上周氏的

---

❶《沈氏家谱》，光绪二十二年手抄本，第7页。
❷《刘氏宗谱》，光绪三十一年刻本。
❸周尚濂：《周氏宗谱》，《族派训》，清同治十二年。
❹沈思越：《中国家族的字辈》，《寻根》2018年第6期，第112页。

字辈前后共40个字组成一首五言诗：兴之明大学，成永正其昌。廷开钟毓秀，元士绍文光。有子维中立，于以应时芳。做人克崇本，至德秉家邦。❶其大意就是：家族要发展兴盛，族众成员必须崇尚《大学》之道、明白《大学》之理，永远养成正大之气、正直之言、正义之行；家族中的贤德之士要传承优良的家道风规，将其发扬光大；做人处世要恪守中庸之道，秉承先贤之教，才能立于天地之间，永远流芳子孙；做人须懂得约束自己，崇尚克己之本，才能达到至德至善之美，秉承兴家立邦之道。可见，该字辈所蕴含的文化内涵非常丰富，重在告诫后世子孙的勉学立身、为人处世、养贤修德、兴家兴邦之道，其族规家训的意义非常明显。因之，有学者指出："周氏字派，通过8句诗，40个字，将祖先对子孙的做人、处事、立身、修身及对子孙、家庭、家族所寄予的希望，全部含蕴其中，既是字派，又是家训族训。"❷再如印江县严氏的老字派为：学纯裕广大，积厚自流光。致知原诚正，操守发祥长。❸它旨在教育族众要努力学习，积累丰厚的知识，做人要诚信正直，讲操守，才能光宗耀祖，长发其祥。还如沿河县周氏孝感宗支分别议定了前后二十八字辈序：俸清朝启登天世，绍述蕃昌盛永年。忠厚传家光祖德，华国文章继先型。元公濂溪说爱莲，孝感续谱承前贤。洁身自好真君子，万代激励留美名。❹该字辈诗中明显蕴含有要求子孙后代做到忠厚传家、洁身自好、继承先志、光宗耀祖等教育内容。总之，梵净山民族地区族谱中刊载的字辈体现出来的文化内涵非常丰富，对后世子孙的教育、规劝和激励意义非常明显，一定程度上可以将其当作族规家训对待。正如有学者指出的那样："字辈不仅寄寓着制定字辈的祖先对本族子孙后裔的期待与厚望，而且反映了中国传统文化的丰富内涵。无论是尊孔崇儒的文化心态，重视伦理的道德说教，正直做人的古训劝勉，劝农勤耕的重农

---

❶ 周尚濂：《周氏宗谱》，《族派训》，清同治十二年。
❷ 周政文：《臙臙楼上》，光明日报出版社2019年，第207页。
❸ 贵州省印江县严氏宗亲理事会：《印江严氏族谱》，内部资料，2009年，第13页。
❹ 沿河周氏孝感宗支族谱编纂委员会：《贵州沿河周氏孝感宗支族谱》，内部资料，2015年，第5页。

意识，积善积德的心理定势，仁义礼智的儒者胸怀，以及中庸和平、乡土观念和寻根报本情结等，都在族谱字辈中有着明显的体现。"❶

五是遗嘱和契约。许多族谱中的"文献"篇中一般收录了该家族先祖的某些文献类资料，其中不乏一些遗嘱和契约。遗嘱是人于生前对其死后遗产所作的安排和处理其他事务的嘱咐或嘱托。后世子孙在修谱时往往把这些已经形成文字的遗嘱当作其家族文献收录其族谱中，其一般包含一定的教育和规范子弟行为的内容。如沿河县《高氏宗谱源流》中收入了明弘治十四年（1501年）立的《孟昇祖分关遗嘱》，在该遗嘱中，高孟昇将其家产分给子弟后，着重强调："自分之后，各要体吾，自幼至老，勤俭置买家业，辛苦切莫懒惰。有失田产，吾殁阴灵不肯。凡尔弟兄叔侄，各遵父命，和顺管理，不许互相征占。或遇婚丧，及被侵扰等事务，要协力扶助，毋得以强欺弱。但凡本户差粮到来，三股均当，不致推故。如有违父命者，遵命之人，执此分关赴盟证，不遵之人甘受违犯罪咎。仍然依此约为定。所分房业，系孟昇续置，与族人并不相干。其分田土，日后无力耕种者，兄弟叔侄商议，有力之人佃食，勿许违背租命外人吞占。恐后无凭，立此分关合同三纸，各执一纸为据，子孙永远为用。"❷该遗嘱中，高孟昇告诫子弟在分产后要勤俭、辛劳，不能懒惰，对所分田土要和顺管理，不能相互侵占，遇事要团结、互帮互助，不得倚强凌弱，按时完纳差粮，等等；并要求子弟严格遵守其吩咐，否则要以罪论处。其族规家训的教育性和规范性由此可见一斑。另外，前述沿河县张氏的《张勋遗嘱》、石阡县楼上周氏的《易祖遗嘱》、玉屏县洪氏的《尔昌公遗嘱》和《聿麟公遗嘱》等都被收录于各自家族的族谱中，基本也都包含有教育子孙后代为人处世、持家治业等内容，并明确要求后世子孙必须遵守其规定，否则要遭受惩罚等。正是因为这些收入族谱的遗嘱中具有对族人的教育和规范作用，我们才将其作为族规家训的一种表现形式。梵净山民族地区的族谱文献中除了收入有

---

❶ 王泉根：《中国民间的字辈谱》，《民俗研究》1993年第4期，第29页。
❷《高氏宗谱源流》，高可维抄本（沿河土家族自治县档案馆藏），1982年。

一定的先祖遗嘱外，一般也刊载了某些祖上遗留的契约。按现在的理解，契约是指双方或多方共同协议订立的有关买卖、抵押、租赁等关系的文书。明清以来，族谱中收入的契约主要有两种表现形式：一是分关合同，二是土地买卖契约（简称"地契"）。关于族谱中的分关合同，即收录于族谱中的有关家庭内部划分家产的合同，在前面已经有所讨论。由于这些合同中的"寄托或勉励语"部分均有规定当事人及其子孙后代要遵守合同、和睦相处、相互帮助等内容，一定程度上起到了族规家训的教育和规范作用。关于土地买卖的地契实际与分关合同有非常相似之处，其内容主要包括土地买卖双方的姓名、土地买卖的缘由、所卖土地大小和范围四至、土地交易等情况，以及交易后有关权属的规定等。石阡县楼上《周氏宗谱》中收录有清嘉庆年间的地契两份，试举一例：

> 立出卖山土文契人周大成，今将自己受分之土，坐落地名下凄田土林其界，又榜口上大田右边田角直上，左边以沟大石岩第二个小石岩曲转横过，中间路心直过，抵打破石岩，抵周大年界，曲转直上本主田为界，四置分明，并无有紊乱。其桐椪树木，契内以归族兄文士，族弟大成不得砍伐，凭中出卖与周文士承主。三家面议价值，足色银二两，其银兄现交弟亲手领明，并无少分文，在丁一勺，各自充当。自卖之后，兄子孙栽插修培管理，弟子孙永无异言，无加无赎，书画一并在内，恐今人心不古，立卖契为凭耳。
>
> 凭中：胞弟周大位
>
> 代笔：周文才
>
> 嘉庆十七年十二月二十六日
>
> 立卖人周大成，画押 ❶

该地契中，立卖山土者周大成请凭中作证，将自己所属的某块土地以一定价格卖给其族兄周文士，并明确规定"自卖之后，兄子孙栽插修培管理，弟子孙永无异言，无加无赎"。这是周大成在告诫自己子孙不得干涉已卖之地的归

---

❶ 转引自周政文：《臕臕楼上》，光明日报出版社2019年，第223页。

属问题，实际也是家族内部有关事务的规定，从这个意义上来说也当具有一定的族规家训性质。类似这样的地契，在梵净山民族地区的族谱中有一定收录，它们和前述的分关合同一样，虽然主观上不是为族规家训而制定，但客观上确实起到了一定的族规家训的作用。正是基于此，我们将族谱中的某些具有一定教育和规范意义的分关合同与地契之类的文献也当作族规家训。

总之，明清以来梵净山民族地区的族谱中包含有丰富的族规家训内容，它不仅明确地呈现于族谱中的"族规家训"篇章中，也明显地体现在族谱中的凡例、祠规和遗嘱中，甚至还隐晦地反映于族谱中的谱序、字辈和契约文书等内容里。可以说，族谱是最主要的族规家训传承载体。

二、家书

这里讲的家书指的是家庭成员之间写的书信。在电报、电话等现代通信手段普及之前的传统社会，家书是家庭成员之间信息沟通和遥寄相思的主要方式。家书的内容除了主要包括向家人报平安、问健康、寄相思之类外，一般还涉及长辈对晚辈进行劝勉、告诫、激励等教育方面的内容。正是因为许多家书体现出一定的教育内容，才使它们具备了族规家训的基本功能，成为族规家训表现形式的一种，进而成为族规家训传承的重要载体。

我国以家书形式来教育子孙，自古有之，盛行时间长久。前文中已经提到，早在汉代，家书体族规家训就已盛行，如刘向的《戒子歆书》、孔臧的《给子琳书》、马援的《诫兄子严、敦书》、诸葛亮的《诫子书》和《诫外甥书》、王修的《诫子书》等均属于此一类型，并占据当时族规家训的绝大多数。后来，这种家书体族规家训长期延续下来，一直到近现代依然是族规家训的重要形式之一，甚至还出现了教育意义非常巨大、影响非常深远的如《曾国藩家书》《傅雷家书》等家书集著作。

明清以来，梵净山民族地区也出现了以家书形式呈现的族规家训，如前文提到的明代思南府田秋就撰有《诫子书》一篇，以书信形式教育其儿子读书、修身、处世、治生之道。当然，相比较而言，由于种种因素的影响，梵净山民族地区出现的家书可能在数量上相对较少、影响力也相对较小，能够流传下来的就更为稀少。不过，有个别家书倒也较为特别。如笔者搜集到一封民国时期的家书，就很有意思，全文如下：

绍卿叔叔：

订送你的杂志《现代父母》收到几多了？这杂志是做父母的唯一的良师，尤其是现代做父母的不可缺的宝贝，能够以上面所行所为所指示的种种方法去教养子女，去彻底实行，我相信所教养出来的子女不说单是身体健康，将来必定做国家的一个好国民。希望你以那上面所说的去做，切不可仍以十八世纪的老法来教育子女，压迫子女，使他们不能充分的发展其天职个性。你看了几本之后，你一定得了许多新常识的。

我只月余就卒业了，打算到南京去升学，此间虽然有六十元一月以事给我做，我实在不愿意，所以只等卒业就要去的。

屡次接到家信，总说是家里被人欺骗，但是这些事我毫不计及，把这些空事以及家乡一切观念打消，不管不问，然后从我的前程方面去加倍努力，现在我的目的很希望从军队方面去发展。完了。

祝你　　（舍下希以揭示）

快乐！

二孃及弟妹问好

侄　张泰钟
五十上（5月10日上午）❶

---

❶ 该家书由沿河土家族自治县党史研究室张体珍先生提供，并将之命名为《一封抗战家书》。据张体珍先生介绍，该家书的书写者张泰钟（1906—1942）系贵州沿河淇滩人，从小接受良好的家庭教育，在贵阳中学毕业，考入广东军事政治学校深造班学习。毕业后辞去广东政府高薪聘请，回乡从事教育，1937年任县教育科长。因不满县长陶汝耕抗日征兵不力，赴省倒陶。抗日烽起，次年弃职，约数乡人赴湘，在薛岳部任师军需主任。1942年，在长沙会战中殉难。该书信原件保存在沿河县淇滩古镇蔡永康先生家中，原件共3页，每页长约30厘米，宽约21.5厘米，书信函头为"广东军事政治学校政治深造班用笺"。收信人为蔡官廷，字绍卿，是张泰钟的表叔，也是该书信原件收藏者蔡永康的父亲。写信时间应在1936年或1937年5月。

这封家书是沿河县的抗战英烈张泰钟于抗战前夕写给其表叔蔡官廷（字绍卿）的。书信仅有短短的三百多字，分两部分内容：一是希望其表叔不要再以传统的旧方式去教育子女，建议他认真学习《现代父母》，吸收该杂志中的新式教育方法，并用这些新方法教育子女，以把子女培养成好国民。二是说自己的学业情况和今后的努力方向，希望能从军队方面去发展。这两个方面的内容均含有很强的教育意义。第一部分建议其表叔放弃旧的教育方法而采用新的教育方法去教育子女，并要以培养"好国民"为己任，其劝告性和教育性不言自明。第二部分说自己今后要向军队方面发展，表明了自己的志向，并且这种志向在当时背景下真是难能可贵，让我们看到一位热血青年忧国忧民、追求进步、报效祖国的爱国情怀，给人以强烈的激励作用。因此，这封家书对族人的劝告性、教育性和激励性甚是典型，发挥着很强的家训功能。从这些例子中足以看出，梵净山民族地区的一些家书正传承着深厚的家训文化，这些家书因其蕴含的教育价值而成了族规家训传承的载体之一。

三、建筑物

建筑物是由人工建造而成的物体。这里讲的建筑物主要指的是有人居住或活动的房子，包括宗族成员共有的公共祠堂和以家庭为单位的私有民居。祠堂和民居之类的建筑物也是族规家训的传承载体。

先来看祠堂。前文已经提及，祠堂是供奉祖先神主牌位和举办祭祖活动的场所，又是族人从事聚会、议事、处理族内纠纷等家族内部事务活动的地方。明清以来，梵净山民族地区的各姓宗祠数量迅速增多，绝大多数宗族随着人口的增长纷纷兴建或改扩建本族祠堂，如清代施溪刘氏在其境内（现碧江区瓦屋和漾头一带）修建的刘氏宗祠就有司前、瓦屋、丁家溪、翠溪、施滩、恶滩等多处。这些宗祠既是族人祭祀之地，也是族规家法实施之所。族人如果触犯了族规或出现了纠纷，一般要由族长来主持公道，召集违规或纠纷之当事人及宗族其他成员共赴宗祠，依据族规家法来处理相关事件及当事人。如黔东邵氏族人规定:"族中有不法之事,先赴宗祠报与族长头人协同剖断,明白及各回邻家,不许多事,如有不尊约束不听公议,族长宗官具呈禀官,重加惩办,罚银修整宗祠,无得违误。"❶印江县柳氏族人也有类似规定:"族人中如有违犯家规族约者,均在宗祠里加以惩处。诸如因作风不正而同姓奸婚者、父奸媳者、兄奸弟媳者、不忠不孝而虐待父母或妻媳者,族长可用棕条打屁股惩之。情节严重民愤大者,写逐文,离故土,远走他乡……"❷沿河县李氏的《家戒》中也提到:"今合族修谱立议,不论长幼排行,但择公道正直明敏果断者,举为通族公长,其四方各处亦选公道能干一名,立为族长,每大房之分房处,又各立户长一名,凡遇田土山林口角细故,干名犯义,必先经本房理处,如不能决,经投各房长公同质决议,倘理亏之人更时凶横不遵,再经外房之户族长于公所处合同签议,如此判决再三,犹有强不服即经通族公长知会宗祠,附近各户长约期赴祠,据理确断,永断葛藤……如倘又不务本业子弟从匪赌博,户族长及父兄不时训诫加察,若其中或被同类窝赌,察获时带赴本处祖堂,重责外并究父兄之教……"❸可见,族人中一旦出现有重大纠纷或违反族规的现象,一般都要到宗祠里加以公议处理。这个处理的过程不仅让族众在祠堂内见证了族规家法的实际运用,更为全体族众提供了警醒和戒备的作用,甚至有些宗族在处理完相关事件后还专门趁机对族众加强族规家法方面的教育。因此,宗祠里举行的这类活动既是对族人的惩戒之举,也是在对族人进行一定的教育。从这个意义上看,宗祠凭借这类活动的开展,自然地传承着本家族的族规家训,使其成为族规家训传承的载体之一。

宗祠除了可以通过在家族事务中施用族规家法的方式传承族规家训外,更普遍的还在于其通过以宗祠的某些构件为载体,如以祠联、牌匾、碑刻等蕴含的文化内涵来传承其族规家训。祠联,即宗祠里的对联。几乎所有宗祠的大门、正殿大门,甚至正殿神龛、侧门、后门和柱子等处都有一些对联。并且这

---

❶《黔东邵氏族谱》编委会:《黔东邵氏族谱》,内部资料,2005年,第6页。
❷《柳氏威远谱志》编委会:《柳氏威远谱志》,内部资料,1999年,第7页。
❸李文攀:《李氏族谱》,《家戒十则》,手抄本。

些祠联的内涵非常丰富，除了一些反映该宗族的历史根脉、功名贡献外，更多的则蕴含丰富的为人处世、教子训孙方面的寄望、勉励和嘱托之意。如石阡县楼上周氏宗祠里曾有一副对联："崇教养贤，知行合一，克勤克俭；守训树德，礼义为先，惟读惟耕。"❶ 这副对联文意直接明了，显然就是一篇教育族众、勉励后人的族规家训。有些祠联虽没有这么直白，但也饱含丰富的族规家训内容，如松桃县孟溪镇南坪村于清代修建的杨氏宗祠大门有一副对联："披史阅，武功一门八将，仅存忠孝铭宋北；绩书稽，文德四世三公，只留清白著关西。"❷ 这副对联内含勉励杨氏宗族后代要继承先辈的文功武德，传承发扬其忠孝精神和清白家风，具有较为明显的族规家训意义。祠堂里除了存在大量具备族规家训性质的祠联外，也有许多悬挂有族规家训性质的牌匾。如印江县黄氏族人就在其宗祠正殿中央底壁悬挂有黄世发《家喻》匾，右间中央底壁上悬挂《勤慎》古训匾，左间中央底壁上悬挂《勤俭》古训匾。❸ 印江县鹅岭戴氏宗祠于清初修建时也悬挂有《忠孝传家》的匾额。这些匾额的内容实际就是族规家训。也有些宗族直接将一些族规家训书写或镌刻在宗祠的某些部位，供族人学习。如印江县新寨戴氏宗族在其宗祠的神龛顶端书其戴氏宗训："孝顺父母，恭敬长上，和睦乡里，勿作非为。"❹ 碧江区板栗园万氏宗族在复建其宗祠时也将其"族训"和"祠规"内容刻写在万氏宗祠的正面墙壁两侧。各宗族要么将其族规家训蕴含于宗祠中的祠联和匾额中，要么直接将其族规家训书写于宗祠显眼的墙壁上，以此使各自的族规家训代代相传。因此，宗祠以这些方式成为传承族规家训的重要载体。

再看民居。除了公共的宗祠是传承族规家训的重要载体之外，各私家民居也是族规家训传承的载体，并且其传承方式与宗祠很是类似。如果要论其区

---

❶ 周政文：《朦朦楼上》，光明日报出版社2019年，第229页。
❷ 松桃苗族自治县第三次文物普查工作领导小组办公室：《松桃文物——第三次全国文物普查成果》，内部资料，2008年，第82页。
❸ 黄氏族谱（续编）编辑组：《印江黄氏族谱》，内部资料，2017年，第20页。
❹ 印江自治县文化体育广播电视旅游局：《印江土家族苗族自治县文物志》，内部资料，2012年，第167页。

别，可能主要表现在二者教育的人群范围有所不同，宗祠是针对整个大宗族而言的，而民居一般只针对小家庭成员。至于民居传承族规家训的方式，首先一种就是采用对联形式。各家各户将富有某种教育意义的族规家训内容融入对联中，并将之刻写或书写张贴于家中堂屋的神龛、壁柱或门口两侧，时时提醒和教育家中成员牢记祖训，积极处世，励志有为。如石阡县楼上村周氏家族每家每户的香堂上，一般都会贴有类似祖训的对联"宗传姬旦家声远，学绍濂溪世泽长"，意在告诫家中子孙，要传承先祖周公姬旦创设的文明礼制，要秉承宋明理学开创者周敦颐"出淤泥而不染"的优秀品格。该村的周正典还将自己告诫子孙的话作成对子书写出来张贴于自家壁柱以教育子孙："做明白人在徜徉中保留正气，作平凡事于关节处贵有典型。"这副对联实际就是一篇为人处世方面的家训，意在告诫子孙做人要讲正气，做事要有典型。有些家庭也直接将其先祖家训挂于堂屋某个显眼位置，供家人时刻学习。如碧江茶园山徐氏家族中就有许多家庭在其堂屋香堂上，挂有木制或贴有手写的"敦孝弟、睦宗族、立品行、正风尚、课子弟、尊师儒、崇节俭、息争讼"的《徐氏家训》和徐镇《家训十七条》，以教育子孙。也有些家庭为了更好地教育子孙，传承家训，干脆将其先祖家训刻写在堂屋大门上。如思南县思唐镇安化社区的周和顺盐号的堂屋大门上就刻有"惟忠惟孝、克俭克勤、创业维艰、守成不易"的家训，教育子孙后代做到忠孝两全、勤俭持家、艰苦创业，努力守成。还有些家庭出于对子孙后代某些方面的着重教育，直接将某种古训以堂号形式表现出来，让子孙铭记于心。如印江县鹅岭镇严氏和德江县枫香溪镇枫溪村洞青组王氏分别有个别家庭在其民居正大门上方外墙壁上写有大大的"积善堂"和"余庆堂"几个字，这大概都是源于"积善之家必有余庆"这句古训，意在教育子孙后代要积德积善，多做善事，多行义举。如上所述的族规家训的不同传承方式，均是以民居这种建筑物作为其传承载体的，所以我们认为私家民居也是族规家训传承的载体之一。

四、碑刻

碑刻即刻在石碑上的文字。由于刻在石碑上的文字更易于保存，并且其保存时间也相对更为久远，所以许多家族为了让其族规家训得以更长久地传承，往往将它们刻写在石碑上。这样，有些族规家训就以碑刻形式存在，使碑刻成为传承族规家训的又一载体。

梵净山民族地区的族规家训碑刻多立于庄严的宗祠之内。如前文提到的印江县严氏宗族为了长久地劝勉其族人好好学习，特意在其祠堂内立了一块《劝学碑》，将勉励子孙后代努力学习的劝告之语刻写于碑，流传后世。碧江区板栗园村的万氏也将该宗族的《族训》和《祠规》刻于宗祠墙壁，供族人学习。清末思南县安氏除了将《十议》族约刻于石碑立于宗祠外，同时也将其家族《族规》勒石垂碑，立于宗祠内，以教导族人，规范族人行为，起到长久的警示和教育效果。❶

民国时期印江县新寨乡乐洋村的张氏在其宗祠内也立有一块名为《先祖遗训》的碑，其内容如下：

◎ 先祖遗训

> 家有乘族有谱，乃人生极大事也。所谓谱者何？宗法之道也。夫宗之有法，犹国之有律，国无律而人民忌惮消极；宗无法而子孙之嗣棘丛生。我族张氏自成化南轩、万历守刚、康熙南翔诸公，先后刊定族谱、凡例，森列琅琅垂训，所以昭示后人，善继其志，善述其事，不致荡检踰闲，以蹈不肖之名也。烈兴、学礼公谈及宗法，族人有所茫然，公道同发起勒诸金石，使智者见而知遇者，闻而识俾，令人修其行，尽笃其风，莫非光前裕后，人美欤！
>
> 谨将先祖所订条例刊于后：

---

❶ 安显才：《思南安氏史志（1111—2005）》，内部资料，2005年，第382页。

第一条　族中如有娶而不生、生而不育者，准由亲房择贤立嗣。凡继外姓之子为子，有不录义男义孙非正出者，不录。假冒字派者，拜□之，尊卑失序者，正之。

第二条　族中有满四十无子者，准其娶妾。如有不贤之妻从中阻挡，务将不告而娶之理对后戚说明，德之开导许可。

第三条　族人迁移他处，仍住其地名，以便稽查世数，使知某世某字派与某房某世相等，便于称呼。

第四条　训后来子孙，凡至五世必修谱。上次俾远近相联，不□至失序，如遇修谱之年，各房将谱执由今，以叙至五世□之子孙，则合族皆知，一目了然，必不混淆易以为功。

第五条　子孙不读诗书、不安本分，即为匪类，许令族以押赴本祠堂明正其罪。

第六条　族中子孙有善读书者，力不能延师，请赴祠堂从师，即以义田之谷膳之。

第七条　子孙读书当思为名臣，为孝子，为名儒，毋自随至，以坠先业，自于法谴。

第八条　子孙有出仕显荣者，即当追思，报本捐赀入祠，奉祀祖考以广孝思。

第九条　族中有不公不法之事，先赴祠堂鸣之族长会集，剖明解决，不许多事。如有不尊约束，不明合众，禀官从重治罪，外议罚金修理祠堂，决不姑贷。

第十条　族中有长奸剥族，无故嫌及本支，许合族公呈，声鸣罪状，罚金修祠。

第十一条　族中子女通导后，有不顺翁姑、不敬丈夫、投河自缢而死者，不许族人言讲，□□□□□□女或携冤屈而死者，准其言讲，葬荐之礼，以表其孝顺节义之名。

第十二条　春秋祭祀，族长预先定期通知，合族其仪，物有值年，首事备之，届期勿误。族人□□□□□物□有不备不洁之处，即以不敬责之，或族人有故延不到者，即以不孝□□。

民国七年戊午岁六月　下浣二十一世孙张前烈❶

印江县峨岭镇东北来安营的陈氏，于光绪二十四年（1898年），立有一块《祖遗家训十六条目碑》在其陈氏宗祠右厢房内。该碑正文楷书阴刻家训16条："崇孝道，笃恩义，肃闺门，兴礼教，勤生业，完赋税，慎交游，广施予，息争斗，慎出入，睦亲故，敬耆老，崇俭朴，封茔墓，正婚配，勤纺织。"家训之后，还楷书阴刻族规6条。❷前文述及的石阡县楼上村为规范族人轮流放水灌溉农田的《轮水碑》也是立于该村周氏宗祠的院落中。可见，族规家训碑刻在梵净山民族地区的宗祠中较为常见。

除了大多碑刻是立于宗祠内，也有一些具有族规家训作用的碑刻立于其他一些重要地方。如沿河县崔氏族人将一块不准族人私葬祖山的《永远封禁碑》立于其祖山路口，其碑文如下：

◎ 永远封禁碑

此山原系合族祖山，凡前后左右，无论公业私业，我崔氏子孙亲远不得在此葬地，如有占葬窃葬，情事合族公议，轻则论罚，重则公同禀究，誓不拘情。禁后各宜自重无犯。

光绪十六年十月吉日合族　公立❸

印江县木黄镇凤仪村的喻氏在其村口大柏树下树立有一块石碑，刻有"为官戒不清、掌权戒不廉、为事戒不公、做人戒不检"四行字。这四行碑文是喻氏家族族规家训中的一部分内容，将喻氏家族的为官用权之道、做人行事之道

---

❶ 印江自治县文化体育广播电视旅游局：《印江土家族苗族自治县文物志》，内部资料，2012年，第453-454页。

❷ 铜仁地区通志编纂委员会：《铜仁地区通志》，卷五《文化》，方志出版社2015年，第3106页。

❸ 该碑现立于沿河县崔氏陵园入口处。

勒于石碑立于村口,其警示和教育意义甚为明显。

思南县长坝苗族土家族乡丁家山村西立有一块由该村村民于清道光二十一年(1841年)公立的旨在保护山林的《亘古千秋》碑,记"立碑禁戒偷砍柴林、桐桊、料木等项","如有捕获偷砍者,将刀、物执出",奖"捕刀钱一百二十文"。该县杨家坳苗族土家族乡干家山村的干姓,由其头人干庆礼、干庆青、干多贵等,于清咸丰四年(1854年)公立有一块旨在禁止砍伐古树的《神畏祖法》碑于其村东。该碑记清咸丰三年(1853年),有人将寨内古树"窃售吴姓,裁价一千二百文","于是公议,将庙会之钱,捐偿吴姓",将树赎回,"并与族人约,务须父戒其子,兄勉其弟,协力同心,互相保守"树木事。该县凉水井镇南盆坡村村民于清光绪四年(1878年),公立有一块名为《禁止赌博》的碑,记每逢春节聚众赌博,造成寨子不安、家庭不和,经长者提倡,报请县示,立碑禁赌,"违者罚款十千,傲者禀官深究"。❶

总之,梵净山民族地区许多家族将族规家训刻于石碑,形成族规家训碑刻,这些碑刻要么立于庄严神圣的宗祠内,要么立于族人过往频繁的重要路口或村口,起着长久教育宗族子孙后代的作用。这种承载着丰富教育内涵的碑刻自然成为族规家训传承的载体之一。

通过如上分析可知,梵净山民族地区族规家训的表现形式丰富,传承方式不一,传承载体多样。在众多的传承载体中,族谱显然是最为重要的一种,其他如家书、碑刻和祠堂、民居等建筑物也是族规家训传承的主要载体,它们共同构成了多样化的族规家训传承方式,使梵净山民族地区族规家训的发展得以长期延续、生生不息。

---

❶ 铜仁地区通志编纂委员会:《铜仁地区通志》,卷五《文化》,方志出版社2015年,第3107—3108页。

第五章 梵净山民族地区族规家训的主要内容

考察族规家训的内容是进行族规家训研究的基础和重点。作为博大精深的中华文化的典型样态，传统族规家训的内容也非常丰富，包罗万象。以往学者对此已多有研究，如张艳国将中国传统家训的内容分为家庭、家政、修身养性、勉学和经世应务五大门类。❶徐少锦等认为传统家训所包含的基本内容可概括为如下十七个方面的训导：孝亲敬长、睦亲齐家，治家谨严、勤劳节俭，糟糠不弃、寡妇可嫁、贵名节、重家声，勤政谦敬、安国恤民，清廉自守、勿贪勿奢，抵御外侮、维护统一，依法完粮纳税、严禁乱砍林木，立志清远、励志勉学，习业农商、治生自立，崇尚科技、贬拒迷信，审择交游、近善远佞，宽厚谦恭、谨言慎行，和待乡邻、善视仆隶，救难济贫、助人为乐，洁身自好、力戒恶习，以及养生健身。❷费成康从法律约束的视角出发，认为家法族规的内容主要是对个人行为、家庭事务、宗族事务及其他一些相关事务的规范。❸朱明勋认为，宋元明清时期我国传统家训思想不但重视治人，也重视治家，其主要内容包括修身、交游、勉学、择业等方面的治人思想，也包括睦亲、理财、理事等方面的治家思想。❹王卫平等以明清时期的苏州为例，认为传统家训的内容大致体现在修身、治家、治生、处世、训子、婚姻、择业和仕宦八个方面❺。王龙凤主要考察了族谱中的家训族规内容，认为族谱中的传统家训内容除包含血缘维护、家族团结、家庭伦理、成员上下关系等规范，还重视后代子孙的道德教育，以及社会伦理、职业道德、佛道宗教信仰等相关议题。❻王长金也从家庭伦理、道德观念、教育思想、教育方法等方面探析了族规家训的主要内容。❼可见，传统族规家训的内容十分丰富，并同传统文化一样以体现儒家思想为主。明清以来，梵净山民族地区虽然保留了大量的少数民

---

❶ 张艳国：《简论中国传统家训的文化学意义》，《中州学刊》1994年第5期，第99页。
❷ 徐少锦，陈延斌：《中国家训史》，陕西人民出版社2003年，第2—8页。
❸ 费成康：《中国的家法族规》，上海社会科学院出版社1998年，第51页。
❹ 朱明勋：《中国家训史论稿》，巴蜀书社2008年，第194—251页。
❺ 王卫平，王莉：《明清时期苏州家训研究》，《江汉论坛》2015年第8期。
❻ 王龙凤：《中国族谱之家训研究》，台湾淡江大学2013年博士学位论文，第214页。
❼ 王长金：《传统家训思想通论》，吉林人民出版社2006年。

族文化，但是传统的儒家文化已经成为该区域的主流文化。受此影响，其族规家训的内容显然也是以儒家思想为主，反映儒家的修身观、教子观、治家观和社会观等。本章结合相关资料，从个人品行、家庭伦理和社会准则三个层面来分析梵净山民族地区族规家训包含的主要内容。

第一节　梵净山民族地区族规家训中的个人品行

个人品行即个人的道德品质与行为。族规家训的对象首先针对家族成员中的个体，旨在教导和规范家族成员个人的品德和行为。优良的品行能够促进个体的价值选择和价值判断，丰富其精神世界，完善其人格品质，推进其更好地成长成才。因此，历代以来，各类教育均以培养受教育者优良的个人品行为重，尤其是在家庭（族）教育中体现得更明显。这就决定了家庭（族）教育所依赖的族规家训包含了丰富的个人品行方面的教育内容。本节从修身立德的教育和戒除恶习的劝告两方面来分析明清梵净山民族地区族规家训中的个人品行内容。

一、修身立德

修身立德是指个人通过学习提升自身的思想道德水平，使自身具备良好的修养，形成优良的品德，它是儒家"修齐治平"理论的基础和前提。中国人自古以来就对修身立德非常重视，正如《礼记·大学》开篇所言："古之欲明明德于天下者，先治其国。欲治其国者，先齐其家。欲齐其家者，先修其身……身修而后家齐，家齐而后国治，国治而后天下平。自天子以至于庶人，壹是皆以修身为本。"可见，就个体而言，修身立德是一个人的立身之基，也是判断一个人是否具有良好品行的最主要的表现，甚至它在一定程度上可以直接等同于个人品行。也即是说，某个人修身立德的程度高低是决定其是否具有优良品行的主要标志。为此，作为中华传统文化的具体表现之一，传统族规家训中关于修身立德方面的教育内容也最为普遍。由于以儒家思想为主体的中华传统文化在梵净山民族地区自明清以来已经占据主导地位，该地区的族规家训中有关个人品行方面的教育内容必定也是以修身立德为主。当然，修身立德的内容非常广泛，它体现在个人为人处世的方方面面，仁、义、礼、智、信、温、良、恭、俭、让、忠、孝、悌、恕、廉等优良品德的教育内容在传统族规家训中几乎无处不在。笔者在此不作全方位的探究，现结合相关资料仅从以下几个方面来概观明清时期梵净山民族地区族规家训中有关修身立德的教育内容。

1. 立志勉学

立志即立下志愿，树立志向。它是做人的内在要求，是自我完善的一种价值尺度。中国人自古以来就把立志作为个人修身的根本、成败的关键和德育的首要目标。所以，历代族规家训非常重视立志，认为人生一世，首先要有一个志向。没有志向，便不会对自己有所要求，就不会实现自我完善。❶因此，历代族规家训把立志作为修身的重要问题来看待。魏晋时"竹林七贤"之一的嵇康在其《家诫》中明确指出："人无志，非人也。"❷颜之推在其《颜氏家训》中也说："有志尚者，遂能磨砺，以就素业；无履立者，自兹堕慢，便为凡人。"❸明代大儒姚舜牧的《药言》曰："凡人须先立志，志不先立，一生通是虚浮，如何可以任得事？"❹这些家训都明确表明，人不立志，就不能算是一个真正的人；如果没有志向，人就难以成才；如果没有志向，一生勤劳，也只会庸庸碌碌，而建立不起什么功业。可见，立志确实是人生成败的关键。基于这种普遍认识，梵净山民族地区许多家族也将立志视为其族规家训的重要内容。如印江

---

❶ 张艳国等：《家训辑览》，湖北教育出版社1994年，第117页。
❷ 喻岳衡：《历代名人家训》，岳麓出版社1991年，第45页。
❸ 林莽：《颜氏家训解读》，黄山书社2002年，第98页。
❹ 姚舜牧：《药言》，中华书局1985年，第15页。

县《任氏家训》列有六条家训，其中第二条就是"立志"条❶，以专门的条款教育族人要立志。当然，志有大小之分，更多人主张要立大志。从诸葛亮对其外甥"志当存高远，慕圣贤"❷的劝言中，可知传统族规家训多是教导子孙后代要立高远之志、立大志。梵净山民族地区的族规家训也不例外，亦多教育子孙立志要高远、要宏大。如思南《安氏祖训》有言："立志当为大丈夫"，"立志当为孔圣徒"，"志气须当养浩然"，教育子孙确立志向，应该崇高远大，追慕先贤，立志成为"大丈夫"之类大有作为的圣贤之人，培养正大刚直的精神品质。即便不能成为大丈夫和圣贤之人，也应该"立志为人品德高，宽宏大度是英豪"，即成为品德高尚、宽宏大度、对社会有用之人。❸至于什么时候立志，大多族规家训强调立志要趁早，即在青少年时期就应该立下远大志向。如万山杨氏《家训诗》在其"训子孙"条中明确指出"男儿立志在青年，为智为愚贵勉旃"❹，要求子孙立志当在青年时。志向一旦立下，就要为之努力奋斗。思南《皮氏家训》中说："千古学术一途，人心却分两样，须于一途中认得源头清，两样中鉴得流品别，方能立志上进。"❺意思是说，要实现志向，必须认得清学术源头，品鉴出人心之别。也有些族规家训指出为了实现志向，须要在各方面积极上进，做好自我。如印江《任氏家训》中"立志"条曰："自尊自重，三省慎独；自立自强，穷且益坚。惜时如金，物必其用；勤俭笃学，志向高远。"❻其说明要实现志向就要做到自尊自重、自立自强、珍惜时光、勤奋学习，等等。当然，在实现志向的诸多途径中，传统族规家训更重视勤学一途，普遍认为志要通过勤学来实现。正如诸葛亮在其《诫子书》中所言："非学无以广才，非志无以成学"。❼可见，立志与勤学之间关系相当密切，不能做到勤学就

---

❶ 李锦伟：《贵州梵净山区域族规家训资料选编》，东北师范大学出版社2020年，第35页。
❷ 喻岳衡：《历代名人家训》，岳麓出版社1991年，第33页。
❸ 安显才：《思南安氏史志（1111—2005）》，内部资料，2005年，第65、77页。
❹《杨再思氏族通志》编辑部：《杨再思氏族通志（第二卷）》，内部资料，2006年，第86页。
❺ 李锦伟：《贵州梵净山区域族规家训资料选编》，东北师范大学出版社2020年，第6页。
❻ 李锦伟：《贵州梵净山区域族规家训资料选编》，东北师范大学出版社2020年，第35页。
❼ 喻岳衡：《历代名人家训》，岳麓出版社1991年，第32页。

无法实现志向。为此，勉励子孙勤奋学习就成为族规家训中的常见内容。

勉学即勉励或劝勉人们勤奋学习、努力读书，也称"劝学"。这是中华传统优秀文化的重要内容，在传统族规家训中非常普遍。如《颜氏家训》辟有专门的"勉学"篇，陆游撰有专门的"勉学"诗。作为受传统文化熏陶的明清以来的梵净山民族地区，其族规家训也包含有大量的勉学内容，反映该地非常重视对子孙后代进行勉学教育。如玉屏《张氏族规》有"勤学习"条目，石阡《方氏宗规》中有"勤学必劝"条目，沿河《唐氏家规》中有"勤读诗书"条目，万山《杨氏祖训》中有"勤耕读"条目，印江严氏宗祠内还立有专门的"劝学碑"，等等。综观明清以来梵净山民族地区的族规家训，绝大多数都体现了专门的与勉学有关的内容。这反映了勉学在族规家训中的重要地位。梵净山民族地区族规家训中的勉学内容，主要表现在如下方面。首先，强调读书的重要性。中国自古就有"万般皆下品，惟有读书高"之说，因此勉励子孙后代勤奋学习、努力读书自然也就成为梵净山民族地区诸多族规家训中的重要内容。如碧江《万氏家训》中引朱熹《朱子家训》言："诗书不可不读，礼义不可不知。"❶万山《蒲氏家训》之"训读"条说："有书不读，子孙自愚，愚则近于禽兽而不自知，又何为万物之灵哉？"❷沿河《唐氏家训》中也说："敦诗书而说礼乐，子孙之教训为严"，"后嗣虽愚，课功必密。"❸诸如这些族规家训内容均在告诫子孙首先要认识到读书的重要性。其次，明确读书的目的。一个人读书的目的是与他的志向紧密结合在一起的，由于每个人的志向有所不同，这就决定了每个人的读书目的也有所不一。但是，大部分人还是希望子孙后代能够树立高远宏大之志，并为之努力奋斗，所以他们在其族规家训中往往将读书的目的阐述为力图成为圣贤之人，即便不能成为圣贤，也要以获取一定功名为目标，以光耀门楣、显亲扬名。如沿河《唐氏家训》中明确指出，"读书志在圣

---

❶ 万氏族谱编委会：《贵州铜仁万氏族谱》，内部资料，2010年，第43页。
❷ 蒲氏族谱编委会：《蒲氏族谱（分卷）》，内部资料，2014年，第100页。
❸ 李锦伟：《贵州梵净山区域族规家训资料选编》，东北师范大学出版社2020年，第42页。

贤，自能光宗耀祖"。❶该家族制定的家规中，强调读书的目的主要在于"希贤希圣""显亲扬名"，使自己成为"千人敬仰"、功成名就的人。再如万山《杨氏祖训》之"勤耕读"条中也强调："惟勤于读，则明其体而达其用，可以荣身而显亲。凡我子孙，慎毋倚殷实而废易耨，因贫寒而弗穷经也。"其中蕴含了勤于读书的目的在于"荣身显亲"。有些人或家族就退而求其次，要求子弟读书，即便不能达到功成名就、显亲扬名、光耀门楣的目的，也要力求通过读书来涵养品性、修身立德，做一个品行高尚、安分守己、明白事理的人。如思南田秋在其《诫子书》中曰："读书，不止于应举取科第，内则以涵养气质，熏陶得性，外则资之以抚世酬物。若修身慎行，不辱先人，虽不能成大名，亦为贤子。"❷碧江《万氏族规》之"教子弟"条中指出，族中子弟读书在于"明理至上"，"遇则掇科取第，不遇亦不失为通人"，"教以安分，令其学为好人，切不可任令游手好闲，习致败坏家声"。❸印江严氏宗祠内的《劝学碑序》中也指出："为学之道，非徒等取功名，不过明义理已耳"，"勤于学，使之涵养性情"，"知善恶之分"，"辨长幼尊卑之别。"❹可见，明清以来梵净山民族地区族规家训中关于勉学读书的目的主要有三：一是希圣希贤，力图成为圣贤之人；二是获取功名，光宗耀祖，垂裕后昆；三是涵养心性，培养气质，明理辨事。

最后，注重学习的方法。一个人仅认识到读书的重要性和目的还远远不够，必须在此基础上努力，力图达到目的，实现志向。而在这一勤学图志的过程中必须遵循一定的学习方法。通过翻检相关资料，发现梵净山民族地区族规家训中讲得较多的学习方法主要有如下几种：一是要懂得珍惜，主要是珍惜时光。有道是"一寸光阴一寸金，寸金难买寸光阴"，人要学有成就，必须珍惜时光，

---

❶ 李锦伟：《贵州梵净山区域族规家训资料选编》，东北师范大学出版社2020年，第42页。
❷ 张子勇：《田秋诗文校注》，光明日报出版社2017年，第127页。
❸ 万氏族谱编委会：《贵州铜仁万氏族谱》，内部资料，2010年，第38页。
❹ 印江自治县文化体育广播电视旅游局：《印江土家族苗族自治县文物志》，内部资料，2012年，第140页。

勤勉苦读。如沿河《周氏祖训》中言："为学苦渡书海，不可荒废时光。"❶ 思南《安氏祖训》之"勤字词"中也指出，读书要勤，"时无暇，心不分"，"分阴寸阴当惜"。❷ 二是要虚心求教，尤其是向老师请教。为此，延师和尊师请教的训言在梵净山民族地区的族规家训中非常普遍。如碧江茶园山《徐氏家训》中专门有"尊师儒"条："求学问，习技艺，均需老师传授，因此，必须尊师，尊师不仅要对师长礼貌，亦要对老师传授的知识虚心接受，努力专研。"❸ 沿河《李氏家训十则》中"隆重师友"条说："师友为德业所由，成吾族书香，历传无不尊师敬友。第恐父兄脱略，子弟轻佻，好高护短，失礼有之，不知明师益友，断不受人慗慢偶设，此后必受善柔之损，学问无由长进。当外尽礼，内尽诚，谦恭请教，虚怀纳谕，庸玉汝于成矣。"❹ 所以，许多家族要求延请教师教育子孙，如果有些家庭因贫困而无法延师，宗族则要积极帮助。如印江《张氏先祖遗训》曰："族中子孙有善读书者，力不能延师，请赴祠堂从师，即以义田之谷膳之。"❺ 思南《邵氏族训》也说："族中有能读书者，家贫不能迎师，即以同房众人议钱送读，以增先祖之光，以彰我族之志。"❻ 当然，有些家族不仅提倡尊师延师，还主张选择更适合自己的老师，即要慎重地择师。如碧江《万氏族规》中"教子弟"条说："子弟以读书明理至上。为父兄者必延聘名师，慎择益友，俾得朝夕渐摩，学问有所成就。"❼ 尊师择师，虚心请教，是人们勉励子孙勤学苦读过程中在态度和行为方面的基本要求。三是要多向榜样学习。

---

❶ 沿河周氏孝感宗支族谱编纂委员会：《沿河周氏孝感宗支族谱》，内部资料，2015年，第4页。

❷ 安显才：《思南安氏史志（1111—2005）》，内部资料，2005年，第72页。

❸ 徐世汪：《铜仁徐福传人》，内部资料，1999年，第4页。

❹ 李锦伟：《贵州梵净山区域族规家训资料选编》，东北师范大学出版社2020年，第39-40页。

❺ 印江自治县文化体育广播电视旅游局：《印江土家族苗族自治县文物志》，内部资料，2012年，第454页。

❻《黔东邵氏族谱》，《族训》，清同治八年。

❼ 万氏族谱编委会：《贵州铜仁万氏族谱》，内部资料，2010年，第38页。

如万山《杨氏家训》曰："寄语大家端榜样，莫得玷辱属堂前。"❶ 总之，勉励子孙要努力读书和勤奋学习，明确子孙勤学苦读的作用和目的，要求子孙端正学习态度和注重学习方法等诸多勉学内容，是梵净山民族地区族规家训中的重要内容。

2. 勤劳节俭

勤劳节俭，简称"勤俭"，意为工作上勤劳奋斗、生活中俭朴节约，是中华民族的优良传统。古人云："历览前贤国与家，成由勤俭败由奢。"这句话讲了这样一个道理：个人能否成功，家庭能否兴旺，国家能否昌盛，关键取决于他们是否做到了勤俭二字。可见，勤俭在修身、齐家、治国中的作用非常重要。即一个人、一个家庭，一个国家乃至整个人类，要想生存，要想发展，都离不开勤俭。为此，对家族成员的勤俭教育必然成为历代族规家训的重要内容。通过翻阅明清以来梵净山民族地区各个姓氏的族谱，发现其族规家训中明确以"勤俭"为名教训子孙后代要勤劳节俭的条款非常普遍。如玉屏粟氏《先祖家训目录》、万山谢桥杨氏长房隆裔《祖训》中均有"务勤俭"条款，松桃戴氏《家规》、碧江洋塘谢氏《传统家训》中都有"尚勤俭"条款，万山谢桥杨氏《家训诗》中有"守勤俭"条款，等等。在诸多族谱家训的具体内容中，通过强调勤俭在治家中的重要地位而教育子孙要做到勤劳节俭的内容更多。如玉屏张氏强调"勤俭为持家之本"❷，万山蒲氏认为"男女勤俭，则家道兴矣"❸，松桃戴氏也发出感叹："勤俭二字，诚治家之至宝也。"❹ 从有关族谱家训中专门的"勤俭"条款及其内容阐述中，可以看出勤俭教育在各个家族中的重要地位。以"勤俭"为名的族规家训不仅广泛地存在于各姓氏的族谱中，也时常以碑刻或匾额形式出现在一些姓氏的宗祠里，如印江县坪兴寨黄氏宗祠内左间中央底壁上就悬挂着刻有"勤俭"二字的古训匾一块，供族人学习领会。

---

❶《杨再思氏族通志》编辑部：《杨再思氏族通志（第二卷）》，内部资料，2006年，第86页。
❷ 李锦伟：《贵州梵净山区域族规家训资料选编》，东北师范大学出版社2020年，第72页。
❸ 蒲氏族谱编委会：《蒲氏族谱（分卷）》，内部资料，2014年，第100页。
❹ 李锦伟：《贵州梵净山区域族规家训资料选编》，东北师范大学出版社2020年，第78页。

甚至有些家族为了更好地教育子孙后代，将"勤俭"等家训刻写于堂屋大门之上，如思南周家盐号就将"克勤克俭"的家训刻于堂屋大门中央，时刻提醒家人要牢记并践行勤俭美德。

就字面意思而言，"勤俭"实际是包含两个方面的含义：一为"勤"，即勤劳、勤快、勤奋，主要表现为工作、学习中的辛勤劳动，尽力而为，不偷懒；二为"俭"，即俭朴、俭约、节俭，主要表现为生活中的爱惜财物，俭朴节约，不浪费。历代关于"勤俭"的族规家训虽然多处于同一条款中，但人们在对其地位、作用和内容进行具体论述时往往分开进行。如玉屏《粟氏族谱》之《先祖家训目录》中"务勤俭"条曰："生众为疾，只是一个勤字；食寡用舒，只是一个俭字。平天下且然，何况治家？胜生精力，不用不见有余，日用未尝不足。况流水不腐，户枢不蠹。凡属本业，务须尽力，竭力夙夜不息，自有得力好处。至粗淡食，原是耐久之道，细流不塞，寻且坏堤，斗靡争奢，弊将胡底。与其悔之于后，何若谨之于始。"❶松桃《戴氏族谱》之《家规》中"尚勤俭"条也说："作事为勤有得，持家以俭足风。业精于勤，而荒于嬉；家成于俭，而败于奢。毋游手而好闲，毋纷华而靡丽。朴耕秀读，樽节爱养。其家正，未可量。"❷可见，诸如这类直接以"勤俭"命名的族规家训条款，多为先分别强调"勤"和"俭"的作用与地位，然后进一步以此教育族中子弟如何做到"勤"和"俭"。这是明清以来梵净山民族地区族规家训中有关"勤俭"内容的主要体现。

首先，关于"勤"的教育。"勤"是一个人做事的良好态度，也是事业成功的基本要求。有言道："业精于勤而荒于嬉。"如果学习不努力，工作不勤奋，做事不勤劳，将会一事无成，荒废人生。不管什么人，也不管干什么事，只要勤奋有为，就能够有所成就。万山杨氏《祖训》曰："士而勤则学不匮，农而勤则食不匮。勤于治家则禾丰黍熟，不饥不寒。勤于治官则政兴，务举

---

❶ 粟氏族谱编委会：《粟氏族谱》，内部资料，1988年，第71页。
❷ 李锦伟：《贵州梵净山区域族规家训资料选编》，东北师范大学出版社2020年，第78页。

民受其福。且愚者由勤而智，贫者由勤而富，贱者由勤而贵。是无不以勤为本也。"❶该祖训中，明确指出勤为一切事业的根本。为此，教育后人要"勤"就必然成为梵净山民族地区族规家训中的重要内容。至于在哪些方面须"勤"？当然是要在人们的日常生活、学习、工作等各方面均要力求勤奋；但是，由于受到"耕读为本"的传统思想观念的影响，传统族规家训中关于"勤"的领域也主要体现在耕读两个方面。梵净山民族地区族规家训中关于"勤"的教育同样也是主要表现为勤于耕和勤于读两个方面。如思南安氏《祖训》中的"'勤'字词"里论道："勤，勤，学习耕耘。时无暇，心不分。身苦田亩，日究典坟。韶华容易混，事业莫因循。分阴寸阴当惜，四十五十无闻。显亲创业劳心志，耕读流传总在勤。"❷该家族以此教育子孙必须在耕读两个领域做到"勤"。如印江戴氏《家族训言》中专辟"勤读书"条："穷不读书穷根不除，富不读书富贵不长。"❸其要求族中不管家庭的贫富、地位的高低，都要勉励子孙勤奋学习、努力读书。印江徐氏《家训》中也有专门的"训勤耕课读"条："报国荣亲，文化甚大。凡我子姓，有志勤耕课读者，品行文章，著力砥砺，或列广序，或报巍科，非特祖有光，亦副族人之望。"❹其勉励族中子弟要勤于读书，或可荣亲报国。前文述及"勉学"路径的族规家训中，也提及大量"勤学"的内容。故关于"勤学"或"勤读"的族规家训非常普遍，在此不再赘述。至于"勤耕"训导方面，梵净山民族地区的族规家训里也有大量内容呈现出来。因为衣食为人们生存之源、国家发展之基，故劝课农桑、劝导人们勤于耕作不仅成为国家和各级政府的重要施政内容，也成为每个家族和个人实施家庭教育的重要任务。因此，族规家训中包含有大量勤于耕作的内容。如松桃《戴氏族谱》之《家规》中"勤耕织"云："一夫不耕或受之饥，一女不织或受之寒。务使野无

---

❶《杨再思氏族通志》编辑部：《杨再思氏族通志（第二卷）》，内部资料，2006年，第81页。

❷安显才：《思南安氏史志（1111—2005）》，内部资料，2005年，第72页。

❸戴氏长房族谱编委会.：《贵州省印江自治县戴氏长房族谱》，内部资料，2014年，第64页。

❹印江县徐家寨彦武后裔族谱续修理事会：《徐氏族谱》，内部资料，2016年，第545页。

旷土，族无游民，男不荒其耒耜，女不休其纺绩，人人力于务本，则衣食足。庶几俯仰可保，礼义可兴。吾门之族，自可由此而光大矣。"❶ 教育子孙，只要勤于耕作，则不仅可足衣食，也可兴礼义、光家族。沿河唐氏《家规十二条》也说："有田不耕仓廪虚，仓廪虚兮岁月乏。苟不察乎此？每日游手好闲，将耕耘失时，收成有限，势必扯东补西，称贷不已，冻馁立见矣，凡吾族当知稼穑维勤，勿畏胼胝之劳，不避风雨之苦。春耕夏耘，秋收冬藏，务宜早图，切莫迟延。稍有盈余，便当蓄积。慎勿泥沙妄用，每令圹土。此务本之至计矣。凡我族人，务宜努力。"❷ 其以此劝告后人要努力耕种、勤于田亩。总之，鉴于读与耕（或士与农）长期以来在国家、社会、家庭及人们日常生活中的地位至关重要，"耕"与"读"成为家庭教育子孙后代要勤劳奋斗的两个最主要的领域。不过，随着宋明商品经济的发展和人们"四民"观念的渐变，越来越多的人认识到不止是"士"和"农"为本业，"工"和"商"照样可以成为本业。因此，"勤于一业"的思想在一些族规家训中有所体现。如玉屏张氏《家规小引》言："为士而不加攻苦，则业必不能成；为农有惮辛劳，则冻馁有所难免；工不居肆，无由活口养家；商不逐末，何由堆金积玉？"❸ 这就说明，只要勤于一业，必能事业有成。

其次，关于"俭"的教育。节俭、节约思想也是中华优秀传统文化的一部分，是中华民族的优秀品德。《左传》有言"俭，德之共也"，指出节俭本身就是一种德行。诸葛亮的《诫子书》曰："夫君子之行，静以修身，俭以养德。"❹ 意为节俭也有助于培养优良的品德。南宋倪思《经鉏堂杂志》有"俭则足用，俭则寡求，俭则可以成家，俭则可以立身"❺，指明节俭在个人生活、成家立业、立身做人等方面起着基础性作用。也有古语道："国以俭得之，以奢失之"。可

---

❶ 李锦伟：《贵州梵净山区域族规家训资料选编》，东北师范大学出版社2020年，第78页。
❷ 李锦伟：《贵州梵净山区域族规家训资料选编》，东北师范大学出版社2020年，第81页。
❸ 李锦伟：《贵州梵净山区域族规家训资料选编》，东北师范大学出版社2020年，第72页。
❹ 卢正言：《中国历代家训观止》，学林出版社2004年，第91页。
❺ 张艳国等：《家训辑览》，湖北教育出版社1994年，第67页。

见，节俭不仅是个人要具备的美德，也是社会和国家发展所需的道德准则，在个人、家庭乃至国家发展中的作用非常重要。因此，自古以来，不管是个人、家庭还是国家都十分注重节俭教育，从而对子孙后代注重节俭的要求和期望成为传统族规家训的重要内容。正如清初朱柏庐在其《治家格言》里所说："一粥一饭，当思来处不易；半丝半缕，恒念物力维艰。"❶ 经济富庶的江南地区的人士能够发出这样的感叹，作为经济发展相对落后的梵净山民族地区的人们更应明白节俭的必要性。玉屏张氏《家规小引》曰："馈享所以将敬，厚薄必酌其宜；制器所以尚象，坚致不必尽美。宴客必盛而丰，自奉虽精而约。服若身裹布衣，文绣必如安稳。茅屋胜华居。此俭而不奢，自可保身家而不失也。"❷ 其教导族人在生活中做到节俭可保身家。碧江茶园山徐镇在其《家训十七条》中教育子孙要"惜字纸""惜五谷""惜花卉"等❸，实际也是一种节俭教育，他为了更好而长久地教导子孙后代节俭，还特意将自己的堂屋命名为"崇俭堂"。长子徐如澍承其父志，强化了对子孙后代的节俭教育，写了《从俭说》一文，告诫子孙后代不仅要在思想上更要在行动上做到节俭。万山杨氏三房修裔为了对族中子孙进行节俭教育，制定了《节俭惜财训》："俭是治家本，族人须细听。银钱得不易，常思有余剩。你看致富人，惜财如惜命。但看败家子，金钱霎时尽。钱丢不复来，奢华当首禁。粗饭布衣裳，存心莫好胜。纵遇吉凶临，尤宜自安分。可省只便省，崇俭非悭吝。"❹

梵净山民族地区的人们在有关"勤俭"的族规家训中虽然多将"勤"和"俭"分开讨论，但他们也认识到"勤"和"俭"并不是孤立而为的，绝不能将二者割裂开来。如玉屏张氏《家规小引》有言："勤俭，为持家之本。勤而

---

❶ 朱柏庐：《治家格言》，北方妇女儿童出版社2017年，第9页。
❷ 李锦伟：《贵州梵净山区域族规家训资料选编》，东北师范大学出版社2020年，第72页。
❸ 徐承锦：《铜仁徐氏先世事略前编》，《八世祖竹村公事略》，内部资料，民国二十八年，第50页。
❹ 《杨再思氏族通志》编辑部：《杨再思氏族通志（第二卷）》，内部资料，2006年，第506页。

不俭，则财易散；俭而不勤，则财不生。"❶ 万山姚氏《教戒家法》中也有同样的训言："勤而不俭则财不足，俭而不勤则财不生。"❷ 如此将"勤"和"俭"结合起来辩证地看待"勤俭"问题的族规家训在明清以来的梵净山民族地区比较普遍。如石阡楼上周易在其遗嘱中告诫子孙："至处家之道，勤也，俭也，忍也。勤而不俭，不如不勤；俭而不勤，不如不俭；勤俭而不忍，不如不勤俭。三者并用而家道兴，且德业由兹成矣。"❸ 因此，明清以来梵净山民族地区的人们已经普遍认识到"勤"和"俭"二者之间联系密切、相互依存、缺一不可，在工作和生活中不仅要"勤"，而且要"俭"，二者必须同时具备，方能立身持家、立德兴业。

3. 明礼诚信

礼，是指礼貌、礼仪、礼节；信，本义为言语真实，泛指诚实、不欺、信用等。明礼诚信即指懂得礼仪规范，做到有礼貌、循礼节、诚实守信。孔子曰，"君子敬而无失，与人恭而有礼，四海之内，皆兄弟也"，"自古皆有死，民无信不立"。❹ 这说明一个人做到恭敬有礼、诚信无欺的重要性。唐代张九龄在其《敕吐蕃赞普书》中也讲道："人之所以为贵者，以其有信有礼；国之所以能强，亦云惟信与义。"❺ 其强调了做到明礼诚信不管是对于个人的立身，还是对于国家的富强，都具有重要作用。为此，教育子弟做到明礼诚信一直以来均为传统族规家训中的重要内容。明清以来梵净山民族地区族规家训中的明礼诚信内容也非常丰富。下面分别从明礼和诚信两个方面进行梳理。

首先，梵净山民族地区的族规家训中含有大量明礼方面的教育内容，分为为什么要明礼和怎么明礼两个方面。在为什么要明礼方面，大多族规家训是通

---

❶ 李锦伟：《贵州梵净山区域族规家训资料选编》，东北师范大学出版社2020年，第72页。
❷ 姚茂钦：《姚氏族谱》，卷二《教戒家法规条》，内部资料，1999年，第43页。
❸《周氏族谱》编委会：《楼上周氏族谱（1493—2008年）》，内部资料，2008年，第16-17页。
❹ 孔子：《论语》，岳麓书社2018年，第148-149页。
❺ 董诰等：《全唐文》，卷二百八十七，中华书局1983年。

过对"礼"的含义和作用的阐述来说明的。如沿河陈氏《家训八条》中关于礼的阐述中说道:"循规蹈矩无粗鄙,先生长者当尤尊。子弟轻狂人不敢,况我侮人人侮我,到底那个饶了你?当知礼。"❶其指出明礼就是要做到循规蹈矩,尊敬长者,勿轻狂,勿侮人。万山《蒲氏族谱》中"训礼"条曰:"礼者,自卑而尊人,无事而不敬者也。故人有礼则安,无礼则危,人而无礼,胡不遄死,可不惧哉?故孔子之谓伯鱼曰:不学礼,无以立。鲤退而学礼。"❷其认为礼就是要尊敬他人,人做到了礼就可以安身立命,同时以孔子教育孔鲤"不学礼无以立"的道理进一步阐释明礼在立身当中的作用,并以之教育族中子孙后代要明礼。玉屏杨氏《八字家训》中说:"道德仁义,谦虚谨慎,非礼不成。故礼为天地之经,万物之序。知礼者,父母当养,尊上恭敬,夫妇唱随,兄弟友爱,朋友信义,亲族款洽。"❸其指出了礼在个人仁义道德等优良品行的养成与和谐人际关系的形成中的重要作用。松桃戴氏《家训》道:"礼者,天理之节,文人事之仪则也。奢俭殊风,质文异俗,故圣人制礼以齐之。夫礼之用,贵于和,而礼之实,存乎让。凡宾朋燕客,饮食衣服,无徒习乎繁文,要必先之以敬让,诚能和以处众,卑以自牧,则里相率为俊良,而争斗之风泯矣。"❹这句话主要说明了作为行事需遵循之准则的礼,在维护社会敬让之风、和谐之气以及铲除争斗陋习中具有重要作用。玉屏洪氏在其族规家训中以两首诗的形式对礼的作用进行了阐述:"礼能习熟诚堪嘉,言不错焉行不差。晋接周旋有逊让,一团和气万人夸。""坐争上位行争先,气象于骄而不虔。应与谦谦君子会,奉伊为法始无愆。"❺其同样是表明礼在维护社会和谐方面具有重要意义。沿河李氏《家训十则》中强调礼对于人之立身方面的重要作用,并将礼和法相提并论其重大价值,教导子孙要"谨守礼法":"礼法为持身之大闲,礼

---

❶《陈姓族谱》,内部资料,1996年,沿河档案局藏,第16页。
❷ 蒲氏族谱编委会:《蒲氏族谱(分卷)》,内部资料,2014年,第100页。
❸《杨氏族谱·昌申公支谱(四知堂)》,《八字家训》,内部资料,1993年。
❹ 李锦伟:《贵州梵净山区域族规家训资料选编》,东北师范大学出版社2020年,第27页。
❺ 民国《玉屏洪氏族谱》卷之首,玉屏新亚印务局代印本,民国三十三年,第6页。

治君子法惩小人，不知礼无以自立，不知法无以保身，故处世接物宜循规矩，立身制行无踰尺寸，则五礼克敦，五刑不犯，上无玷于祖宗，下可遗于子孙也。"❶ 印江黄氏在其《家训》中主要从分上下、辨尊卑等方面对礼的作用进行阐释："人禽之别，礼教攸关。凡在百行，安可无礼？大而见宾承祭，小而揖让周旋，礼固不可不学也。人不知礼则上下无分，尊卑莫辨。相鼠之讥，何以能免？"❷ 类似如上关于礼的作用的各种阐述，实际也反映了梵净山民族地区各家族对"明礼让以厚风俗"的"圣谕"内容进行了各自的解读。也即是说，明清以来梵净山民族地区的族规家训中普遍以"厚风俗"的目的来教育子孙后代要做到明礼。为此，许多家族发出"礼义不可不知""守我之分者，礼也"❸ "以礼仪作门户"❹ 等感叹，由此教育族众必须要知礼明礼。那么，如何做到明礼呢？梵净山民族地区的族规家训中也多有陈述。当然，在谈论具体的明礼路径之前，需要先教育子孙懂得明礼的对象和场合。如石阡陈氏《家训》中讲道："父兄长上，朋友宾客，均有一定礼教。"❺ 印江任氏《家训》也说："尊师重道，敬长礼朋。"❻ 碧江万氏《家训》言："事师长贵乎礼也。"❼ 印江田氏《家规》中说，"同公所发，虽疏亦亲，固当相联以恩，又贵相接以礼"，"亲戚之间，礼义为要"。❽ 依这些族规家训所言，明礼的对象非常广泛，包括如父兄长上、师长宾朋、亲戚邻里等，都要相互之间以礼相待。至于在什么场合明礼，传统族规家训中也有所体现。如玉屏杨氏《八字家训》中指出："奉养以礼，追祭

---

❶ 李锦伟：《贵州梵净山区域族规家训资料选编》，东北师范大学出版社2020年，第39页。
❷ 李锦伟：《贵州梵净山区域族规家训资料选编》，东北师范大学出版社2020年，第32页。
❸ 万氏族谱编委会：《贵州铜仁万氏族谱》，内部资料，2010年，第43页。
❹《周氏族谱》编委会：《楼上周氏族谱（1493-2008年）》，内部资料，2008年，第18页。
❺ 李锦伟：《贵州梵净山区域族规家训资料选编》，东北师范大学出版社2020年，第26页。
❻ 李锦伟：《贵州梵净山区域族规家训资料选编》，东北师范大学出版社2020年，第34页。
❼ 万氏族谱编委会：《贵州铜仁万氏族谱》，内部资料，2010年，第42页。
❽ 田氏族谱统公支系续修专辑：《田氏族谱》，内部资料，2011年，第30页。

以礼，埋葬以礼。"❶ 松印冉氏《家训》中说："读书尚礼，冠婚讲礼。"❷ 从中可知，不管是读书求学，还是奉养长辈，或者是冠婚丧祭，凡是人生当中学习、工作、生活等各种场合都需要行之以礼。关于明礼的途径，思南安氏《祖训》之"礼字词"中说："礼，礼，恭兄友弟。准人情，合天理。中矩中规，远辱远耻。反本不纵奢，相鼠犹有体。让畔让耕农民，丧仪丧德酒礼。男女途中左右分，宗邦远去固无礼。"❸ 碧江滑石沈氏《八字家训》中言"礼"："人生在世，须当知礼。定为人纲，著为人纪，先王之道，斯为之美，冠婚丧祭，无不用乎矣，慎勿足恭，以远辱耻，文质彬彬，中规中矩，正其衣冠，丰其酒礼。愿我宗人，请事斯语。"❹ 江口罗氏《祖训》教导子弟要习礼仪时说："相鼠有齿，相鼠有皮。人而无礼，走肉行尸。廉耻道丧，蠢虫无知。大家子弟，俭点威信。一言一动，中矩中规。束身名数，可法可师。人贵自立，勉之望之。"❺ 以此可知，梵净山民族地区的人们普遍认为，要明礼，必须做到恭敬友爱、循规蹈矩、文明礼貌、谦虚礼让、自爱自立。当然，他们也认识到，要做到明礼，更重要的还在于不断加强对子孙后代的习礼教育。如印江张氏《新立家规俚语十条》说："人生得业端自弟子，如桑条必从小撅。父兄之教不先，则子弟之率不谨矣。所以古人自七年以至十年，让教之诗、书、射、御，出就外传，不容宽遐也。即女子稍长，亦当使其娴姆训，习内则、妇言、妇工、妇容，罔弗教训，若一味姑息纵容，男不知教礼义，女不晓规矩，咎将安归？"❻ 其强调自小就在家庭教育中重视礼教。同时，他们也非常重视学校教育的作用，重视教师在明礼中的地位，为此也主张将子弟送入学校，或者延聘教师，以让族中子弟

---

❶《杨氏族谱·昌申公支谱（四知堂）》，《八字家训》，内部资料，1993年。
❷ 贵州省松桃印江冉氏族谱续修委员会：《冉氏族谱·松印支谱》，内部资料，2008年，第21页。
❸ 安显才：《思南安氏史志（1111-2005）》，内部资料，2005年，第71页。
❹《沈氏家谱》，光绪二十二年手抄本，第8页。
❺ 李锦伟：《贵州梵净山区域族规家训资料选编》，东北师范大学出版社2020年，第58页。
❻《张氏族谱》，《新立家规俚语十条》，光绪三年，张俊珍1985年重抄本，印江自治县档案馆藏。

在学校和教师的教导之下更好地接受明礼教育。如玉屏洪氏说："有子孙定要送读书乃能知礼，时（识）晓大义，不必定要做官。"[1] 碧江瓦屋刘氏《家规十则》明确列出"重师儒"条："族中英俊，如之师儒，当重敬礼弗衰，则躬亲函丈，固可望其有成。即教训子侄亦必文行兼优，终展衣冠领袖。"[2] 从上列关于"礼"的内容中可以明显看出，梵净山民族地区的族规家训中确实包含大量明礼方面的教育内容。

其次，梵净山民族地区的族规家训中也包含丰富的诚信方面的教育内容。诚信是一种道德品质和道德规范。梵净山民族地区许多家族认识到朋友之间要守诚信是传统人际关系的"五伦"之一，"父子有亲，君臣有义，夫妇有别，长幼有序，朋友有信，此五教之目"[3]。为此，各个家族的族规家训中特别强调诚信交友。从搜集到的族规家训资料中可以看出，梵净山民族地区的人们普遍将"信"作为"八德"家训之一载入各姓族谱。为了更好地教育子孙诚实守信，许多家族往往在其族规家训中对"信"之含义进行一定解释。如思南安氏祖训之"信字词"曰："信，信，乞求心印。及豚鱼，矢忠尽。寄子托妻，情安理顺。胶漆羡雷陈，刎颈思廉蔺。脱骖已赙尽情，断弦不鼓难觐。直到而今交义忘，大都酒肉全无信。"[4] 其指出"信"就是人与人之间心心相印。信用好的人，与你的友情是坚牢深厚的，愿意与你同生死、共患难，是能够助人急、解心意、托妻寄子的那类人。沿河陈氏《家训八条》中对"信"之含义进行解释时举了一个例子，说明"信"就是要遵守时间、信守诺言，做到一诺千金，并指出了食言的后果："一诺千金所敬，比如约人到午时，不到未时终是信。若是一事不践言，下次说来无人听。当知信。"[5] 石阡陈氏在其家训中对"信"的含义进行了一定解释，认为朋友之间讲究的"信"就是要言行笃实，

---

[1] 民国《玉屏洪氏族谱》卷之首，玉屏新亚印务局代印本，民国三十三年，第49页。
[2] 《刘氏宗谱（三）》，内部资料，1985年重修本，第17页。
[3] 安显才：《思南安氏史志（1111—2005）》，内部资料，2005年，第383页。
[4] 安显才：《思南安氏史志（1111—2005）》，内部资料，2005年，第71页。
[5] 李锦伟：《贵州梵净山区域族规家训资料选编》，东北师范大学出版社2020年，第37页。

不造假、不欺诈，要遵守约定："然不第朋友间也，言行固当笃实。取、与尤当不爽所约。近世，每有笼络人什物、作伪器、造假银，种种弊窦，肆其奸诈在伪造者，自鸣得意，不知一不信即犯法纪也。若已许字之女、已娶之媳，改字退媳尤无信之甚！"❶从这些关于"信"之含义的解释中可以看出，"信"是主要针对朋友而言的，即诚信是交友时所要遵循的准则，并且是最重要的准则。为此，梵净山民族地区的人们教导子孙结交朋友必须奉行诚信准则。如碧江万氏家训所言："交朋友贵乎信也。"❷德江王氏祖训中也教导子孙做人交友要以"忠信为本"。沿河周氏在其《祖训》中劝告族人："为友真情笃信，不可信义背忘。"❸印江王氏祖训也指出："与人交往，信用第一，修性求睦，互相信任。"❹可见，梵净山民族地区的人们已经认识到，在与人交往时，必须遵循诚信为本的准则，不仅朋友对自己要守信用，自己对朋友同样也要遵守信用，即信用是己友双方共同遵守的。人们经常教导子孙，只有遵守信用之人，才可与之交朋友。诚如印江《黄世发家谕》所言："孚信用，乃可交朋，言无谎语。"❺因此，诚信往往被看作一种基本的人格或品行。如碧江察院山徐氏家族在教育子孙"立品行"时说："取信于人，而不见悔于人。"❻沿河唐氏也教育子孙后代要"立人格"，必须"讲诚信"。甚至有人认为遵守信用为修身的关键："言忠信，行笃敬，惩忿窒慾，迁善改过，此修身之要。"❼正是因为诚信既是处理人际关系的基本准则，也是个人品行的表现和修身的关键，梵净山民族地区各家族的族规家训里几乎都凸显出对子孙诚信教育的内容。如玉屏粟氏《家训八

---

❶ 李锦伟：《贵州梵净山区域族规家训资料选编》，东北师范大学出版社2020年，第25—26页。

❷ 万氏族谱编委会：《贵州铜仁万氏族谱》，内部资料，2010年，第42页。

❸ 沿河周氏孝感宗支族谱编纂委员会：《沿河周氏孝感宗支族谱》，内部资料，2015年，第4页。

❹ 三槐堂印江分堂族委会：《王氏三槐堂印江分堂谱》，内部资料，2016年，第280页。

❺ 《黄氏族谱》（续编）编辑组：《印江黄氏族谱》，内部资料，印江县档案馆藏，2017年，第13页。

❻ 徐世汪：《铜仁徐福传人》，内部资料，1999年，第4页。

❼ 安显才：《思南安氏史志（1111—2005）》，内部资料，2005年，第383页。

字诗》中针对"信"字的诗："朋友如何列五伦，文章道德系伊身。言同金石情鱼水，休起猜疑玩故人。"❶ 其以诗训形式告诫子孙对待朋友要言如金石，情如鱼水，绝不能随便猜疑玩弄别人。玉屏洪氏同样用诗训形式来劝告子孙必须诚信交友，不能反复无常："信于朋友族诸亲，谁不乐交来往频。君子一言为定準，似斯可谓读书人。""其心苦者其言甜，反复无常极可嫌。若此未知真寔辈，有人敬服不须占。"❷ 碧江滑石沈氏则通过引经据典来教育族人交友必须遵守信义："为人友者，只在一信。言期可覆，必与义近。既为莫逆，心志相近。应许人一物，千金不更。禹知阳荐，弹冠预庆。鸡黍相约，千里亦讬。订妻寄子，冻馁常问。愿我宗人，交接宜慎。"❸ 玉屏杨氏在其有关"信"的《八字家训》中说："诚之所至，金石为开。待人须谨慎，接物宜虚心。言必守信，动必果行。树正杜邪，去伪存真。勿尔虞我诈，勿汝贤作奸。本着志同道合相处，始终如一。"❹ 江口罗氏《祖训》在其"信朋友"条言："同类为朋，同志为友。有无相通，守望相助。然诺勿欺，订交勿苟。白头如新，握手话旧。况在士林，择交某某。直谅多闻，尤宜亲厚。善乎平仲，相敬耐久。"❺ 松桃《戴氏家训》也说："信者言行之实，不信乎朋友，不顺乎亲矣。人而无信，不知其可也，则事亲交友，齐家治国，无一不本于信。言忠信，行笃敬，虽貊之邦行也。言不忠信，行不笃敬，虽州里行乎哉？要必谨之于未言未行之先，持之于将言将行之际，而后可以为尽也。"❻ 万山杨氏七房岩裔《族训》中曰："人必信朋友，朋友是五伦。宜结金兰契，莫生诈伪心。规过祛吾恶，劝善辅吾仁。晏子善交友，久敬不生嗔。"❼ 诸如这些族规家训内容，均在劝告宗族子孙

---

❶ 李锦伟：《贵州梵净山区域族规家训资料选编》，东北师范大学出版社2020年，第20页。
❷ 民国《玉屏洪氏族谱》卷之首，玉屏新亚印务局代印本，民国三十三年，第6页。
❸ 《沈氏家谱》，光绪二十二年手抄本，第8页。
❹ 李锦伟：《贵州梵净山区域族规家训资料选编》，东北师范大学出版社2020年，第21页。
❺ 李锦伟：《贵州梵净山区域族规家训资料选编》，东北师范大学出版社2020年，第58页。
❻ 李锦伟：《贵州梵净山区域族规家训资料选编》，东北师范大学出版社2020年，第27页。
❼ 《杨再思氏族通志》编辑部：《杨再思氏族通志（第二卷）》，内部资料，2006年，第634页。

在交友时要信守诺言，毋欺毋诈。自古有言道："对人以诚信，人不欺我；对事以诚信，事无不成。"梵净山民族地区的人们不仅强调在交友时要诚信，而且也主张在做事时也要讲究诚信。如思南《秦（覃）氏家训》中说："事商贾，贵诚信。"❶

一般而言，"明礼"是人之行为的外在表现，"诚信"是人的内心状态。从梵净山民族地区族规家训的有关内容中可以看出，该地区人们既重"明礼"，又重"诚信"，体现了他们追求明礼为先、诚信为本的处世原则。

4. 谨言慎行

所谓谨言慎行，是指说话要小心谨慎，做人做事要自律慎重。儒家经典《礼记》之"缁衣"篇中有言："君子道人以言，而禁人以行，故言必虑其所终，而行必稽其所敝，则民谨于言而慎于行。"❷其表明谨言慎行是人们说话做事需要遵守的基本准则。明代朱国桢的《涌幢小品》卷十七之"笃行"篇中曰："八十年来识更真，深知言行切修身；谨言慎行无些过，细数吾乡有几人。"❸明代洪应明在其著《菜根谭》之"前集"中也说："十语九中，未必称奇，一语不中，则愆尤骈集；十谋九成，未必归功，一谋不成，则訾议丛兴。君子所以宁默毋躁，宁拙毋巧。"❹诸如这些修身警句反映出中国古人非常重视如何说话，提倡说话办事要小心谨慎，主张君子宁肯保持沉默寡言的态度，也绝不冲动急躁，做事宁可显得笨拙些，也绝对不能自作聪明高高在上。历代以来，人们常将有关谨言慎行方面的内容编入族规家训。诚如明代高攀龙在其《高子遗书·家训》中所言："言语最要谨慎，交游最要审择。"❺明清以来，梵净山民族地区的人们普遍认识到：一个人的言论体现出自身的修养，言必有信，行必有果，说出来的话，必须能做到才行，否则不如不说；那些不负责任

---

❶ 思南县秦覃氏修谱编纂委员会：《思南秦覃氏宗谱》，2010年，第463页。
❷ 梁鸿编选：《礼记》，时代文艺出版社2003年版，第250页。
❸ 朱国桢撰，王根林点校：《涌幢小品》，上海古籍出版社2012年，第328页。
❹ 洪应明著，吕晓庄注析：《菜根谭》，山西古籍出版社2005年，第17页。
❺ 张艳国等：《家训辑览》，湖北教育出版社1994年，第291页。

的言论，任意的夸夸其谈和巧言令色，必将失信于人，既害人也害己。因而主张要临行而思，临言而择，做到"心有所畏、言有所戒、行有所止"。他们也认为，"每见人家子弟行不循规，语不顺理，是皆因父兄之教不先，故子弟之率不谨也"❶。可见，他们已经意识到，子弟言行不严谨，多是因为父兄教育缺失所致。为此，梵净山民族地区的族规家训包括大量教育子孙要谨言慎行的内容。

首先，有些家族在其族规家训中通过阐述谨言慎行的作用来教导子孙做到谨言慎行。如思南府田秋在其《诫子书》中曰："若修身慎行，不辱先人，虽不能成大名，亦为贤子。"❷他教育儿子做到修身谨慎，可以"为贤子"，即可以成为品德高尚、令人敬仰的人。碧江察院山徐氏家族在其家训中说："男女老幼，作风要端正，要谨言慎行，树立勤俭朴素的好作风，好榜样，切勿染有懒惰骄傲的坏作风，影响家风。"❸教育子孙为人处世要小心谨慎，可以端正作风，树立良好家风。玉屏张氏在其《家规小引》中讲道："耕者谨小慎微，衣食丰足。"❹其指出劳动者做到为人谨慎，可以丰衣足食。印江严氏《严子陵家训》中说："凡有家者，当行七事：一曰好善，二曰谨虚，三曰长厚，四曰俭约，五曰行直，六曰容物，七曰质朴。此可以修身，可以齐家，而道在其中矣。世世子孙敬而听之。"❺有些族规家训明确认为谨言慎行不仅可以修身齐家，还可以保家之本。沿河萧氏《兰陵堂训》中言："勤俭是治家之本，和顺是齐家之本，谨慎是保家之本，诗书是起家之本，忠孝是传家之本。"❻正是因为做到谨言慎行，可以起到使人"为贤子""正风尚""足衣食""修身""齐家""保家"等作用，所以许多家族在其族规家训中融入了大量谨言慎行的内容，要求家族

---

❶《贵州印江黔东延陵吴氏宗谱》，《家规五则》，内部资料，印江县档案馆藏，2013年，第354页。

❷张子勇：《田秋诗文校注》，光明日报出版社2017年，第127页。

❸徐世汪：《铜仁徐福传人》，内部资料，1999年，第4页。

❹《张氏族谱》，内部资料，2012年，第80页。

❺贵州省印江县严氏宗亲理事会：《印江严氏族谱》，内部资料，2009年，第12页。

❻萧安武：《兰陵黔沿萧氏族谱》，内部资料，2000年，第28页。

"世世子孙敬而听之"。

其次，更多家族通过族规家训教育子孙在哪些方面需谨言慎行，或如何做到谨言慎行。鉴于谨言慎行的重要作用，许多家族不仅教育子孙要做到谨言慎行，而且指导后代如何做到谨言慎行。通过对梵净山民族地区族规家训的分析，发现该地区人们对子孙谨言慎行的教育主要反映在为人处世方面。玉屏洪氏《聿麟公遗嘱》中说："有子孙定要送读书乃能知礼，时（识）晓大义，不必定要做官。幸而得官，必要清、慎、勤……父母在时，一切奉养竭力以事，不与兄弟分彼此，言行要谨慎，不遗父母忧，不亏体辱亲，也就是孝。"❶从中可知，聿麟公教育子孙，如果有幸做官，须要做到清廉、勤俭，也要做到谨慎；在家侍奉父母同样要做到谨慎。这是在告诫子孙不管是为官，还是事亲，均要谨言慎行。印江吴氏《族训》中说："在家则下气怡色，奉命惟谨。"❷其也是在告诫子孙要孝顺父母，事亲谨慎。当地女儿出嫁时，母亲往往也会对出嫁女儿进行谨慎事亲的教育，教育女儿嫁到夫家后要谨慎小心地孝敬公婆。慎重地选择老师是梵净山民族地区族规家训中的常见内容。如印江田氏《家规》所云："师道立，则善人多，是宜忠敬以待之，备物以养之。为子弟者，必虚心求益，以期有成，然师不可不择。经师易得，人师难求，固宜慎之于始，勿致改悔于终。愿吾族共知之。"❸其意在告诫族人要谨慎择师。除了谨慎事亲和择师教育比较常见之外，更普遍的还是谨慎交友方面的教育了。沿河张氏《规训》中曰："交友须慎，清淡如水，交德受益，交非为累。"❹其告诫子孙交友时要异常慎重，要交品行端正的人为友。印江任氏也在其家训中劝告子孙要"谨慎择友，常伴贤良"❺，即要选择"贤良"之人为友。碧江滑石沈氏在其家训中言："为人友者，只在一信。言期可覆，必与义近，既为莫逆，心志相近，应

---

❶民国《玉屏洪氏族谱》卷之首，玉屏新亚印务局代印本，民国三十三年，第49—50页。
❷《贵州印江黔东延陵吴氏宗谱》，《族训》，内部资料，印江县档案馆藏，2013年，第353页。
❸田氏族谱统公支系续修：《田氏族谱》，内部资料，2011年，第31页。
❹张献荣等：《张氏源流史》，内部资料，2003年，第12页。
❺李锦伟：《贵州梵净山区域族规家训资料选编》，东北师范大学出版社2020年，第35页。

许人一物，千金不更，禹知阳荐，弹冠预庆，鸡黍相约，千里亦托，订妻寄子，冻馁常问。愿我宗人，交接宜慎。"❶ 万山吴氏《族训歌》中说，"交友务必慎择善"，"谦虚谨慎戒骄躁"。❷ 告诫族中子孙交友时要选择品质醇厚、心地仁爱之人可交。万山杨氏长房隆裔在其《家训诗》中说："安乐交友交不深，共同患难始知心；相逢日日人无数，冷暖情怀总在金。"❸ 劝告族人要谨慎选择经历共同患难之人为友。沿河李氏在其家训中言："近墨者黑，近朱者赤。言易染也。故一家之中，男不可交匪类入邪求之流，女不可近戏场游寺观之地。"❹ 其指出交友时要谨慎、小心，不能结交匪类不正派之人为友。总之，梵净山民族地区的人们认为交友时必须注重对方的品行，只有具备优良品行之人才可结交。谨慎说话、用语慎重，是谨言慎行的重要方面，也是族规家训中的重要内容。如松桃戴氏家训言："要必谨之于未言未行之先，持之于将言将行之际，而后可以为尽也。"❺ 其意在告诫子孙在说话做事前要谨慎，要三思而后行。碧江洋塘谢氏家训中曰："大言招惭，巧言致诮，维口起羞，宝由自召，三复南容，贤犹自勖，慎之慎之，舌胡轻掉。"❻ 其同样告诫子孙要谨慎言语，说话要小心谨慎。沿河李氏在其家训中说："《书》曰：惟口启羞。《易》曰：括囊无咎。故君子谨言语，为子弟出言要合礼义，切勿说戏谈，勿逞机锋，勿谈人闺阃，勿发人阴私，勿扬人善恶，勿道人短长，凡有关于忌讳者均宜慎。"❼ 告诫子孙要"谨言语"，不能戏说，尤其不能随便谈人隐私、道人短长。碧江万氏家训中也说："慎勿谈人之短，切莫矜己之长。"❽ 在行事方面，大多家族也通过族规家训告诫子孙要谨慎为之。如石阡方氏《宗规》曰："祖宗非诚不享，每

---

❶《沈氏家谱》，光绪二十二年手抄本，第 8 页。
❷ 吴让松：《吴世万氏族统谱》，内部资料，2006 年，第 118 页。
❸《杨再思氏族通志》编辑部：《杨再思氏族通志（第二卷）》，内部资料，2006 年，第 86 页。
❹ 李文攀：《李氏族谱》，《附家训十则》，手抄本（沿河土家族自治县档案馆藏）。
❺ 李锦伟：《贵州梵净山区域族规家训资料选编》，东北师范大学出版社 2020 年，第 27 页。
❻《铜仁洋塘谢氏家谱》，卷二《史志门》，内部资料，2012 年，第 23 页。
❼ 李文攀：《李氏族谱》，《附家训十则》，手抄本（沿河土家族自治县档案馆藏）。
❽ 万氏族谱编委会：《贵州铜仁万氏族谱》，内部资料，2010 年，第 42 页。

祭祀，曰长者主祭，少者陪祭，各须未黎明时，衣冠齐集，肃穆行三献礼，尚熟后合燕，勿得挽越坐位，酗酒喧哗。"❶其教育族中子弟在祭祀先祖神灵时要谨慎、慎重，强调"对越必慎"。同时，还主张要选择维护公平正义之贤者来谨慎管理宗族内部财务，如其宗规之"掌理必严"条曰："祠内银钱米谷进出，择谨慎公平，三四人掌理主持，凡收进用出，务将年月事件及钱谷数目逐一登记，于次年春祭日凭众清算，而记其存谷于薄者，如有漏失，即要赔还，另择贤者掌理。"❷碧江万氏《祠规》中也说："公举祠正，族姓数什百人，而笃推正统嫡传一二人为公正者，何以其体祖宗之心？行祖宗之事？能视通族为一体也。可不顾名思义而漫为推举乎？是必德足以长人，才足以干事，乃可无愧。但才德兼全者实难。与其才优于德，毋宁德过于才。盖有才而无德，则逞其私。智狭小，前人甚至好恶颇僻。凡为刻薄、为执拗所伤，有不可胜言者。若德有余而才不足，则犹以淳谨律身，和平待众，由公生明，由明生断，尚不至于偏私戾俗。"❸其告诫族众在推举主管宗祠的祭祀者时要非常慎重，主张按照德才兼备尤其是以德为重的原则来推举宗祠主管。婚嫁为人生之大事，许多族规家训告诫人们在选择婚配对象时需十分慎重。如印江吴氏《族训》中说："夫妇为人伦之首，万化之源……吾族求婚觅婿，家长监选，男女互择，必察其妇德性如何，婿之品德贤否，其家贫富莫计，慎勿偏重资财而娶不教之女，或纳不教之婿，致害终身。"❹碧江万氏《族规》中也说："玉洁冰清，固称佳偶；荆钗布裙，不失良姻。凡族姓为男配，为女择婚，必须清白之家，门户相当者，方许联姻。不得贪图财物，轻信冰人，不辨熏莸，苟且作合。万一误结朱陈，使日后儿女竟不齿于乡曲，深为可惜。嗣后，如有不分良贱，不论可否，与奴隶娼优等为姻者，合族公屏之，不复与齿。"❺其同样主张要"慎婚

---

❶ 方氏族谱编纂委员会：《石阡县方氏谱牒》，内部资料，2013年，第1页。
❷ 方氏族谱编纂委员会：《石阡县方氏谱牒》，内部资料，2013年，第2页。
❸ 万氏族谱编委会：《贵州铜仁万氏族谱》，内部资料，2010年，第41页。
❹《贵州印江黔东延陵吴氏宗谱》，《族训》，内部资料，印江县档案馆藏，2013年，第354页。
❺ 万氏族谱编委会：《贵州铜仁万氏族谱》，内部资料，2010年，第38页。

嫁",选择配偶时须讲究门当户对,须是清白之家的清白之人才可婚配。中国人自古以来非常重视丧祭礼仪,因此教育子孙在丧祭事务中做到谨言慎行成为梵净山民族地区族规家训的内容。如沿河唐氏《家规》中专门列有"谨慎丧祭"条:"丧葬称家有无,力所得为则为之,家富不得脱略省事,力不能为不得装饰体面。近有过信风水,亲设停柩不葬,只想贪谋美地,希图子孙富贵,设一旦时势变迁,将亲毁伤暴露不定,不孝之罪莫大于此。吾愿吾族,凡遇父母疾病,预先购办衣衾棺椁,使不为道路,不傍沟洫,不近城市,没者安于九泉,存者庶无遗憾。此丧葬之不可慎矣。"❶碧江察院山徐镇在其《家训十七条》中教育子孙要"慎借书""慎买书""慎交游"等。❷玉屏杨氏族规中则强调要谨慎小心地爱护族谱:"我族广众诸孙,必须慎重族谱,保管爱护,谨防鼠咬虫蛀,不准偷卖传让,涂改撰写行为,年逢六月六日进行举会晒谱,教育儿孙学习族规家训一次尊鉴完整,老叟黄童知晓,拥护族规。"❸沿河唐氏在其家训中则告诫子孙要"慎酒色财气":"酒色财气,虽拔山盖世之雄,终归丧失,可不慎与?爱慾贪嗔即绣口锦心之士,亦竟黩名,宜加慎矣。"❹由上可知,梵净山民族地区的人们教育子孙谨言慎行的领域非常广泛,涉及日常生活中为人处世的方方面面,不仅教育子孙为人处世时要持身谨慎,而且告诫子孙"贤者干事,谨终于始"❺,即要自始至终地做到谨言慎行。

"修身"是"一种非常重视自我意识不断完善和内心世界不断探求的倾向文化"❻。明清以来梵净山民族地区的人们将"修身"视为道德规范的重要内容,不厌其烦地写入各自的族规家训中,不仅教育子孙后代要形成如立志勉学、勤劳节俭、明礼诚信、慎言慎行、谦恭忍让、为善积德等诸多优秀品德,同时还警示家人族众要杜绝各种不良习性。

---

❶《唐氏宗谱》,《唐氏家规十二条》,手抄本,沿河县档案馆藏。
❷ 徐承锦:《铜仁徐氏先世事略》,民国二十八年,第50页。
❸《杨氏族谱·昌申公支谱(四知堂)》,《族规十二条》,内部资料,1993年。
❹《唐氏宗谱》,《唐氏家训》,手抄本,沿河县档案馆藏。
❺ 贵州省印江县严氏宗亲理事会:《印江严氏族谱》,内部资料,2009年,第12页。
❻ 岳庆平:《传统家庭伦理与家庭教育》,《社会学研究》1994年第1期,第107-117页。

二、力戒恶习

恶习，指不良的习惯，坏习气。人们要追求优良品行，就需要戒除各类恶习。因此，关于力戒恶习的教育就伴随着修身立德教育的始终。教育家庭成员力戒恶习成为诸多族规家训的重要内容。

至于不良习性的具体表现，反映在人们日常生活的方方面面。思南安氏于清咸丰七年（1857年）刊刻的"十议族规"中很有针对性地议定族中子弟不得"忤逆""傲慢""诡邪""盗窃""欺骗""敲壳""闹骂""争吵""操践""酗酒"。❶思南彭氏在其宗规中教育子孙："毋事贪淫，毋习赌博；毋争讼以害俗，毋酗酒以丧德；毋以富欺贫，毋以贵骄贱；毋恃强凌弱，毋欺善畏恶；毋以下犯上，毋以大压小；毋因小忿而失大义，毋听恶言以伤和气；毋为亏心之事而损阴骘，毋为不洁之行以辱先人；毋以小善而不为，毋以小不善而为之；毋谓无知，冥冥见晓；毋谓无人，寂寂闻声。"❷万山吴氏以其祖训告诫子孙："毋事游逸，毋尚奢侈，毋好斗狠，毋缓国课，毋习赌博，毋为奸盗。"❸万山杨氏家规也要求子孙："不准虐待父母，背逆伦理；不准忤逆无道，不孝行为；不准歧视兄弟，姊妹妯娌；不准在族淫乱，禽兽行为；不准重男轻女，虐待子女；不准夫妇相欺，损害家庭；不准包办婚姻，骗取财礼；不准同姓联姻，有伤宗纪；不准血表结亲，影响后裔；不准奢侈淫逸，败坏风俗；不准纵子非为，罪及父母；不准好逸恶劳，放纵非为；不准偷盗赌博，触犯法纪；不准骄横无惮，欺族凌戚；不准窝藏坏人，陷害好人；不准叼唆进谗，制造是非；不准酗酒滋事，扰乱秩序；不准趋炎附势，行为越轨；不准打击报复，倒置真理。"❹从以上族规家训的内容中可以看出，梵净山民族地区普遍将忤逆无

---

❶ 安显才：《思南安氏史志（1111—2005）》，内部资料，2005年，第382-383页。
❷ 李锦伟：《贵州梵净山区域族规家训资料选编》，东北师范大学出版社2020年，第107页。
❸ 吴让松：《吴世万族统谱》，内部资料，2006年，第118页。
❹《杨再思氏族通志》编辑部：《杨再思氏族通志（第二卷）》，内部资料，2006年，第183-184页。

道、傲慢无礼、歧视拐骗、争吵打骂、奸淫盗窃、赌博酗酒、斗狠非为、敲诈勒索、好逸恶劳、奢侈游惰、骄横欺凌、构陷窝藏、妄言叼唆、打击报复、趋炎附势等视作恶习，并要求族人力戒之、远离之。相比较而言，在各种力戒恶习的教育内容中，要求人们戒除赌博、酗酒、奢惰、盗窃等内容更为普遍。

1. 戒赌博

赌博是社会一大公害，其扰乱了正常的社会秩序，损害了幸福家庭，耽误了个人前程，为人民群众所深恶痛绝。梵净山民族地区大多家族在其族规家训中写入了力戒赌博的内容，禁止族中子弟赌博之行为。人们首先认识到赌博为败家之举，故要维持家业，必须禁止赌博。如万山杨氏十房俭裔在其族约中要求禁止赌博："打牌赌金，乃是败家之根。有诗云：'为人百艺好随身，赌博场中莫去寻。能使英雄成下贱，敢教富贵作饥贫。衣衫褴褛亲友笑，家业出卖骨肉瞋。不信但看赌博者，眼前败过几多人。'由此可思，我族各辈应以严禁赌博，操持自己家业。"❶ 该族规家训明确指出，赌博乃"败家之根"，并引禁赌诗来劝告族人须严禁赌博，振兴家业。其七房岩裔也告诫族人："戒尔莫好赌，赌钱人出丑。输烂搏衣裳，嫁妻卖田土。没有好下场，落魄被羞辱。"❷ 碧江洋塘谢氏在其家训中指出赌博会"破产倾家"，特告族人"勿好赌"："万贯缠腰，群邪为伍，求赢反输，一朝贫苦，破产倾家，指不胜数。特告族人，慎勿好赌。"❸ 碧江万氏认识到"世之有害而无益者，莫如赌博"，因而告诫子孙道："凡我子孙，切勿效此愚人之行。"❹ 明令族中子弟不能参与赌博之事。印江吴氏在其族规中说："白手赢财，何殊劫夺，输财输物，何异匪贼。置父母供养于不顾，妻子冷馁于不怜，子孙教养于不管，廉耻均丧，祸出非常，皆赌博之毒

---

❶《杨再思氏族通志》编辑部：《杨再思氏族通志（第二卷）》，内部资料，2006年，第794-795页。
❷《杨再思氏族通志》编辑部：《杨再思氏族通志（第二卷）》，内部资料，2006年，第633页。
❸《铜仁洋塘谢氏家谱》，卷二《史志门》，内部资料，2012年，第23页。
❹ 万氏族谱编委会：《贵州铜仁万氏族谱》，内部资料，2010年，第42页。

所贻，故戒赌。"❶ 其指出好赌之人往往"置父母供养于不顾，妻子冷馁于不怜，子孙教养于不管"，根本没了廉耻之心，告诫族人必须要戒掉赌博。有些人不仅认识到赌博乃败家之举，还是盗贼之源。如沿河崔氏族规中说："各房子弟宜禁止赌博。盖赌博为盗匪之源、败家之根，如不严禁，必财产尽薄，老无所养，少无所畜，势必为匪为盗以辱祖，族仍重笞不宽，必绳正后已，否则锁击永禁。"❷ 该条族规家训首先开宗明义地告诫各房子弟不能赌博，然后以说理方式阐述了赌博的危害，指出赌博不仅是"败家之根"，还是"盗匪之源"，如不禁止，不仅败家，还将"为匪为盗"，以辱祖宗，因此必须永禁赌博。碧江万氏祠规中还将赌博和嫖娼放到一起来加以禁止："嫖赌，破家之兆，盗贼之源。不顾父母妻子之饥寒，不惜一身之冻馁，皆由贪财好色之心。执迷不悟，必罹其害而后。"❸ 既然赌博是破家之根、盗匪之源，因而也被人们认为是正业之外的贱业，从传统的职业观来看，也必须禁止赌博这种贱业。如玉屏张氏族规训导中规定要"拒赌"："赌博实贱低，低下不可习。彻夜人不寐，扰邻邻生气。一夜掷千金，无钱借高利。挪贪还赌债，入狱悔晚已。妻儿生怨恨，家破势在必。"❹ 该条族规家训指出了赌博是属于败家的低贱之业，告诫族人不可习之。江口罗氏祖训中也说："人生世间，为善最乐。正业多端，随事可学。独恨愚顽，甘心赌博。同流合污，此争彼夺。浮念浇风，自斯附祸。富者立贫，贫者益薄。欲正家规，先除此者。"其也指出赌博非正业，必须"戒赌博"。沿河唐氏家规之"谨忌赌博"条则说："士农工商，各有恒业，斗牌掷骰，乃牧猪奴戏耳。今人不以为下贱，反以为乐事。整日三五成群，喝雉乎庐，虽有正人君子禁之，不可迨至，家产荡尽，贫无立锥，或作梁上君子，或为沿门乞丐。噫！良可叹矣。吾族子弟，勿蹈斯弊，况禁止赌博，国有法律，尚其凛诸。"❺

---

❶ 黔东桂西延陵吴氏续修宗谱委员会：《黔东桂西延陵吴氏宗谱（1374—2014）》，内部资料，2015年，第416页。
❷ 李锦伟：《贵州梵净山区域族规家训资料选编》，东北师范大学出版社2020年，第104页。
❸ 万氏族谱编委会：《贵州铜仁万氏族谱》，内部资料，2010年，第39页。
❹《张氏族谱》，内部资料，2012年，第85页。
❺《唐氏宗谱》，《唐氏家规十二条》，手抄本，沿河县档案馆藏。

该家族针对有人不以赌博为下贱之业而感到痛心，指出赌博导致家产荡尽而为盗为丐等贱业，故必须禁止族人赌博之行为。沿河李氏家戒中也说："如倘又不务本业子弟，从匪赌博，户族长及父兄不时训诫加察，若其中或被同类窝赌，查获时带赴本处祖堂重责外，并究父兄之教不先，议罚修公，如父兄畏知而不举，而户族长徇情宽纵，或被旁人捕获到官，族长即将家长一例禀究，抑或外人因仇攀扯，无事子弟徇情，察实又当公议。"❶ 其指出了赌博是不务正业的行为，必须禁止，并且还强调族长、父兄等人对家庭成员有训诫监督之责，如果发现有赌博之人必须迅速告知宗族以作惩处，并要追究父兄平时教育不严之责，其过程中如若有徇私情行为，则要从重处罚，以此形成相互监督的制度以更好地禁止赌博现象的蔓延。石阡方氏在其宗规中讲道："祖宗以义方垂训族内子孙，倘有不率父兄之教、不务正业、结交匪类、窝赌于家、肆赌于外，伊父兄或伯叔兄即宜偕明理人，对祠重行惩戒，毋使滋蔓，以辱先人。"❷

2. 戒酗酒

酗酒是指无节制地过量饮酒。酗酒使人不同程度地降低甚至丧失自控能力，实施某种有伤风化或违法犯罪的行为，产生一定的社会危害，小则败坏道德，大则丧身亡国。所以一直以来，人们对酗酒都持反对态度。为了避免酗酒带来的不良影响，许多家庭在其族规家训中明确规定禁止酗酒。关于戒酗酒的内容在梵净山民族地区的族规家训中也多有存在。如江口罗氏祖训中有"戒酗酒"条："古人制酒，非以为祸。冠香丧祭，礼用清酌，洗爵尊彝，献酬交错。惟彼贪夫，不知节约。终日醉乡，颠狂失措，耗所损精，形骸脱落。戒之戒之，量饮无过。"❸ 其指出古人制酒的目的并不是为了使人酿造祸端，像献祖祭天、丧祭礼用、交际应酬等，均有必要用到酒，所以他们认为适量饮酒是必要的。但是，在饮酒过程中，有些人贪杯嗜喝，不知节制，终日沉醉，导致"颠

---

❶ 李文攀：《李氏族谱》，《家戒十则》，手抄本（沿河土家族自治县档案馆藏）。
❷ 方氏族谱编纂委员会：《石阡县方氏谱牒》，内部资料，2013年，第2页。
❸ 李锦伟：《贵州梵净山区域族规家训资料选编》，东北师范大学出版社2020年，第59页。

狂失措，耗所损精，形骸脱落"的恶果，为此教导族人饮酒要适量，要自我节制，不能过量。碧江洋塘谢氏家训中也有一条"嗜酒戒"："酒以成礼，固不可缺。颠倒失仪，则滋慢亵。醉诚伤生，亦致嫌隙。凡我族人，须知自节。"❶洋塘谢氏也是首先承认酒有其好处，认为酒在人际关系中起着礼尚往来的作用，有不可或缺的地位。同时，他们也认识到饮酒过量能够使人神魂颠倒，仪态尽失，伤身害体，关系破裂。所以该家族也要求族人在饮酒上要懂得自我节制，不能贪杯嗜酒。印江吴氏族规中也有关于戒酗酒的族戒："酒以成礼，交际应酬不可少。然酗酒成性，纵情乱性，肆暴逞凶，废事伤身，为害非浅，故戒酗酒。"❷其认为如果过量饮酒，就会酿成伤身废事、违法犯罪、危害社会等后果，因此极力要求族人戒除酗酒之恶习。沿河李氏家戒中也有"戒酗酒"条："酒以合欢，非以纵饮，欲苟耽乐无厌，虽厚亦化为凶险，明智亦即于昏迷，古今溃败多由于此，昔人酗酒生祸非虚言也。凡我子弟，宜凛宾筵之，戒勿蹈群饮之罚。"❸其同样强调酒有其调节气氛、和谐人际的作用，但不能纵情好饮、酗酒成性，否则会酿成祸端，败坏名声，由此告诫族中子弟要力戒酗酒。万山杨氏七房岩裔也教育子孙道："戒尔莫好酒，酒乃癫狂曲。丧国与亡身，古今各代有。"❹其直接以酗酒在古今各代都有导致亡身丧国的恶果来教育子孙不能好酒、酗酒。思南安氏还编写了专门的"戒酒诗"："酒在人间四恶先，举杯来饮便流涎。先师唯酒称无量，及乱常怀自色愆。卫武当年悔过诗，赛筵句句是威仪。欺搓屡诲成何礼，世代孙宙谨戒之。恶旨垂型忧禹王，特疏仪狄靖家邦。深受所世酣亡国，尔辈宜思慎勿枉。商纣当年酒嗜甘，日同妲己醉乡酣。一朝遂把江山失，台上焚身恐自堑。甘上人人把酒贪，黄汤是滥揿求甘。生非惹祸都由此，断送头皮惨不堪。莫道刘伶饮甚长，醉翁不以酒为乡。抛离世事楼中

---

❶《铜仁洋塘谢氏家谱》，卷二《史志门》，内部资料，2012年，第23页。
❷黔东桂西延陵吴氏续修宗谱委员会：《黔东桂西延陵吴氏宗谱（1374—2014）》，内部资料，2015年，第416页。
❸李文攀：《李氏族谱》，《家戒十则》，手抄本（沿河土家族自治县档案馆藏）。
❹《杨再思氏族通志》编辑部：《杨再思氏族通志（第二卷）》，内部资料，2006年，第633页。

隐，后世犹然号曰狂。享祀铺陈酒在先，粢盛并告礼仪全。世人饮此无为困，何得称酖造罪愆。"❶ 该"诗训"例举历史上因酗酒成性而伤身亡国的例子来告诫家族成员不能酗酒。综观梵净山民族地区的传统族规家训，关于戒酗酒的内容多是以说教的方式来教育子孙后代不能过量饮酒。不过，也有一些家族主张以定罪重罚的方式来告诫族中子弟不得酗酒。如思南安氏就议定了包括力戒酗酒在内的族规，并将其内容刊刻于石碑，其文曰，"议族中，祭祀先祖，务须虔诚，不得酗酒，违者重议罚"，"酗酒横行，毁骂长辈者罪"。❷ 该族规强调，如果族人有酗酒行为，必须量罪重罚。这种定罪处罚的惩戒方式显然比说教论理更具威慑性，这也反映了有些家族对戒除酗酒恶行的态度之坚决。

3. 戒奢惰

奢惰，即奢侈和懒惰，表现为挥霍浪费钱财，过分追求享受，不爱劳动。它是一种与勤俭相反的不良品行，历来遭到人们的反对，因而人们常将戒除奢惰作为重要内容写入族规家训以教育子孙。梵净山民族地区的族规家训中含有丰富的戒奢惰方面的内容，有些家族侧重于告诫子孙要戒除奢侈的生活作风。如印江朗溪田氏有家规曰："祖宗创业之艰，子孙守之非易。苟尚繁华而恶朴素，难免越礼犯分，必至破产倾家。《易》曰：不节若，则嗟若。则凡有家者，均宜憬然有惕矣。"❸ 该族规家训先是阐述创业守成之艰难的道理，进而指出人们在生活中的奢侈浪费会导致破产的后果，告诫族中子弟要戒除奢侈之行为。沿河李氏也有"戒奢侈"的族规："酬酢往来，冠婚丧祭，俱有法度。自习上繁，富者丰盈，贪者穷极，勉强营办，甚至贷钱鬻产，以希一日之观。凡我族众，当念奢侈为致贫之根，宁俭勿奢，宁约勿侈，一可以创一可以守。"❹ 沿河李氏告诫族中子弟在日常的交际应酬和冠婚丧祭中不要奢侈浪费，认为奢侈是致贫的根源，要求子孙后代厉行节约，杜绝浪费，这样既可以创业，也可以

---

❶ 安显才：《思南安氏史志（1111—2005）》，内部资料，2005年，第76页。
❷ 安显才：《思南安氏史志（1111—2005）》，内部资料，2005年，第382-383页。
❸ 田氏族谱编委会：《田氏族谱》，中国炎黄文化出版社2012年，第39页。
❹ 李文攀：《李氏族谱》，《家戒十则》，手抄本（沿河土家族自治县档案馆藏）。

守成。也有些家族侧重于告诫子孙要戒除游惰的行为。如印江吴氏有族戒曰："骄奢淫逸，不事生产或无正常职业，在国为游民，在家为荡子，无业以消日，遂起为非之心，故戒游佚第一。"❶该家族指出不事劳动之人乃无业游民，往往产生"为非"之意，影响社会的稳定，所以告诫子孙要戒除游佚，并将此条置于该家族众多族戒之首，足见该家族对子孙进行戒游惰教育之重视程度。沿河李氏也是将"戒游惰"放于其"家戒十则"之首："士农工商，各有本业，故盛世总无游民，自偷安好，好闲置身四民之外，荒时失业遂入下流，一切匪僻之行，多始于此也。凡我族中子弟，当念父母嘱望，妻孥仰赖之身，蚕作夜思，勉勤职业，毋以有用光阴，徒供玩烛。昔人云：劳则善心生，佚则恶心生。药石致言，所当敬佩。"❷该条族规同样指出游惰之民容易产生"匪僻之行"，由此告诫子孙要摒弃好逸恶劳的思想，要勤勉劳作。当然，梵净山民族地区的族规家训中更多的是将戒除奢侈和游惰的内容放到一起，告诫族中子弟要戒奢惰。如万山杨氏七房岩裔的族戒中就写道，"戒尔莫好奢，奢者必败家。纣有万方贡，国败若泥沙。何况士庶民，诸事莫奢华"，"戒尔莫好懒，懒者败家产，气运有盛衰，殷勤衰可返，甓瓦运其中，惜阴晋陶低"，"戒尔莫好吃，吃乃人所喜，务必称家来，淡饭由自己，昼粥文正公，时来拜金阙"，"戒尔莫好穿，穿只在洁鲜，布衣侯可傲，绮罗费多钱，晏子为齐相，一裘三十年"。❸万山杨氏楚高公支系的族规中也说，"重农桑以足衣食，不容有游手好闲之行为"，"尚节俭以惜财用，不容有奢侈浮华之行为"。该家族告诫族中子弟不能游手好闲和奢侈浮华，并且其后编订的族规中继续强调教育子孙"不准奢侈淫逸，败坏风俗"，"不准好逸恶劳，放纵非为"。❹由于奢惰是与勤俭相对的，人们反对奢惰，目的就是为了追求勤俭。因此，有些家族的族规家训中为了

---

❶ 黔东桂西延陵吴氏续修宗谱委员会：《黔东桂西延陵吴氏宗谱（1374—2014）》，内部资料，2015年，第416页。

❷ 李文攀：《李氏族谱》，《家戒十则》，手抄本（沿河土家族自治县档案馆藏）。

❸ 《杨再思氏族通志》编辑部：《杨再思氏族通志（第二卷）》，内部资料，2006年，第633页。

❹ 杨序凯：《杨氏族谱·楚高公支谱》，内部资料，2015年，第417-418页。

教育子孙戒除奢惰，往往强调勤。如万山姚氏教戒家法规条中的"戒奢惰"条说："勤俭，持家之本。勤而不俭则财不足，俭而不勤则财不生。彼夫馈享将敬，不可太过，制器尚象，不必尽美，宴客必盛而丰，自奉必俭而约，亵服必衰身，文绣不如韦布，身必安稳，卑室胜于华居，此俭而不奢，可以保守身家而不失者。如农耕以谋食，收获之多寡，由于耕耘之勤，息此必待于时，粪田必备于早。古语：成家之子积粪如金者，东作不居人后，西成自争人先。此农之宜勤者也。士人读书明理，际遇之穷达不可期，而学业之浅深有可勉，须严立课程，不可怠惰。盖义理精深，唯专心致志，可以得之，鲁莽厌烦者，失无有成之理。若夫工不居肆，商不逐末，或习艺恶劳而有能莫试，或操奇赢乐而贸易不通，徒为要盟结好逸游宴乐，纵情声色久之，而兴尽时穷。至于行李萧条，难以还乡者，此工商不勤俭之害世。更有不耕不读、不工不商，苟求衣食，究且衣食不足者，此皆始于奢惰。而其流弊必至于此，可不戒乎？"❶

4. 戒盗窃

盗窃是指非法侵占他人财产的行为，也是恶业之一。凡是以盗取、强夺、骗取、强占、吞没、坑蒙拐骗等各种非正当手段占有别人的资产，都属于盗窃的行为。作为一种非法的行为，盗窃给人的生命财产带来严重的损害，一直为人们所痛恶。因此，严禁盗窃行为一直成为家庭教育的重要内容。梵净山民族地区通过族规家训教育子孙要戒除盗窃，光明磊落、公道正义地做人处世。如印江吴氏通过其家训教育后代子孙要"为人正派，不许小偷小摸，安守本分"❷。思南安氏于清咸丰七年(1857年)订立的族规中也议定："老幼男女，清白为怀，不得盗窃，违者加倍罚。"❸该族规不仅直截了当地告诫子孙要清白做人，不得盗窃，而且还作出了对行窃者加倍惩罚的措施，显示该家族戒除盗窃

---

❶ 姚茂钦：《姚氏族谱》，卷二《教戒家法规条》，内部资料，1999年，第42-43页。
❷ 黔东桂西延陵吴氏续修宗谱委员会：《黔东桂西延陵吴氏宗谱（1374—2014）》，内部资料，2015年，第417页。
❸ 安显才：《思南安氏史志（1111—2005）》，内部资料，2005年，第382页。

之决心。沿河李氏家训有："戒为盗窃，窃盗辱人之甚者，家贫蔾业，即负贩佣工，亦可谋生，后来子孙发迹，尤足为人称道，若寡廉鲜耻，流为穿窬，一朝败露，戴罪公庭，册名刺字，上玷祖宗，下累子孙，乡党不齿，亲戚羞称。虽有贤士，嗣亦百世，不能掩矣。我族中未必至此，但派众丁繁，万一有蹈此，纠众责斥，削其谱名。"❶其指出了盗窃之危害，是"上玷祖宗，下累子孙，乡党不齿，亲戚羞称"的恶习，要求族中成员不仅要斥责这种行为，而且还要将犯盗窃之人从族谱中除名。当然，盗窃程度有深浅之别，梵净山民族地区针对不同程度的盗窃作出了不同的惩罚措施。如碧江万氏有祠规曰："赃真犯实，理合送官。间有偷坟林竹木、柴笋桑柘、田园蔬菜、五谷、池鱼、鸡犬、鹅鸭等物，量赃轻重责罚。强盗穿窬，生不入祠，死不立主。"❷其虽然对明抢与暗偷的行为有程度不同的惩处规定，但是不管何种盗窃之行为，均要作出驱逐出宗祠的惩罚，这在宗法观念很重的传统社会无疑具有极强的警示作用。玉屏张氏强调盗窃有不同程度的体现，其中抢劫是重罪，须重惩，为此专门形成"拒抢"的族规："勤劳才能富，哪有获不劳。强取伤天理，夺财罪滔滔。抢劫是重罪，自古不轻饶。今把裔孙劝，切莫近丝毫。"❸万山十房俭裔族约中说："偷盗抢掠乃是小人之为，人间愤恨。若有违者，天眼恢恢，恶贯满盈，罪责难逃。捕入牢中，国法管教不容。应严守不犯，走上正道，当好良民。"❹这道出了力戒偷盗之恶习乃追求正道之品行的有力手段之一。

5. 其他恶戒

除了以上提到的戒赌博、戒酗酒、戒奢惰和戒盗窃等主要内容外，梵净山民族地区传统族规家训中有关力戒恶习的内容还涉及其他诸多方面。如戒除吸食鸦片就是明清时期许多族规家训强调的内容。鸦片容易使人上瘾，如果长期

---

❶ 李文攀：《李氏族谱》，《家戒十则》，手抄本（沿河土家族自治县档案馆藏）。
❷ 万氏族谱编委会：《贵州铜仁万氏族谱》，内部资料，2010年，第40页。
❸ 《张氏族谱》，内部资料，2012年，第85页。
❹ 《杨再思氏族通志》编辑部：《杨再思氏族通志（第二卷）》，内部资料，2006年，第794-795页。

吸食鸦片，会产生精神恍惚、萎靡不振现象，宛若病夫，严重者甚至会导致死亡。清朝时人曾描述过吸食鸦片的危害："瘾至，其人涕泪交横，手足痿顿不能举，即白刃加其颈，豺虎出其前，亦惟俯首受死，不能少为运动也。故久食鸦片者，肩耸项缩，颜色枯羸，奄奄若病夫初起。"❶ 为此，上至国家，下至黎民百姓都主张严禁吸食鸦片。有些家族为了教育子孙戒吸鸦片，还特意将禁烟内容写入其族规家训。如思南安氏于晚清时编写的祖训中专门有一篇"戒鸦片烟诗"，以诗训形式教育子孙后代"切勿吹烟耍大仙，丧仪失德丑无边"，"切戒鸦烟不染毫，兴家创业自然高"。❷ 万山杨氏七房岩裔也告诫子孙："戒尔莫好烟，洋烟损寿年。尺余枪一管，英雄命已捐。烟乃无情火，惯烧屋宇田。"❸ 江口罗氏也在其祖训中写道："世人蠢，误嗜洋烟！枪炮齐整，名声森严。男女混杂，晨错倒颠。倾家荡产，绝嗣戕年。全无利益，自取尤愆。堕其术者，猛着祖鞭！"❹ 可见，梵净山民族地区传统族规家训中有关严禁吸食鸦片烟恶习的内容较为常见。打架斗殴也是民间恶习之一，历来为人们所厌恶。由此，严禁斗殴也写入一些族规家训当中。如印江吴氏族规曰："小忿不忍，伤和亲邻，大怒不息，扰乱社会，结群斗殴，逞一时之血气，为非作歹，殃祸极大，常生不测，皆斗狠之所至也，故戒斗狠。"❺ 沿河李氏家戒中也有"戒争斗"条："古语云：忍得一时之气，免得百日之忧。今人不合，怒气相加，彼此互歧，遂为仇敌，甚或恃势统众，拳棍交锋，酿成命案，殒身破家，危急父母。凡我族人，宜战兢守法，毋遗后悔。"❻ 还有一些如犯分、越占、叼唆、妄言、欺凌、行骗等不良品行也被一些家族当作严禁的恶习写入其族规家训中以教育子孙，

---

❶ 俞蛟撰，方南生等校注：《梦厂杂著》，文化艺术出版社1988年，第154页。
❷ 安显才：《思南安氏史志（1111—2005）》，内部资料，2005年，第75页。
❸《杨再思氏族通志》编辑部：《杨再思氏族通志（第二卷）》，内部资料，2006年，第633页。
❹ 李锦伟：《贵州梵净山区域族规家训资料选编》，东北师范大学出版社2020年，第59页。
❺ 黔东桂西延陵吴氏续修宗谱委员会：《黔东桂西延陵吴氏宗谱（1374—2014）》，内部资料，2015年，第416页。
❻ 李文攀：《李氏族谱》，《家戒十则》，手抄本（沿河土家族自治县档案馆藏）。

此不例举。

戒除恶习和修身立德是人们优良品行形成的两个方面。要修身立德就必须戒除恶习，戒除恶习就是为了更好地修身立德，二者相辅而成，共同促进人们优良品行的养成。梵净山民族地区传统族规家训中大量的有关修身立德的教育和力戒恶习的告诫均反映了该地区个人品行教育内容的丰富性。

第二节 梵净山民族地区族规家训中的家庭伦理

家庭伦理是调整家庭成员之间关系的行为规范或准则，它像一条无形而有力的精神纽带把家人之间联系起来。梵净山民族地区族规家训包含了丰富的家庭伦理方面的思想。这些思想主要体现在慎终追远与和睦家庭两方面。

一、慎终追远

慎终追远是指慎重地办理父母丧事，虔诚地祭祀祖先，是传统儒家最为重视的精神。《论语·学而》篇中指出："曾子曰：慎终追远，民德归厚矣。"[1]可见，这种慎终追远的精神在我国传统社会中的重要性，它可以使民"厚德"。放到一个家庭或家族范围内来讲，就是说慎终追远可以使家庭子孙形成优良的道德风尚，一定程度上可以协调家庭成员之间的行为准则。从这个方面看，族规家训中的慎终追远思想确实体现了一定家庭伦理的内容。明清以来，梵净山民族地区传统族规家训中关于慎终追远的阐述，主要表现在祭祀先人、培修祖墓和追述祖德三个方面。

---

[1] 鲍建竹：《论语》，当代世界出版社2007年，第13页。

1. 祭祀先人

《左传》中有言："国之大事，在祀与戎。"❶ 其道出了中国古人是把祭祀活动当作国家第一等大事来看待的。在《礼记》中也有《祭法》《祭义》《祭统》等明确以祭祀活动为题的一些篇章。可见，在传统儒家思想中，不仅将祭祀视为重要的家族活动，而且认为这种祭祀活动还是"孝"的延伸。如《礼记·祭统》所言："祭者，所以追养继孝也。孝者，畜也。顺于道，不逆于伦，是之谓畜。是故孝子之事亲也，有三道焉：生则养，没则丧，丧毕则祭。养则观其顺也，丧则观其哀也，祭则观其敬而时也。尽此三道者，孝子之行也。"❷ 也即是说，祭祀先人不仅是后世子孙对祖先的追思，更是对先祖行孝的表现。为此，教育子孙要祭祀先人也就成为传统族规家训中的重要内容。明清以来梵净山民族地区的族规家训中自然也多有祭祀先人的体现。

在许多家族看来，祭祀先人实际就是尊祖敬宗，故梵净山民族地区许多族规家训中出现了如"奉祖先""敬祖宗""训敬祖"等强调尊祖敬宗的条款，甚至有些家族的族规家训中将这类条款放于族规家训众多条款的首位。如碧江瓦屋刘氏《家规十则》中的第一条就是"敬祖宗"，碧江万氏《族规》、沿河唐氏《家训十则》、石阡梁氏《家训十则》、松桃冉氏《族规十条》和江口罗氏《祖训》中的首条均为"奉祖先"。这说明梵净山民族地区对教育子孙崇敬祖先、祭祀先人是相当重视的。至于崇敬祖先、祭祀先人的目的，在族规家训中也多有反映。如万山杨氏楚高公支系在其家训中就明确地指出："宗功祖德，百世难忘。音容虽杳，诚敬可将。后人贤达，前愈增光。水源本木，源远流长。"❸ 其道出了尊祖敬宗、祭祀先人的目的主要在于追思祖德，光前裕后。碧江瓦屋刘氏在其家规中则言："祖宗者，子孙之所自出也。报本追远，分所宜然。是以祭之于墓，祀之于祠，以及朔望之辰，皆宜致敬，以展孝思。朱子云：'祖

---

❶ 左丘明：《左传》，岳麓书社1988年，第162页。
❷ 陈澔注，金晓东校点：《礼记》，上海古籍出版社2016年，第552页。
❸ 杨序凯：《杨氏族谱·楚高公支谱》，内部资料，2015年，第418页。

第五章 梵净山民族地区族规家训的主要内容

宗虽远，祭祀不可不诚。'为子孙者尚其念诸。"❶其指出尊祖敬宗、祭祀先人不仅是"报本追远"之举，更是"以展孝思"之意，强调从儒家"孝道"角度来诠释"祭祀"。祭祀先人的这种"尽孝道"目的，在梵净山民族地区的其他族规家训中也多有体现，如碧江万氏族规中说："水源木本，理不可忘。但思身所自来，则由吾父而吾祖，一一追溯，虽十世、百世，固不得以为远也。奉先思孝，古训昭垂，帝王且然，况大夫、士庶哉！"❷可见，在碧江万氏看来，"奉先"的目的即在于"思孝"。所以，从历史上看，祭祀先人也是尽孝的一种常见表现形式。祭祀先人的目的虽然主要表现为"追思祖德"和"以展孝思"，但最终还是以"光前"来"裕后"，达到教育后人的目的。即以祭祀先人的方式，缅怀先人的丰功伟绩和嘉言懿行，教育后人勿忘本，要求子孙后人应当团结一致，和睦相处，勤俭守业，努力把先人的事业发扬光大，给祖宗争光，为子孙后代树立榜样。正如沿河杨氏《家训》中"悼祭祖宗"条所言："凡我子孙对悼祭祖宗活动，都应自觉主动遵守或坚持，每年逢节，在家或上山墓前祭祖，都是为了表示对祖宗敬献和缅怀，示范后代。"❸

祭祀先人的方式主要有家祭（家中祭祀）、墓祭（坟墓前祭祀，即扫墓）和祠祭（宗祠中祭祀）三种。除了祭祀地点场合不一外，这三种祭祀方式各有相对固定的祭祀时间，均须遵循一定的祭祀仪式和本着虔诚的祭祀态度，并在各族规家训中有相应的规定。如碧江万氏《族规》中说："吾家自远祖以来所立家规：凡先世考妣生日、忌辰，家中必当设祭之礼，岁首、岁除、端午、中秋亦如之。新岁暨清明，必相率扫墓，古人所谓上冢也。各家无论老幼，必当亲诣墓前，行三叩首礼。虽大风雨雪，不得惮劳。此乡族所同，子孙宜永永循守。庶几因时感慕，不至忘春露秋霜之恩乎？万物本乎天，人本乎祖，但有心知，亦可共明此理也。"❹其指出家祭的时间主要是在先祖的生日和逝日，其他

---

❶《刘氏宗谱（三）》，内部资料，1985年重修本，第13页。
❷万氏族谱编委会：《贵州铜仁万氏族谱》，内部资料，2010年，第36页。
❸沿河杨氏支谱委员会：《华夏杨氏族谱沿河支谱》卷一，内部资料，1996年，第11页。
❹万氏族谱编委会：《贵州铜仁万氏族谱》，内部资料，2010年，第36页。

如大年初一、除夕、端午、中秋等传统节日也要在家祭祀；而墓祭的时间主要在清明节那天，并且规定墓祭时，不论刮风下雨，无论老幼，都必须前往扫墓，行三叩首礼，注重祭祀礼节。对于墓祭的有关规定，梵净山民族地区的族规家训中还是较为常见的。如沿河贾氏在其《族规》中告诫子孙道："凡我族子孙，要敬奉祖先，清明及逢年过节要朝拜祭奠，办田耕地，不要乱掘坟墓。"[1]其强调除了清明节外，每逢重要年节之时都必须扫墓祭祖，绝不能乱掘坟墓。印江吴氏在其《族训》中说："坟墓为掩祖骸，实后人发祥之始。祭祀为酬先德，乃子孙报本之心，不可不敬。如清明拜扫，必老幼亲临，虽远必至。一岁之内，举祭则必敬必恭，衣冠整肃，黎明骏奔，则神歆其祀。若岁时缺祀，等于荒邱惰慢跛倚同于儿戏，必且神人胥怨，幽明共罚。豺獭尚不忘所自，人岂兽不若哉？"[2]其着重教育子孙对待墓祭的态度，必须"老幼亲临，虽远必至"，"必敬必恭，衣冠整肃，黎明骏奔"，绝不能"岁时缺祀"，以此做到"郑重祭祀"。碧江瓦屋刘氏《祠规》中规定："桑坪始祖坟墓，每值清明扫祭，议定先年秋祭房派人一名，先期三日到宗子处通知，宗子自支钱二百文，以展追远之敬。其随牲祭礼，往来盘费，春秋祭二房颗办，不得推诿。蕲惜如有不登坟墓者，合族公议重罚。"[3]其先祖贵公的坟墓在二百里之外的岑巩县桑坪，碧江瓦屋刘氏依然要求每年清明节时派代表前往祖墓祭扫，并对不去者进行重罚，这更是体现了"虽远必至"的墓祭态度，也反映了他们对墓祭的重视程度。印江田氏《家规》也教育子孙要重视祭祀："丧以送死，人子事亲，于是乎终，此而不报答乎亲恩，更待何时报答。虽云丧具称家之有无，而附身附棺者，必诚必信，勿致后悔，始理顺而心安。至于冬至祭先公，特隆俎豆，清明扫祖墓，必修颓崩。仁人孝子之用心，当如是矣。"[4]其教育子孙不仅在扫墓

---

[1]《贾氏族谱》编写组：《南客山贾氏族谱》，内部资料，2015年，第6页。
[2]《贵州印江黔东延陵吴氏宗谱》，《族训》，内部资料，印江县档案馆藏，2013年，第354页。
[3]《刘氏宗谱（三）》，内部资料，1985年重修本，第11页。
[4]田氏族谱统公支系续修专辑：《田氏族谱》，内部资料，2011年，第31页。

时要"必修颓崩",而且在祭祀时要特别隆重,并须"必诚必信"。沿河朱氏在其《族规民约》之"悼祭祖宗"条中也教育子孙:"春节清明,家族祭奠,儿孙缅怀,先祖安息;全族朝祖,竭诚缅怀,人人参加,个个支持,神圣隆重,香火永继!"❶其要求每年春节和清明,全族必须隆重地祭祀祖墓。万山杨氏十房俭裔在其《族约》中说:"树有千枝万叶,都从根上生起。祖祠祖墓,裔孙必须年年祭扫,岁岁缅怀,勿忘世代祖宗栽培。"❷其要求子孙必须年年扫墓,缅怀先祖,如此奉祖尊宗,才能永世传流。除了进行家祭和墓祭这两种常见的祭祀先人的方式外,梵净山民族地区还有一种重要的祭祖方式,那就是祠祭,即在祠堂中祭祀祖先。祠堂本为儒家祭祀祖先的场所,具有团结家族内部成员的"收族"功能,所以明清以来梵净山民族地区大多家族都兴建宗祠,甚至将兴建宗祠并崇奉祠祭的告诫写入其族规家训中。碧江万氏在其《家训》中说:"祠宇之建,所以妥先灵也。"教育子孙建祠宇的目的就在于"妥先灵",并教育子孙道:"祖宗有生育之恩,故有尊祖敬宗之典。"由此告诫族人要"崇祠典"。❸即要按照一定的典章制度和礼仪规则来进行祠祭。祠祭的时间一般是每年春秋二祭,祠祭时的仪式及注意事项往往在族规家训中也有明确规定。如万山杨氏七房岩裔《族训·十必要》中说:"人必奉祖先,祖先是本根。根本若先薄,枝叶何茂焉。春秋隆祭祀,朝夕奉香烟。豺獭知报本,人岂不诚虔。"❹告诫子孙每年要举行隆重的春秋祠祭,缅怀先祖,并要做到"朝夕奉香烟",虔诚有加。沿河李氏《家训十则》中说:"历朝揅制首推祀典,礼义虽分尊卑,报本实无贵贱,为人子孙而不念及祖宗,则人必息而天理灭。凡春秋致祭,务

---

❶ 朱国豪等:《贵州省沿河土家族自治县官坝、皂角水朱氏宗族家谱》,内部资料,2009年,第20页。

❷《杨再思氏族通志》编辑部:《杨再思氏族通志(第二卷)》,内部资料,2006年,第794页。

❸ 万氏族谱编委会:《贵州铜仁万氏族谱》,内部资料,2010年,第41页。

❹《杨再思氏族通志》编辑部:《杨再思氏族通志(第二卷)》,内部资料,2006年,第633-634页。

必外备其物，内尽其诚，于以来格祖考，即以贻谋子孙也。"[1]其教导子孙举行春秋祠祭时，必须"外备其物"，"内尽其诚"，诚奉祭祀。思南马氏《族约》中也讲："祠堂乃奉先世神灵之所，凡出入必恭，朔望必参。四时祭祀，及时荐并设位之献之外，不得妄祀徼福。"[2]玉屏洪氏在《立祠条规》中说道："春秋祭日，凡与祭者，皆衣冠，虽敝必正，以昭诚敬。于午初行四拜礼，其拜跪之次，左昭右穆，层层排列，唯序尊卑，不分贵贱。"[3]综观梵净山民族地区族规家训中有关祠祭方面的内容，我们发现该地区人们对子孙参加祠祭仪式时多进行正面说教，即教育子孙应遵循什么样的规则，履行什么样的责任和义务，秉持什么样的行为和态度。如果有人违背了，就要接受一定的惩罚。如玉屏洪氏《立祠条规》中就明确指出："若临祭不具衣冠，及祭后辄喧哗者，族长训饬约束，不听，即斥出祠外，所以严敬谨也。"[4]对于那些衣冠不整、喧哗吵闹者，在族长劝告约束之后依然不改者，就要驱逐出祠。印江新寨乡乐洋村张氏宗祠内《先祖遗训碑》记载："春秋祭祀，族长预先定期通知，合族其仪，物有值年，首事备之，届期勿误。族人□□□□物□有不备不洁之处，即以不敬责之，或族人有故延不到者，即以不孝罪之。"[5]其指明了族人如果没有履行规定的祠祭义务，就要责之以不敬；如果没有按时参加祠祭仪式，就要以不孝之罪论处。沿河王氏则对宗官在祠祭时的失职行为也同样处以不孝之罪："春秋祭祀，若宗官不预先通知合族，及合族既至而宗官故意延捱者，即以不孝之罪罪之。"[6]由此看来，有些家族对于不遵守祠祭纪律者的惩罚力度还是非常大的。梵净山民族地区诸多族规家训中记载了家祭、墓祭和祠祭等不同方式的有关规定，说明该区域人们对于祭祀先人之重视。

---

[1] 李文攀：《李氏族谱》，《家训十则》，手抄本（沿河土家族自治县档案馆藏）。
[2] 李锦伟：《贵州梵净山区域族规家训资料选编》，东北师范大学出版社2020年，第139页。
[3]《玉屏洪氏族谱》卷之首，玉屏新亚印务局代印本，民国三十三年，第39页。
[4]《玉屏洪氏族谱》卷之首，玉屏新亚印务局代印本，民国三十三年，第39页。
[5] 印江自治县文化体育广播电视旅游局：《印江土家族苗族自治县文物志》，内部资料，2012年，第454页。
[6]《王氏万代源流（黔南王氏族谱）》，民国丁丑年抄本，沿河县档案馆藏，第15页。

2. 培修祖墓

培修祖墓指的是对祖先的坟墓进行培护和修缮。我国传统社会除了祭祀先人外，还对祖先遗体所在的坟茔十分重视，每年要定期祭扫，并成为一种传统习俗。与修祠祭祖一样，修坟、扫墓一直是历代各个家族重大的活动，也是人们尊祖敬宗的重要表现。在明清以来梵净山民族地区的族规家训中，有许多关于注重祖坟、培修祖墓方面的内容。如思南秦氏、碧江万氏、印江戴氏、印江吴氏和沿河李氏等的家训或族规中就分别列有"守丘墓""识坟墓""护祖墓""保护坟茔"和"修葺坟墓"等条款。

为何要培修祖墓？培修祖墓有何作用？对此，梵净山民族地区的人们往往通过族规家训来告诉子孙。如印江吴氏《族训》中说："坟墓为掩祖骸，实后人发祥之始。"❶ 其指出坟墓就是掩埋祖宗遗骸的地方，培修祖墓可以起到使后代子孙发达的作用。沿河李氏在其家训中也指出："坟墓者，祖骸所藏也。高坵大阜，不无草木之湛，滋平原旷野，多有牛羊之践踏，惟时加禁长培植，先灵妥矣，后裔荣焉。"❷ 其首先也是告诉子孙坟墓就是祖先遗骸所藏之地，对其加以培修，可以起到妥先灵、荣后裔的作用。梵净山民族地区的人们对于培修祖墓是"后人发祥之始"，可以使"后裔荣"等作用的认识，虽然带有很强的封建迷信色彩，但是借由祖先坟墓庇佑子孙之说，确实一直为传统社会所重视。石阡方氏《宗规》中说："坟茔为祖宗形魄所在，须处处时常看守，毋使有所侵犯。每清明时，逐处挂扫，至民敬公暨邓万太君等处，尤须岁行展拜。"❸ 其告诉子孙坟墓为"祖宗形魄所在"，需要时常培护。玉屏洪氏聿麟公在其遗嘱中告诫子孙道："至于历代坟茔，尔等子孙必每年拜扫，远祖不能尽备祭礼，亦须纸钱标挂。吾每见族繁人众之家多生推诿，遂致弃祖墓如故坟者多

---

❶《贵州印江黔东延陵吴氏宗谱》，《家规五则》，内部资料，印江县档案馆藏，2013年，第354页。

❷ 李文攀：《李氏族谱》，《家训十则》，手抄本（沿河土家族自治县档案馆藏）。

❸ 方氏族谱编纂委员会：《石阡县方氏谱牒》，内部资料，2013年，第1页。

矣，是自弃其根本也，何以昌后。尔等子孙切须记之。"❶其指出弃祖墓不顾是自弃根本，难以昌后，由此告诫子孙要及时培修祖墓。上述几例，反映了梵净山民族地区的人们普遍认识到祖墓的重要性，告诫后代子孙必须对祖先坟墓加以维护，避免祖墓遭受损坏。

鉴于祖墓对于一个家族的重要地位，许多家族特别强调要留心保护祖墓，不容祖墓遭受损害。如碧江瓦屋刘氏就担心祖墓被人破坏而告诫子孙要留心保护："桑坪坟墓，与施溪阻隔二百余里，此系灵爽所凭，合族子孙理宜留心保护，彼处人心不古，坟墓前后左右恐有损碍，该孝子贤孙协同合族竭力清查惩戒。"❷至于如何来培修祖墓？这在梵净山民族地区的族规家训中也多有阐述，并且有多样的方式。首先，有许多家族主张通过立碑铭志以识坟墓。如松桃冉氏在其《族谱条约》中说："族中坟墓，务要立碑刊列死者生卒年月、子孙名姓。年代久远，后人庶可查考。"❸其指明子孙要为族中坟墓立碑，刊出墓主生卒时间和子孙姓名等信息，以便后人查考，也便后人对其培修。碧江万氏在其《家训》中说道："祖宗坟墓不同，远近、新旧，悉宜树以碑记，百世永存。"❹要求后世子孙对祖先的坟墓，不管远近和新旧均须立碑铭志，才有利于坟墓的识别，以致百世永存。印江吴氏在其《族规》中也讲："坟茔之地，先人之幽宅，为祖宗阴灵之所寄，子孙瞻仰之所依，故立碑志铭，以示不忘，镌名定位，以存永远。凡我吴氏后裔，于除夕前后，应予培植修葺，清明节日，聚族扫墓，以表祭祀。"❺其也指出，要通过立碑志铭的方式来保护坟茔，使后世子孙永世不忘祖墓，并强调要时常对祖墓进行培植修葺。其次，许多家族还主张通过在一定范围内栽植林木、保护坟山来培护祖墓。思南秦氏在其《家训》中说："众安幽冥，勿令樵牧，勿令盗葬，谱于高曾祢祖各注葬所，犹防他人侵

---

❶《玉屏洪氏族谱》卷之首，玉屏新亚印务局代印本，民国三十三年，第51页。
❷《刘氏宗谱（三）》，内部资料，1985年重修本，第12页。
❸李锦伟：《贵州梵净山区域族规家训资料选编》，东北师范大学出版社2020年，第144页。
❹万氏族谱编伟会：《贵州铜仁万氏族谱》，内部资料，2010年，第41页。
❺黔东桂西延陵吴氏续修宗谱委员会：《黔东桂西延陵吴氏宗谱（1374—2014）》，内部资料，2015年，第415页。

夺，封植坟山，各值其所，斯庇荫之德崇也。"❶ 其要求祖坟之地不准盗葬，不准砍柴放牧，并认为通过"封植坟山"可以达到庇荫崇德、启佑后昆的目的。松桃冉氏在其《族谱条约》中指出："先祖坟圈，不准放牛牧羊，树木必须禁蓄，不许私行砍伐。"❷ 其也强调在先祖坟山不准放牧，不准私自砍伐坟山树木，须保护坟山森林。沿河崔氏《族规》中也提到："祖墓除在祠业外，或在本姓私业内者，均须一律看管，禁止毁伤砍伐。应归公者归公，私坟者归己有。不准越规侵占，毁伤则处罚扫墓，侵占则斥还界树，违者送究。"❸ 沿河孙氏《族规》中讲道："存兴祖公婆墓前后左右二丈范围内列为墓陵区，栽植林木，长期保护。后世子孙需要在祖公墓前树碑时，可往前排。"❹ 最后，对因年代久远导致塌陷崩坏之坟墓，一般是要以土覆盖加以悉心培护。正如思南马氏《族约》所言："祖宗坟茔久远，或有平塌浅露者，当以净土盖之，勿致崩坏。"❺ 至于培修祖墓的时间，实际并不固定。如上文提到的印江吴氏，一般提倡在每年的除夕前后培植修葺坟墓。而印江戴氏多是在"寒食节垒坟，清明节扫墓"❻。当然，培修祖墓最普遍的时间还是在清明节。正如印江田氏《家规》中指出的那样："清明扫祖墓，必修颓崩。"❼ 意为在清明节祭扫祖墓时，如果发现祖墓有所颓崩，必须立即修葺，加以培护。也就是说，修葺颓崩之坟墓，是扫墓过程之必要一环。

3. 追述祖德

追述祖德意为追忆遵循祖宗的优良品德。梵净山民族地区的人们认为后代子孙的兴旺发达很大程度是因为祖上有德，诚如清光绪年间思南安宇泰在其撰

---

❶ 思南县秦覃氏修谱编纂委员会：《思南秦覃氏宗谱》，内部资料，2010年，第460页。
❷ 李锦伟：《贵州梵净山区域族规家训资料选编》，东北师范大学出版社2020年，第143页。
❸ 李锦伟：《贵州梵净山区域族规家训资料选编》，东北师范大学出版社2020年，第103页。
❹ 孙天忠等：《孙氏家谱》，内部资料，1992年，第7页。
❺ 李锦伟：《贵州梵净山区域族规家训资料选编》，东北师范大学出版社2020年，第139页。
❻ 戴氏长房族谱编委会：《贵州省印江自治县戴氏长房族谱》，内部资料，2014年，第64页。
❼ 田氏族谱统公支系续修专辑：《田氏族谱》，内部资料，2011年，第31页。

的《安氏家乘》序中所言："尝思物本乎天，人本乎祖。诚以子女之众，族类之繁，要皆宗功祖德所致，而能根深叶茂、源远流长者也。"❶既然祖德可启佑后昆，必然得到后代子孙的推崇。如万山杨氏楚高公支系在其《家训》中言："宗功祖德，百世难忘。音容虽杳，诚敬可将。后人贤达，前愈增光。水源本木，源远流长。"❷玉屏杨氏在其《族规》中说："我族不忘宗功祖德，历代遗训，宜慎终追远，思本溯源，为人子者，应给先祖修墓立碑，不惜巨资，适时祀祭，以昭人子，绳其祖武。"❸万山杨氏长房隆裔在其《祖训》中也说："人之有善，尚必扬之，祖有秉荣师范，后裔岂可湮没？但祖有德者，德之有功，务必因名核实，合族同声，方敢述载，毋得沽名钓誉，妄溢一词。"❹以上都在告诫后世子孙要发扬祖宗之善行，推崇祖德。思南秦氏更是将"崇祖德"列为其家族诸多家训中的第一条："自山祖昆仑之脉，其支则峰峦万变，犹待培修之功德也；自水祖天一之精，其派别流行万变，待疏通清理之德也。入祖始生之源，子孙千亿，宗其德，犹待世世积存之，德也。俾祖德，克从而后，如山之峙而愈厚，水之流而愈长，德也。"❺其更凸显了该家族对祖德之重视。

如上例子可以说明，为了更好地勉励和教育后代子孙，许多家族的族规家训（尤其是族谱族规家训）中包含大量有关追述祖德方面的内容。人们在族谱族规家训中大力追述祖德的目的，主要是通过阐发祖先的嘉言懿行来教育子孙继承先志，光前裕后。具体来讲有两种表现：一是有意宣扬先祖荣光，二是以此勉励子孙效法。明洪武时沱江宣抚使田儒铭为其续修的《黔南田氏宗谱》作的序中说："溯祖当年，武纬文经，媲美百代。为臣则思忠，子则尽孝。人伦无愧，天禄是崇。以故起凤腾蛟，香茝翰苑，青霜紫电，辉映云台。家庭无乖侮儿孙，国家多慷慨节义。扫空王幕，四夷宾服。肃振朝纲，六宇莫安。黔山

---

❶ 安显才：《思南安氏史志（1111—2005）》，内部资料，2005年，第13页。
❷ 杨序凯：《杨氏族谱·楚高公支谱》，内部资料，2015年，第418页。
❸《杨氏族谱·昌申公支谱（四知堂）》，《族规十二条》，内部资料，1993年。
❹《杨再思氏族通志》编辑部：《杨再思氏族通志（第二卷）》，内部资料，2006年，第82页。
❺ 思南县秦覃氏修谱编纂委员会：《思南秦覃氏宗谱》，内部资料，2010年，第460页。

纪时著之功，青史有光昭之誉。前人之贻谋如此，后人独无志乎？"❶其先叙述了先祖的文韬武略和丰功伟绩，实际就是在宣扬先祖的荣光，然后教导后世子孙推崇效法。类似这样的记载在各姓族谱的谱序中广泛存在，与田姓一样，梵净山民族地区的一些大姓如张氏、杨氏、安氏、严氏、邵氏、冉氏、戴氏等，其谱序中大体都是先追述先祖经历和功德成就，并表明修谱者继承先祖功德的志向，再教育后世子孙效法，推崇祖德，承前裕后。如清康熙二十八年（1689年）印江严士藻为《黔南严氏族谱》所作的序：

  自昔吾宗之开基也，根蒂衍于吴西，苞枝畅于分宜，源肇严彭、严云，之前春秋毕纪，绪接子陵严遵，之后汉史收傅并成周而特盛，历汉唐而益宋，森森鼎族，相继蝉联，不知几经代序矣。其时以德行名者，以文章显者，代之不乏人，犹津津在人耳目，迨后枝叶扶疏，分占宇内，悬弧选示志随方建业，有怀藏道德而遗版籍之图，有唾取功名而纪金兰之籍，炳炳鳞鳞，斑斑可考，固不待余言而赘述也。惟吾祖严陵，担屦南行，觅地开源，始辟茆于思唐宣抚司荆条林居住，即今安化县衙是也，即今思南府城，因更府制，吾祖义让，退居迁印江县是也，锡名峨岭寨，传及至今，计数十八代矣。自吾祖肇造之后，兰桂芬芳，蒸蒸丕著，或身游芹泮而赋嘤鸣之盛，或世膺国典而衣画锦之逝备载宗是，皆吾祖一脉流源，庇盖后胤勤劳传家，盛德之所致也，后之来者坐享成业，当思创祚之艰难，贻谋之远志。思吾祖以可大可久之业，鼓舞以开其先后之人，须体善继善述之礼，奋兴以振于后，应运而生，接踵而出，始信缵绪渊源者非他人，我后世任也，承前裕后者非他人，我后世任也，言行交符，先后一致，乃不负吾。

  祖垂谟修纪之殷勤，盖载之庞闳也。余也分列云孙难，未能亲承祖训，然缅怀往范千载犹如一日，故不辞撼学，鉴代书名，序列于谱，以视

---

❶《黔南田氏宗谱》，《宣抚公续谱原序》，乾隆五年刻本。

后起者毋忘木本水源之意云尔。是为序。❶

作者在这篇谱序中既宣扬了先祖荣光,又教育和勉励了后代子孙,将追述祖德的双重目的很好地体现了出来。思南秦氏也是在其《家训》中通过追述先祖的文治武功和嘉言懿行来激励劝告子孙:"吾族先祖,为文治,厚武臣,下而隐居处士,大凡成就者,亦各有嘉言懿行,贻示来滋激劝。读书士子,封爵贤士,无不严于劝己,劝效进,禁激荡,树一族仪型。"❷因此,传统族规家训中的追述祖德,"一方面固然是宣扬祖德,另一方面也借此教导子孙以祖先为荣,效法祖先言行,以达到教育目的"❸。

有些人认为祖德就是祖恩,追述祖德就是回报祖恩,或者说通过回报祖恩的方式来追述祖德。因此,"报祖恩"也就成了某些族规家训中追述祖德的内容,并且也是后世子孙对先祖尽孝的一种表现。如思南安氏的祖训中就有"报祖恩"条:

> 燕翼诒谋泽孔长,子孙世代勿遗忘。后人窃念前人苦,服食先畴守自强。想祖功劳已不微,明如日月有光辉。而今赫赫名称世,奋武家声各振威。黔地文明盛昔年,皆由祖泽始成贤。功高万世旗裳勒,不绝潜缨世代绵。子子孙孙已甚多,屡将祖德竞消磨。不修庙宇怀霜露,这种顽债可奈何。弗念先人费苦劳,此求上进显名高。坟茔不顾成孤鬼,患难来时惨报遭。正好加功把祖超,挽回恶俗复唐尧。全忠尽孝为贤嗣,何必沽名弋誉邀。尔等孙曾果淑贤,崇儒阐化日留连。他年自有芳声播,万古明如日月悬。遥想宗功务要酬,时怀霜露祀春秋。裳衣特设客如在,感格凭临佑尔俦。❹

一些家族更是直接将祖先的遗嘱、遗训或遗联当作族规家训。如明代沿河

---

❶ 贵州省印江县严氏宗亲理事会:《印江严氏族谱》,内部资料,2009年,第6页。
❷ 思南县秦章氏修谱编纂委员会:《思南秦章氏宗谱》,内部资料,2010年,第464页。
❸ 王龙凤:《中国族谱之家训研究》,淡江大学博士学位论文,2013年,第75页。
❹ 安显才:《思南安氏史志(1111—2005)》,内部资料,2005年,第70页。

张勖遗嘱、清代石阡楼上周氏易祖遗嘱、玉屏洪氏尔昌公和聿麟公的遗嘱、印江张氏先祖遗训、印江黄世发的遗联和喻氏先祖遗联等，分别被当作族规家训载入本姓族谱之中。这种将先祖遗嘱、遗训或遗联作为族规家训的情况实际也是追述祖德的一种表现。

根据中国的传统文化，不管是祭祀先人，还是培修祖墓，抑或追述祖德，这些慎终追远的活动均体现了后代子孙对先祖的追思之情，是传统"孝道"思想的延伸和表现。通过祭祀先人、培修祖墓和追述祖德等慎终追远的活动，家族成员之间的关系和行为准则在一定程度上可以得到调节，为族人团结和宗族祥和局面的出现起到了较大的促进作用。

二、和睦家庭

传统社会中，人与人之间的关系主要表现为"五伦"，即君臣、父子、夫妇、兄弟和朋友之间的关系。而这"五伦"之中的父子、夫妇和兄弟之间的关系就属于家庭伦理的范围。一个家庭能否和睦相处，关键取决于该家庭成员如父子、夫妇和兄弟之间的"三伦"能否协调好，正所谓"有人民而后有夫妇，有夫妇而后有父子，有父子而后有兄弟，一家之亲，此三而已矣，自兹以往，至于九族，皆本于三亲焉，故于人伦为重者也，不可不笃"[1]。因此，出于和睦家庭的目的，传统族规家训中包含了大量旨在调整父子、夫妇和兄弟之间关系的规范和准则方面的内容。宋代大儒朱熹在其《朱子家训》中强调："父之所贵者，慈也。子之所贵者，孝也。兄之所贵者，友也。弟之所贵者，恭也。夫之所贵者，和也。妇之所贵者，柔也。"这实际就是强调，一个家庭之中，要做到和睦相处，家庭兴旺，必须做到父慈子孝、兄友弟恭、夫和妇柔。这也是自古以来中华传统文化所提倡的处理家庭伦理关系的三条基本准则。受中华传统文化的影响，明清以来梵净山民族地区的人们在处理家庭"三伦"关系时，当

---

[1] 颜之推：《颜氏家训》，天津人民出版社1998年，第17页。

然也和其他地方一样，主张要做到父慈子孝、夫义妇顺和兄友弟恭。如石阡方氏在其家训中告诫子孙："父慈子孝，兄友弟恭，夫刚妻柔，上和下睦。以引以翼，以享以祀，以介景福。"❶ 万山吴氏也要求后世子孙要遵守"父慈子孝、兄友弟恭、夫义妇顺"❷ 的祖训。下文即结合其族规家训的相关内容，分别从父子、夫妇和兄弟三个层面来考察梵净山民族地区调节家庭成员关系、和睦家庭的主张。

1. 父慈子孝

父子关系是中国传统家庭关系中最重要的具有支柱意义的关系。而传统社会中儒家伦理所提倡的调整父子关系时需遵循的最主要的准则就是父慈子孝。父慈子孝是对家庭中父子伦理的根本要求，是家庭道德规范的最主要方面。一个家庭中只有做到父慈子孝，才能真正建立起有序的和睦家庭，正所谓"主圣臣贤，国之福也；父慈子孝，家之福也"❸。明清以来的梵净山民族地区，在传统儒家文化的熏陶之下，人们日益认识到父慈子孝乃一个家庭和睦之基。如思南秦氏家训中说："君臣父子，君贤父慈，父爱其子，子孝其父，乃和谐世界也。"❹ 为此，许多家族在其族规家训中告诫族人要"为父者当慈，为子者当孝"❺。

"慈"的基本含义是爱，《说文解字》称："慈，爱也。"❻ 父慈即父辈对子辈的关怀爱护，"慈者，上之所以抚下也。上慈而不懈，则下顺而益亲"❼。它不仅是一种哺育之情，更是父母对子女成长的关心、期待、培养和教育，是对父母或长者的要求，即要求他们慈爱自己的子女。至于父辈如何做到"慈"，梵净

---

❶ 方氏族谱编纂委员会：《石阡县方氏谱牒》，内部资料，2013年，第1页。
❷ 吴让松：《吴世万氏族统谱》，内部资料，2006年，第118页。
❸ 冯梦龙：《东周列国志》，华夏出版社2013年，第780页。
❹ 思南县秦氏修谱编纂委员会：《思南秦氏宗谱》，内部资料，2010年，第461页。
❺ 李锦伟：《贵州梵净山区域族规家训资料选编》，东北师范大学出版社2020年，第107页。
❻ 许慎：《说文解字》，中华书局2013年，第217页。
❼ 仁孝文皇后：《皇后内训》，《慈幼章第十八》。

山民族地区的族规家训中也有相关阐述,大致是要求父辈们需做到如下三个方面的道德责任:一是要生儿有养,即父母对幼小的没有独立生活能力的子女要有义务抚养他们长大,这也是众多族规家训中所提到的"慈幼"内容。如印江吴氏《家规》言:"长必慈幼。"❶主要就是强调父母必须慈爱抚育幼小的子女。二是要注意慈爱得法,即父辈对子女的爱表现为不偏宠、不溺爱。如碧江洋塘谢氏的传统家训里专门列有"戒溺爱"条❷,告诫父辈不能偏宠和溺爱子女。松桃冉氏在其《族规》中也明确告诫族人对待子女"切莫娇养溺爱"❸。这说明梵净山民族地区的人们已经普遍认识到"有偏宠者,虽欲以厚之,更所以祸之"❹的道理。三是要重视家教,即父辈要重视对子女的教养。《三字经》言:"养不教,父之过。"因此,关于父辈教育子辈必须养成良好的品行修养方面的族规家训内容很是常见。如碧江万氏、碧江察院山徐氏、印江田氏、石阡梁氏、沿河李氏、玉屏张氏、松桃冉氏等宗族的族规家训中都出现有"教子弟"或"课子弟"条,反映了梵净山民族地区人们对家教的重视。玉屏张氏在清末光绪时期制定的《家规》中教育族人:"人生如白驹过隙,毕世之青春几何。为父兄者,当及时督责,秀者课以诗书,使扬名显亲,以光大前烈;朴者授以耒耜,俾出作入息,以克昌后人,慎勿遗本而逐末、游手而好闲,必士农工商,各居一业。若教之不早,势必放辟邪,敢做非为之事而不顾。名虽爱之,实以害之也!岂非溺爱之过欤?"❺其意在劝告族人,作为父辈,要趁早对子女进行严格的家庭教育,让子女各执一正业,安分守己,品行端正,切莫胡作非为、道德败坏。当然,要做到教育好子女,关键还在于父辈自己要做到言行端正,以身作则。如江口县向氏在其《族规》中就明确指出:"长辈应以身作则,

---

❶《贵州印江黔东延陵吴氏宗谱》,《家规五则》,内部资料,印江县档案馆藏,2013年,第354页。
❷《铜仁洋塘谢氏家谱》,卷二《史志门》,内部资料,2012年,第22页。
❸李锦伟:《贵州梵净山区域族规家训资料选编》,东北师范大学出版社2020年,第100页。
❹颜之推:《颜氏家训》,天津人民出版社1998年,第14页。
❺《张氏族谱》,内部资料,2012年,第79页。

做好子女或下辈的表率，教育好他们。"❶

传统族规家训虽然非常重视"父慈"，但显然是更加注重"子孝"，即注重子辈对父辈、晚辈对长辈行孝。"孝"即孝道、孝顺，是中华传统文化中的一种美德。梵净山民族地区的人们自古以来也明确认识到这一点。如玉屏洪氏《八德诗》中曰："孝为美德在于先，谁及事亲竭力贤。罔极之恩果尔报，由斯预卜福无边。"❷人们既然已经认识到孝是一种美德，并可给人带来福报，必然希望子孙后代不断行孝。作为子辈而言，行孝的对象主要是自己的父母，所谓"善父母为孝"❸。为什么行孝的对象主要为自己的父母？梵净山民族地区的许多族规家训中对此也作出了一定说明。如玉屏张氏在其《族规》中讲，父母乃"命之源，经胎育之劬，吃襁褓中苦，担疾病之忧，行方义之训，了向平之愿，置楼舍宏宇；佳肴留儿哺，时尚女儿衣，弥留唯燕翼，浩恩无伦比"❹！松桃戴氏在其《家训》中也言："父母者，身所自出者也。故孝弟为人之本，父兮生我，母兮鞠我，顾我扶我，饥寒疾苦，常常系富贵贫贱，每每关心，凡生平一切，营为无非为子所谋，欲报之德，实昊天罔极。"❺父母不仅生养了子女，给了子女以生命，而且还处处为子女着想，时时为子女担心，其浩恩真乃昊天罔极，故作为子女，必报父母之德。于是，各家族在其族规家训中均教导子孙后代要报父母之恩，孝敬父母。像思南安氏祖训中"报父母恩"、碧江万氏家训中"顺父母"、万山杨氏家训中"孝父母"之类的条款在梵净山民族地区的族规家训中比比皆是。这说明该区域人们对"子孝"的重视程度非常之深。至于子女如何报父母恩，即如何做到"孝"，许多族规家训中也给出了诸多建议。这些建议主要是劝告子辈对父母长辈要孝养、孝顺、孝敬，甚至孝谏。孝养侧重于从物质方面报答父母长辈，而孝顺和孝敬则强调从精神方面顺从和敬爱

---

❶《向氏族谱全集》，内部资料，1985年，第2页。
❷《玉屏洪氏族谱》卷之首，玉屏新亚印务局代印本，民国三十三年，第6页。
❸ 郭璞：《尔雅》，浙江古籍出版社2011年，第26页。
❹《张氏族谱》，内部资料，2012年，第86页。
❺ 李锦伟：《贵州梵净山区域族规家训资料选编》，东北师范大学出版社2020年，第27页。

父母长辈。如思南安氏祖训之"'孝'字词"中曰："孝，孝，承欢听教。奉旨甘，令笑貌。出入不忘，晨昏是较。葬祭礼无违，弓冶学克肖。起居时视观，言行事事则效。百年辞世恨终天，怵惕悽怆成大教。"❶其中的"奉甘旨"即献给父母长辈以美味食物，体现了子女对父母长辈要孝养的一面；而"承欢听教"和"令笑貌"等有听从父母教训、使父母欢心之意，反映的正是子女对父母长辈要孝顺、孝敬的一面。不过，相比较而言，梵净山民族地区的族规家训中虽然也主张物质方面的"养亲"，但更强调精神方面的"顺亲"和"敬亲"。如沿河李氏家训中曰："父母者，身所自出，欲报之德，昊天罔极，况百年几何。与其椎牛祭墓，不如杀鸡逮存。《孟子》云：不顺乎亲，不可以为人。故能顺虽菽水亦欢，否则虽鼎烹不快。为子媳者，家稍余，无以吝啬薄二人之欢；境或困，勿以诟谇伤二人之心，即此亦是孝也。"❷从中可以看出，该家族强调子女对父母长辈既要孝养，更要"顺乎亲"，使亲欢心愉悦，即要做到孝顺和孝敬。持类似主张的族规家训还有很多，如印江吴氏在其族规中说："孝顺之道，重在养亲，贵在顺亲。于内，事亲一片爱心；于外，为父母争光，免除父母惦忧。"❸印江张氏在其《新立家规俚语》中讲："父母之恩，昊天罔极。人子欲报答于万一，不必尚虚文也，不必拘隆养也，但能婉容愉色，下气怡声，推爱子之心以爱父母则孝矣，不然虽日用三牲，犹为不顺之子。"❹松桃戴氏家训中也说："为人子者，一一曲体，亲心显扬为上，色笑次之，纵奉养稍缺，仪文未备，而亲心慰矣。倘百年几何，与其堆牛祭墓，不如鸡犬存之，宜及时尽也。"❺这些族规家训都主张既要养亲，更要顺亲、敬亲。除此之外，也有些家族还主张孝谏，即子女如果发现父母长辈有不对的地方可以适时提醒，

---

❶ 安显才：《思南安氏史志（1111—2005）》，内部资料，2005年，第70页。

❷ 李文攀：《李氏族谱》，《家训十则》，手抄本（沿河土家族自治县档案馆藏）。

❸ 黔东桂西延陵吴氏续修宗谱委员会：《黔东桂西延陵吴氏宗谱（1374—2014）》，内部资料，2015年，第415页。

❹《张氏族谱》，《新立家规俚语十条》，光绪三年，张俊珍1985年重抄本，印江自治县档案馆藏。

❺ 李锦伟：《贵州梵净山区域族规家训资料选编》，东北师范大学出版社2020年，第27页。

以防产生不良后果。如沿河唐氏在其《家规》中劝告子孙："父兮生我，母兮鞠我，欲报之德，昊天罔极。为人子者，值亲存之日，菽水承欢，鸡豚将敬。有事则躬代劳苦，有疾则亲尝汤药，有过则几谏，不得陷亲不义，得罪宗族乡党。若遇继母、庶母，或有不慈，为子妇者，愈加敬顺，久之自感而化。更有中年丧偶，晚景凄凉，低首扪声，情态难堪，子妇尤宜殷勤慰问，孝养有加。若亲没后，方悔奉养之疏缺，子职之多亏，业已晚矣。《诗》云：明发不寐，有怀二人，可勿思欤。"❶ 该族规家训旨在教育子女不仅要孝养、孝顺和孝敬父母，也应该要孝谏父母——"有过则几谏"，即发现父母和长辈有过错之处就应该委婉而和气地对其进行劝告。前文述及，对死者的祭祀也是行孝的一种表现，故人们也非常重视祭祀在尽孝方面的作用，通过对逝去先人的追思以展孝思；不过，人们更倾向于子女对在世父母的现世行孝。因而在尽孝的时间方面，许多族规家训要求子女应在父母在世时尽早尽孝。如印江吴氏劝告子孙："敬孝要在生前，做到逢时思亲，遇节思亲，饥寒思亲，疾病思亲，诞日思亲，外出思亲，养子思亲。若在死后，虽三牲五鼎，轰轰烈烈，只充生人肚肠，只掩生人耳目，难逃世人讥笑。不孝骂名，终难洗掉。"❷ 万山姚氏在教导子孙行孝方面也说："生前未尽有限之欢，死后空洒无情之泪。修斋设祭，拜佛鸣经，徒掩旁人耳目，何能报养育深恩。虽子有贤愚，家有贫富，与其椎牛而祭，不如鸡黍逮存。我既竭力供亲，子必承欢孝我。"❸ 再如玉屏张氏言："父母健在要尽孝，死后风光有啥益！"❹ 还如印江戴氏说："百善孝为先，报恩在今天。人老如风烛，切莫等明天。"❺ 诸如这些族规家训都在强调子辈对父辈的尽孝宜早不宜迟。

---

❶ 李锦伟：《贵州梵净山区域族规家训资料选编》，东北师范大学出版社2020年，第79页。
❷ 黔东桂西延陵吴氏续修宗谱委员会：《黔东桂西延陵吴氏宗谱（1374—2014）》，内部资料，2015年，第415页。
❸ 姚茂钦：《姚氏族谱》，卷二《教戒家法规条》，内部资料，1999年，第42页。
❹《张氏族谱》，内部资料，2012年，第86页。
❺ 戴氏长房族谱编委会：《贵州省印江自治县戴氏长房族谱》，内部资料，2014年，第64页。

2. 夫义妇顺

夫妻是组成家庭的核心要素，夫妻关系是人伦关系的核心，在家庭关系中处于首要位置，维系着整个家庭，乃至整个社会的道德秩序。传统族规家训中有系统的夫妻关系的伦理规范。毫无疑问，受古代儒家男尊女卑封建伦理纲常的影响，中国传统族规家训特别注重"夫妇有别"，强调丈夫对妻子的主导和支配地位，片面要求妇女做到"三从四德"，从一而终。但是，传统族规家训也在另一方面强调夫妻之间要相敬如宾、夫义妇顺、夫和妻柔。

夫义妇顺即指为夫者要恩义待妻，为妻者也要对夫顺从。它包含有夫妻之间要相互尊重、相敬如宾、夫妇和顺、夫唱妇随等意思。《易》曰："夫夫妇妇，而家道正。夫义妇顺，家之福也。"❶《颜氏家训》说："夫不义则妇不顺矣。"❷《幼学琼林》中也讲："夫妇和，而后家道成。"❸可见，中国古代传统文化非常重视夫妻之间的伦理关系，认为夫妻之间只有做到夫义妇顺，即相互尊重、和睦相处、关系融洽，才能促进家庭的幸福和兴旺，进而促进社会的和谐发展。

明清以来梵净山民族地区的人们深刻认识到夫妇乃人道之始，夫妻关系是家庭的首要关系。因而，各家族的族规家训中基本都列有专门条款来教育子孙后代要做到夫妇和睦、夫义妇顺。如沿河唐氏在其家训中说："夫妇乃人伦之始，和琴瑟而乐倡随，休感于暴风阴雨。"❹万山杨氏长房隆裔在其家训诗中写道："如宾相敬案齐眉，何遂分钗只为梨；位外贤声资位内，夫妻好合莫违暌。"❺万山杨氏七房岩裔的家训中也说："人必和夫妇，夫妇是前姻。赤绳以系足，红丝乃订盟。好合如鼓瑟，相敬若筵宾。孟光古贤淑，莫厌伯鸾贫。"❻诸

---

❶ 李兴，李尚儒：《周易》，三秦出版社2018年，第112页。
❷ 颜之推：《颜氏家训》，天津人民出版社1998年，第29页。
❸ 张俊杰：《幼学琼林故事》，大众文艺出版社2003年，第73页。
❹ 李锦伟：《贵州梵净山区域族规家训资料选编》，东北师范大学出版社2020年，第42页。
❺ 李锦伟：《贵州梵净山区域族规家训资料选编》，东北师范大学出版社2020年，第12页。
❻ 《杨再思氏族通志》编辑部：《杨再思氏族通志（第二卷）》，内部资料，2006年，第634页。

如这些族规家训都是告诫子孙要正确处理好夫妻之间的关系，主张夫妻之间要琴瑟和鸣，夫唱妇随，相敬如宾，举案齐眉，夫刚妇贤，百年好合。同时，族规家训中也强调做到夫义妇顺对于家庭的发展具有十分重要的作用。如江口罗氏在其祖训中讲："阴阳交和，雨泽斯行。夫妇调和，家道乃成。夫为妻纲，正心修身。妇主中馈，内助殷勤。毋伤反目，毋玷家声。雍雍肃肃，如鼓瑟琴。君子偕老，诗咏睢麟。"❶印江张氏在其家规中说："夫妇人伦之始，闺门万物之原，其典綦重也。可诣谆时闻哉。愿我宗亲，女正位内，男正位外，夫为唱而妇为随，如鼓琴而如鼓瑟。夫妇和而后家道成，试目反目之成，其能成者有几？"❷万山杨氏也告诫子孙道："乾刚坤柔，配偶夫妻。奇男淑女，约定姻缘。夫德而义，妻贤而正。琴瑟而调，家声自振。"❸松桃冉氏在其家教中也指出："孝敬父母儿孙本，夫妇和睦家庭兴。"❹可见，梵净山民族地区的族规家训普遍认为协调好了夫妻关系对于家庭的和睦、幸福和兴旺具有重大意义，因而不断要求后代子孙做到夫妇和顺。

为了在家庭伦理中能够做到夫义妇顺，梵净山民族地区的人们除了重视婚后夫妇和顺的伦理教育之外，也非常重视子女的婚姻择配方面的教育，要求人们在为子女选择婚配对象时必须慎重有加，要按照以德为重的标准来择配婚姻。如沿河张氏在其《规训》中指出："男女嫁娶，择德为主，性行均淑，百年福祉。"❺其认为选择品德高尚、公道正直、善良贤惠、富有教养的人作为婚配对象，必然能够在婚后做到夫义妇顺、夫妇和睦、家庭幸福。印江田氏在其《家规》中也告诫子孙："至若配乎男，当求女之淑；施乎女，贵择婿之贤。庶几婚媾之道克尽也。吾族切不可忽诸。"❻类似沿河张氏和印江田氏坚持以德为

---

❶ 李锦伟：《贵州梵净山区域族规家训资料选编》，东北师范大学出版社2020年，第57页。
❷《张氏族谱》，《新立家规俚语十条》，光绪三年，张俊珍1985年重抄本，印江自治县档案馆藏。
❸ 杨序凯：《杨氏族谱·楚高公支谱》，内部资料，2015年，第419页。
❹ 贵州省松桃印江冉氏作续修委员会：《冉氏族谱·松印支谱》，内部资料，2008年，第3页。
❺ 张献荣等：《张氏源流史》，内部资料，2003年，第12页。
❻ 田氏族谱统公支系续修专辑：《田氏族谱》，内部资料，2011年，第30—31页。

主的择偶观在梵净山民族地区还是较为普遍的。当然，社会上或许依然存在"计贫富""重资财"的婚配观念，在这种婚配观念指导下形成的婚姻极有可能导致夫妇不和、家庭不幸的后果。因此，为了避免出现这种情况，梵净山民族地区许多家庭一方面教育人们要坚持"贵德"的择偶观，另一方面也坚决摒弃"重财"的择婚陋习。如印江吴氏认为，"夫妇为人伦之首，万化之源"，"吾族求婚觅婿"，"必察其妇德性如何，婿之品德贤否，其家贫富莫计，慎勿偏重资财而娶不教之女，或纳不教之婿，致害终身"。❶其重德轻财的婚姻思想跃然纸上。沿河高氏《家谕》中也说："谕子孙，为嫁择佳婿，毋素重聘，媳妇求淑女，勿贫厚也。""谕子孙，婚姻必择女，与之婿性情，家法以徒，苟纂其富贵乎？如婿贤矣，今则虽贫贱，安异曰不富贵乎？"❷沿河唐氏家训曰："娶媳惟择贞静幽闲，勿计奁赍厚薄。"❸石阡陈氏家训讲："至若嫁女择婿，勿索厚聘；娶媳择妇，不计重奁。"❹诸如这些族规家训内容，都是以德为主、厚德轻财择偶观的体现。这种择偶观对于促进和融洽夫妇关系及家庭关系无疑起到了积极的作用。

3. 兄友弟恭

兄友弟恭，指兄长要对弟弟友爱，弟弟也要对兄长恭敬，即兄弟之间要互爱互敬。这是我国传统社会处理兄弟关系的基本主张，也是传统族规家训所强调的协调家庭伦理关系的重要准则。中国传统文化中强调兄弟乃血脉相同、气息相通之人，故而兄弟之间应格外团结友爱。正如《颜氏家训》之"兄弟篇"所说："兄弟者，分形连气之人也。方其幼也，父母左提右挈，前襟后裾，食则同案，衣则传服，学则连业，游则共方，虽有悖乱之人，不能不相爱也……二亲既殁，兄弟相顾，当如形之与影，声之与响；爱先人之遗体，惜己身之分

---

❶《贵州印江黔东延陵吴氏宗谱》，《族训》，内部资料，印江县档案馆藏，2013年，第354页。
❷ 李锦伟：《贵州梵净山区域族规家训资料选编》，东北师范大学出版社2020年，第126页。
❸ 李锦伟：《贵州梵净山区域族规家训资料选编》，东北师范大学出版社2020年，第42页。
❹ 李锦伟：《贵州梵净山区域族规家训资料选编》，东北师范大学出版社2020年，第26页。

气，非兄弟何念哉？"❶ 明清以来，传统儒家文化传播日盛的梵净山民族地区的人们深受《颜氏家训》等传统家训的影响，在处理家庭中兄弟之间的伦理关系上也持类似主张，即要求做到兄友弟恭。这在他们的族规家训中有大量体现。

首先，传统族规家训阐发了兄弟和睦的重要作用，由此告诫人们须秉持兄友弟恭的准则协调好家庭中兄弟之间的伦理关系。梵净山民族地区的人们普遍认识到兄弟之间的关系是亲密无间的，兄弟关系就如手足之间的关系，因此必须要做到兄友弟恭。如万山杨氏楚高公支系在其家训中说："惟兄与弟，同气连枝。兄亦弟爱，弟亦敬兄。诗歌棠棣，作乐同声。患难相顾，和睦可亲。"❷ 其指出兄弟之间既然是同气连枝之人，就要做到相互友爱和睦，患难相恤。万山杨氏七房岩裔在其族规中也说："人必爱兄弟，兄弟同胞生。相亲如手足，相翕若箎壎。莫忘幼小爱，勿起乖戾情。姜家同大被，何等重天伦。"❸ 有些家族则通过通俗易懂的诗训的形式来阐述兄友弟恭的道理，如玉屏洪氏在其"八德诗"中曰："弟恭兄长犹宜知，本立道生又在斯。和顺之心毋不敬，若人讵有阋墙时。""同胞何故不相和，因未敬兄所以多。设若真心真意事，自然亲爱岂操戈。"❹ 其着重从弟敬兄的角度来要求兄弟之间要相互尊重、友爱、和顺。也有些家族以命令式的口吻直截了当地要求子弟在处理兄弟关系时须做到兄友弟恭。如思南彭氏在其宗规里告诫道："为兄者宜爱其弟，为弟者宜敬其兄。"❺ 梵净山民族地区的人们认识到处理好了兄弟之间的关系有利于家庭的兴旺发达，也有利于对父母的尽孝。如思南秦氏家训说："兄弟之伦明，可达于孝也。"❻ 意思是说，人们只有处理好了兄弟之间的伦理关系，才能令父母欢心，从而有利于孝的实现。因此，许多族规家训中往往将兄友弟恭和孝顺父母放到同等地位，从诸多"敦孝弟"的族规家训条款名称中可以看出这一点。碧江察

---

❶ 颜之推：《颜氏家训》，天津人民出版社1998年，第17—18页。
❷ 杨序凯：《杨氏族谱·楚高公支谱》，内部资料，2015年，第419页。
❸ 《杨再思氏族通志》编辑部：《杨再思氏族通志（第二卷）》，内部资料，2006年，第634页。
❹ 《玉屏洪氏族谱》卷之首，玉屏新亚印务局代印本，民国三十三年，第6页。
❺ 李锦伟：《贵州梵净山区域族规家训资料选编》，东北师范大学出版社2020年，第107页。
❻ 思南县秦覃氏修谱编纂委员会：《思南秦覃氏宗谱》，内部资料，2010年，第461页。

院山徐氏在其家训中说:"人皆有父母兄弟,子弟要尊敬父兄,父兄要爱护子弟,一家欢聚,毫无间言,便是和乐家庭。"❶其将兄弟关系和父子关系放在一起,认为做到兄友弟恭和做到父慈子孝一样,对于和谐家庭具有同等重要的作用,进而告诫子弟要做到兄友弟恭。类碧江瓦屋刘氏在其家规中说:"兄弟者,分形于父母者也。《书》云:惟孝友于兄弟,夫乃知不孝者,尚可矣,其必友乎。清夜自埙篪何乐,圻斧何悲。有兄弟者,必思同胞谊重,务以友恭相先,斯式好元尤,乃昭怡七之训。"❷万山杨氏十房俭裔在其族约中指出:"世间最难得者兄弟,一家之内孝悌为先。弟兄如同手足,兄必爱弟,弟必敬兄。"❸松桃戴氏在其家训中讲:"兄弟者世间最难得者也,故不弟与不孝相因,事长与事亲并重。与我同气,与我连枝,凡今之人,莫如兄弟,勿因产业而手足有伤,勿听妇言而骨肉致乖。兄与兄言友,弟与弟言恭。兄弟既翕,父母其顺矣乎。"❹沿河唐氏在其家训中也道:"千古彝伦最重,一家孝弟为先……兄弟无故,伯吹壎、仲吹篪,方无愧友恭。"❺诸如这些族规家训都将兄弟关系和父子关系放到同等重要地位,强调做到兄弟和睦,亲密无间,相互尊敬,相互帮助。惟有如此,才能使父母和悦,家庭幸福,宗族兴旺,社会和谐。

  其次,传统族规家训还提出了许多兄友弟恭的方式方法。关于兄弟相处之道,梵净山民族地区的人们普遍认识到应该做到兄友弟恭。至于如何做到兄友弟恭,当地一些族规家训中也讲到了具体的方式方法。如思南皮氏在其家训中说:"为兄弟者,当思血脉精神,一本万贯;智愚贤否,形异气同。饮食必让,言语必顺;行步以序,坐立以齿,富贵则相护爱,患难则相救恤,利益则相解推,蠢悍则相曲谅。为冢子伯兄,当婉转而诲以不及;为少年季弟,当巽顺而

---

❶ 徐世汪:《铜仁徐福传人》,内部资料,1999年,第4页。
❷《刘氏宗谱(三)》,内部资料,1985年重修本,第14页。
❸《杨再思氏族通志》编辑部:《杨再思氏族通志(第二卷)》,内部资料,2006年,第794页。
❹ 李锦伟:《贵州梵净山区域族规家训资料选编》,东北师范大学出版社2020年,第27页。
❺ 李锦伟:《贵州梵净山区域族规家训资料选编》,东北师范大学出版社2020年,第41—42页。

奉以禀承。皓首怡怡，友恭一室，虽妻孥不得间兄弟，虽朋友不得逾雁行，虽大利不得夺壎篪，果能和乐且耽，父母由此而顺，岂非宜之所致？"❶该条族规家训着重强调，兄弟之间要做到兄友弟恭，就须在生活中做到长幼有序，礼让和顺，患难相恤，体谅关爱，和乐且耽。玉屏张氏在其族规中说："兄弟姐妹，血脉同源，枝叶同根。世间万物都易得，难得兄弟姐妹亲。儿时学让梨，成年生羽翼；平日相亲密，遇难互提携；处事求大同，言行别猜忌；膳孝天赋命，羞言亏自己；家产是祖业，财富自己挣。不信你鉴古，鉴古学夷齐。"❷其旨在告诫人们，兄弟之间要懂得相互礼让、相互尊重、有难相帮，不能相互猜忌、争抢祖业。印江张氏也讲："兄弟原为分形同气之人，务要兄宽弟忍，兄友弟恭，有无相济，忧乐相共，切勿阋墙致衅，手足参商，彼听妇言而乖骨肉财产而同仇者，反不如孤，特之为愈。"❸思南安氏在其祖训中则说："悌，弟，连枝同蒂。手足亲，坐行计。让产存恭，代死传世。为兄受苦刑，对母有慈惠。患难相顾，孔怀和乐且耽，不替昔年让国两贤人。"❹它从弟悌的角度强调兄弟之间要相互礼让、恭敬，要患难相顾，保持祥和欢乐的气氛。沿河陈氏家训也从弟悌的视角强调："兄长面前无使气，手足痛痒本相关，你尖我妒终何益？有酒有肉朋友多，打虎还是亲兄弟，当知悌。"❺碧江万氏主要强调不能为了一己之私而伤害兄弟关系："兄弟和好，出于天性。毋为一己之私，以伤一本之亲。"❻沿河李氏也告诫子弟不能因分财起争而破坏兄弟关系："兄弟本同气之人，兄友弟恭，昭烈古训，今人虽不能大被同眠，亦当勉敦示好。每见一家乖离，不因分财起争，即因娶妇生衅。苟分多润寡，妇言不听，则同气之情日

---

❶ 李锦伟：《贵州梵净山区域族规家训资料选编》，东北师范大学出版社2020年，第5页。
❷《张氏族谱》，内部资料，2012年，第86页。
❸《张氏族谱》，《新立家规俚语十条》，光绪三年，张俊珍1985年重抄本，印江自治县档案馆藏。
❹ 安显才：《思南安氏史志（1111—2005）》，内部资料，2005年，第71页。
❺ 李锦伟：《贵州梵净山区域族规家训资料选编》，东北师范大学出版社2020年，第37页。
❻ 万氏族谱编委会：《贵州铜仁万氏族谱》，内部资料，2010年，第41页。

笃，而父母其顺矣乎。"❶总之，梵净山民族地区的族规家训在处理兄弟关系方面多强调兄弟之间要相互尊重，和睦相处，互帮互助，重义轻财，隐忍礼让，莫要使气争财，不能同仇阋墙。惟有如此，才能做到兄友弟恭，家庭和谐。

最后，传统族规家训也强调兄弟不和是要遭受惩罚的，以此告诫子孙做到兄友弟恭。兄弟不和现象在不同时期不同地方确有存在，它对家庭的危害也是相当大的。这种危害首先就表现为对父母的不孝顺，因为如前所述，中华传统文化中的兄弟关系某种程度上可以等同于父子关系，兄弟关系破裂必然殃及父子关系出现危机，为此许多家族认为兄弟不和是得罪父母的不孝表现。如石阡陈氏在其家训中说："悌之义，诗说尽。不友不恭，多由家财兴讼相杀者，试思兄弟手足也，同胞或异母，总属一父之子，稍稍不和，其得罪父母为何如？况至争斗等情，不孝属甚！有弟兄者，甚勿以小嫌介意大端，争竞想好，勿尤是幸。"❷该条家训阐明了兄弟不和会得罪父母，令父母不欢，属于不孝表现。有些家族也认识到，兄弟不和不仅会使父母伤心，还会导致家庭破裂。如碧江万氏在其族规中说："长枕大被，天子且然；让枣推梨，昔人称美。但人家兄弟，当幼小时无不十分友爱。其后之不睦者，大抵因妻子、争财产而已。抑或此贫彼富，有求莫应，若秦、越人之相视。同气参商，半皆由此。夫一父之子，即非同胎共乳，有前后嫡庶之别，亦属一气所生。骨肉至亲，尚成嫌隙，子孙尤而效之，有不破家者乎？堂从兄弟，尚宜和睦，况在同气乎？族中宜互相教戒，共笃友于，则出入怡怡，家风不陨，亦同宗之光矣。"❸既然兄弟不和会导致父母操心、家庭破败等不良后果，人们当然要以此为戒教育子弟做到兄弟和睦，兄友弟恭。如果没有真正做到兄友弟恭，则要受到一定惩罚。这在梵净山民族地区的族规家训中多有规定。如玉屏张氏在其家规中写道："孩提知爱，稍长知敬，良知良能，生而已然。奈何私妻子遂忘劬劳之累？争财产不顾手足之谊？不思语云：天下无不是底父母，世间最难得者兄弟。诚格言也！读

---

❶ 李锦伟：《贵州梵净山区域族规家训资料选编》，东北师范大学出版社2020年，第38页。
❷ 李锦伟：《贵州梵净山区域族规家训资料选编》，东北师范大学出版社2020年，第25页。
❸ 万氏族谱编委会：《贵州铜仁万氏族谱》，内部资料，2010年，第37页。

蓼我而竭力，歌棠棣而孔怀，则为人之大本立矣。倘有忘本灭伦者，罚！"❶石阡方氏宗规中也写道："祖宗以孝弟教家，凡族内子孙，务须勉为孝子悌弟，如有凌辱自己父兄或凌辱伯叔父母及哥嫂者，此系神人所不容，该伊父兄及祠中明理人即宜赴祠中惩戒，重不许入祠。"❷碧江万氏在其祠规中说："兄弟本属同胞，犹如手足一体，不弟则以下犯上，以卑凌尊，势所必至。如有听是非、惑妻言、互相斗殴者，轻则责二十，罚银五钱，重则加倍，再犯又当从重。"❸该祠规作出了对兄弟不和者需杖责和罚银等惩罚。万山姚氏在其家法教戒中言："弟兄一体所生，伯仲叔季，虽云比肩，必以长为宗子，专家政，主祭祀，所谓家用长子者，此也。一家有一家之长，一房有一房之长，大宗小宗分焉。虽无世及尊卑之分，必须行则让路，坐则让席。倘幼无逊让，长无宽仁，同居而听信妇言，弄是翻非，争长护短，分居而争论财产，手足参商，骨肉戕贼，甚至不时斗殴制挺操戈，辱累父母妻子，伤损同体发肤，究必速讼，祸起萧墙。此皆不仁不义，不念一体所生，在同胞则以不孝父母论罪，在同堂则照服制轻重总以逆伦犯分，究其事故大小处治。"❹这也告诫族人要做到长幼有序，兄友弟恭，如果兄弟相争、骨肉相残，就要以不孝或逆伦等惩处。

综观其内容，梵净山民族地区的传统族规家训在调节家庭成员如父子、夫妇和兄弟之间伦理关系方面主要体现在父慈子孝、夫义妇顺和兄友弟恭三个方面。当然，一个家庭要和睦兴旺，除了处理好父子、夫妇和兄弟这三种主要关系外，像妯娌关系、婆媳关系等，也需要以一定的伦理道德规范加以协调。当地的族规家训对此也提出了相应的要求，此不详述。总的来讲，协调妯娌关系、婆媳关系和协调父子、夫妇及兄弟关系一样，都是旨在通过遵循有关准则使家庭成员之间关系融洽，使整个家庭有序和睦。

---

❶《张氏族谱》，内部资料，2012年，第78页。
❷方氏族谱编纂委员会：《石阡县方氏谱牒》，内部资料，2013年，第1-2页。
❸万氏族谱编委会：《贵州铜仁万氏族谱》，内部资料，2010年，第39页。
❹姚茂钦：《姚氏族谱》，卷二《教戒家法规条》，内部资料，1999年，第42页。

第三节 梵净山民族地区族规家训中的社会规范

社会规范是指调整人们各个方面的社会行为，以维护一定的社会秩序，体现了个体对作为一个社会成员所有方面的要求。家庭是社会的细胞，家庭中的族规家训本身就是一种社会规范。族规家训除了重点对家庭成员在品行修养和家庭伦理等方面作出一定的道德规范外，也致力于调整人与人之间社会关系的行为规范。可以说，作为社会规范的一种，族规家训实际包含着丰富的社会规范内容。本节从家庭成员的职业认知、处世规则和社会责任三个方面来进一步考察明清以来梵净山民族地区族规家训中的社会规范内容。

一、职业认知

职业认知，即人们对所从事的服务于社会并作为主要生活来源的工作的基本认识，如对职业评价、择业方向等的认识。它指导人们应该追求哪些职业和不应该从事什么职业，体现了一定的社会规范。传统社会中，由于人们长期以来形成了较为固定的职业认知思想，直接影响到各族规家训中的职业选择教育。通览明清以来梵净山民族地区的族规家训资料，其包含的职业认知方面的内容主要表现为耕读为本、四民皆正和禁止贱业三个方面。

1. 耕读为本

耕，即耕田，指从事农业生产；读，即读书。耕读为本就是以耕田和读书为根本。中国传统社会中，人们早就形成了一种普遍的共识：从事农业生产可保生活无忧，读书学习可以进阶仕途。这反映了"耕"和"读"就是人们得以立足的根本，也体现了中国古人在职业选择方面的基本态度，即主张耕读为本。作为一种社会观念和职业认知，耕读为本既是中国传统思想的重要组成部分，也成了中国传统社会家庭教育的重要内容。中国传统族规家训中有关耕读为本的教育内容比比皆是，明清以来梵净山民族地区的族规家训也不例外。如清代玉屏洪氏尔昌公在其遗嘱中告诫子孙"居乡以耕读为本"❶。印江木黄喻氏在其家训中也专辟"重耕读"条，教导子孙要"以耕读为本"。❷碧江察院山徐氏家族也在其家训中强调，家族成员在"课子弟"过程中必须"保持耕读传家之传统"❸。印江黄世发留有遗联告诫子弟："不耕则读，不读则耕，方是传家至宝。"❹ 可见，梵净山民族地区的人们普遍将耕读为本的职业认知和择业理念写进其族规家训，并当作其家庭教育的重要内容。当然，在进行具体的耕读为本教育时，不同家族的教育侧重点是不一的，主要表现为有些家族重在"耕"的教育，有些家族重在"读"的劝告，也有些家族是主张"耕""读"结合，二者均重。

首先，重"耕"教育。农业是中国传统社会最重要的经济基础，其不仅关系到国家的经济命脉，同样也是各个家庭、每个人的经济基础和治生之本。重视农业的教育不仅是国家和社会的职责所在，也是每个家庭的根本之需。因此，重视农业生产的重"耕"教育，就成为诸多家庭族规家训中的重要内容。如《颜氏家训》提出"生民之本，要当稼穑而食，桑麻以衣。蔬果之畜，园场之所产；鸡豚之善，埘圈之所生。爰及栋宇器械，樵苏脂烛，莫非种殖之物也"❺。颜之推从农业生产的重要地位出发来教育子孙必须重农。类似《颜氏家

---

❶《玉屏洪氏族谱》卷之首，玉屏新亚印务局代印本，民国三十三年，第48页。
❷ 李锦伟：《贵州梵净山区域族规家训资料选编》，东北师范大学出版社2020年，第35页。
❸ 徐世汪：《铜仁徐福传人》，内部资料，1999年，第4页。
❹《黄氏族谱》（续编）编辑组：《印江黄氏族谱》，内部资料，印江县档案馆藏，2017年，第19页。
❺ 颜之推：《颜氏家训》，天津人民出版社1998年，第31页。

训》那样的重"耕"教育在梵净山民族地区的族规家训中也屡屡出现。如松桃戴氏在其家规中告诫子孙要"勤耕织":"一夫不耕或受之饥,一女不织或受之寒。务使野无旷土,族无游民,男不荒其耒耜,女不休其纺绩,人人力于务本,则衣食足。庶几俯仰可保,礼义可兴。吾门之族,自可由此而光大矣。"❶从该条家规可以看出,松桃戴氏认识到农业就是本业,阐述了农业生产的重要地位,并强调了其重要作用,告诫子孙只有"力于务本",才能足衣食、保俯仰、兴礼义、光门楣,由此教育子孙必须勤耕织、重农业。这种重"耕"教育在沿河唐氏家规中有类似表述:"有田不耕仓廪虚,仓廪虚兮岁月乏。苟不察乎此?每日游手好闲,将耕耘失时,收成有限,势必扯东补西,称贷不已,冻馁立见矣。凡吾族当知稼穑维勤,勿畏胼胝之劳,不避风雨之苦。春耕夏耘,秋收冬藏,务宜早图,切莫迟延。稍有盈余,便当蓄积,慎勿泥沙妄用,每令圹土。此务本之至计矣。凡我族人,各宜努力。"❷可见,这种重"耕"教育是梵净山民族地区族规家训的重要内容,是该地区人们"农本"思想的反映,也是人们"以农为本"的职业认知和择业观念的体现。

其次,重"读"教育。自古至今,读书一直是人们实现梦想的一个主要途径。宋真宗《劝学诗》中言:"富家不用买良田,书中自有千钟粟;安居不用架高堂,书中自有黄金屋;出门莫恨无人随,书中车马多如簇;娶妻莫恨无良媒,书中自有颜如玉。男儿欲遂平生志,六经勤向窗前读。"❸该诗通俗地道出了读书的重要性。自古以来,我国不仅涌现出许多《励学诗》《劝学歌》《勉学文》等教育人们要努力读书的作品,也将勉励子孙读书的殷殷之语写进族规家训中。如朱熹在其《朱子家训》中就告诫子孙"诗书不可不读"❹。为什么要重视读书?由于受到传统的"学而优则仕"思想影响,大多数人认为读书可以应举取科第、获功名、入仕途、光门楣、保富贵,因而他们极力勉励子孙要以读

---

❶ 李锦伟:《贵州梵净山区域族规家训资料选编》,东北师范大学出版社2020年,第78页。
❷ 李锦伟:《贵州梵净山区域族规家训资料选编》,东北师范大学出版社2020年,第81页。
❸ 黄坚:《详说古文真宝大全》,前集卷1《真宗皇帝劝学》,湖南人民出版社2007年,第14页。
❹ 朱熹:《朱子家训》,华东师范大学出版社2014年,第1页。

书为重。碧江万氏在其族规中讲道："教子之方，莫要于读书。必能读书乃能明理，能明理始能成器，始能保家，至进取成名。"[1] 其教子读书以获取功名之目的非常明显。印江戴氏在其家族训言中教育子孙要"勤读书"："穷不读书穷根不除，富不读书富贵不长。"[2] 明言读书的目的就在于"除穷根""保富贵"。总的来讲，梵净山民族地区的人们普遍认为，通过读书，可以入仕为官，提高社会地位，改变人生的命运。不过，也有些人有不一样的观点。沿河唐氏在教导子孙要"勤读诗书"时说："世间好事，无如读书。盖显亲扬名，必从读书做出。希贤希圣，必自读书造成。读书者如金如玉，不读书者如土如泥。读书者千人敬仰，不读书者一世无知。即使功名不就，书之用处甚多。吾愿吾族子弟，奋发功书，勿贪近效。朱子云：'子孙虽愚，诗书不可不读。'此言良足思矣。"[3] 此家训条款道出了读书的目的不仅是博取功名、显亲扬名，还有其他用处，如通过读书还可以使人成为"千人敬仰"的"希贤希圣"之人。也就是说，读书也可以提升人的道德修养，使人品行高尚，令人敬重。思南田秋在教育儿子要努力读书时也持类似观点："读书不止于应举取科第，内则以之涵养气质，熏陶德性，外则以资之抚世酬物。若修身慎行，不辱先人，虽不能成大名，亦为贤子。"[4] 沿河萧氏在其家训中也说："古往今来许多世家，无非积德；天地间第一人品，还是读书。"[5] 人们认识到读书可以使人进入仕途，博取功名，即便不能达此目的，也可以使人涵养性情，提升品质。故梵净山民族地区许多家庭列出了以读书为本业的训条。如思南安氏就有"愿我子孙读书为本"的祖训。为此，他们还特意将朱熹的《白鹿洞学规》粘贴于宗祠墙壁以教育子孙要努力读书。[6] 万山杨氏长房隆裔在其家法条规中也指出："教子弟第一件在读书。

---

[1] 万氏族谱编委会：《贵州铜仁万氏族谱》，内部资料，2010年，第36页。
[2] 戴氏长房族谱编委会：《贵州省印江自治县戴氏长房族谱》，内部资料，2014年，第64页。
[3] 李锦伟：《贵州梵净山区域族规家训资料选编》，东北师范大学出版社2020年，第80页。
[4] 德江县文体广电新闻出版局 德江县田秋文化研究学会：《走近田秋》，团结出版社2019年，第228页。
[5] 萧安武：《兰陵黔沿萧氏族谱》，内部资料，2000年，第28页。
[6] 安显才：《思南安氏史志（1111—2005）》，内部资料，2005年，第383页。

凡送子弟入学，务须隆师择友，专心学问，发名成业，毋自以为愚而不知有教训一事也。"❶石阡梁氏在其"教子弟"的家训条款中同样强调要通过延师择友来教育子弟专心读书："子弟以读书明理上，为父兄者必延聘名师，慎择益友，俾得朝夕渐摩，学问有所成就。遇则掇科取第，不遇亦不失为通人。光前裕后之图，计莫逾此。"❷如果有因家庭贫困而不能延师的情况，许多宗族也会发出相帮互助的号召，帮助贫困者安心就读。如思南邵氏就在其族训中号召："族中有能读书者，家贫不能迎师，即以同房众人议钱送读，以增先祖之光，以彰我族之志。"❸思南秦氏在其家训中也言："族中弟子，良师善教，首敦读书。困者众扶，以助膏火。居乡自励，学范文正公一流人，尊师重道，斯文教启后之德崇也。"❹

最后，重"耕""读"结合。鉴于"耕"和"读"在人们生活中的重要地位，其必然成为人们教子训孙的重要内容，使历代族规家训在教育子孙择业时要么以"耕"为重，要么以"读"为要。不过，受中国传统文化的影响，"耕"与"读"实际上又是紧密联系在一起的。虽然有些家族在其族规家训中对"耕""读"的教育有所侧重，但并没有将二者完全割裂。当然，更多的家庭还是明确地将"耕"和"读"相结合，既强调"耕"，同时也强调"读"。正如清代张履祥在其《训子语》里所说："然耕与读又不可偏废，读而废耕，饥寒交至；耕而废读，礼义遂亡。"❺可见，重视"耕""读"的有机结合必然成为诸多家庭进行择业教育的普遍现象。梵黔东张氏在其族谱《凡例》中说："耕读为治生之具。一夫不耕，或受之饥；一女不织，或受之寒。诗曰：昼出耘田夜绩麻，村庄儿女各当家。男女衣食有余，教读其可缓乎？慎勿放浪，以致家道终替。"又说："诗书乃传家之宝。古云：三日不读书则口生荆棘。凡我族人，

---

❶《杨再思氏族通志》编辑部：《杨再思氏族通志（第二卷）》，内部资料，2006年，第85页。
❷李锦伟：《贵州梵净山区域族规家训资料选编》，东北师范大学出版社2020年，第23页。
❸《黔东邵氏族谱》，《族训》，清同治八年。
❹思南县秦覃氏修谱编纂委员会：《思南秦覃氏宗谱》，内部资料，2010年，第461页。
❺张履祥：《杨园先生全集》，中华书局2002年，第1352页。

当焚膏以继晷，毋玩日而忽时。腹既饱乎经纶，功名不落俗。况昔人囊萤映雪会拜三公，富贵福泽未始，不自勤苦中得来？"❶可见，该家族把耕读当作治生之具、传家之宝，既重"耕"又重"读"，耕读结合的思想观念跃然纸上。万山杨氏长房隆裔有"勤耕读"的祖训："先王治国，不外教导士庶。齐家理亦同。然惟勤于耕者，朝有食而夕有餐，可以仰事即俯育。惟勤于读，则明其体而达其用，可以荣身而显亲。凡我子孙，慎毋倚殷实而废易耨，因贫寒而弗穷经也。"❷其认为勤于耕可保衣食无忧，勤于读可使荣身显亲，进而强调，不管家庭殷实还是贫寒，均不能废弃耕作和读书，可见其主张耕读并重的意识非常明显。石阡楼上周易在其遗嘱中告诫儿子道："今尔弟兄等有庐舍蔽风雨，桑田给衣食，学校治身心，诸孙十余人，尔等课其耕读"，"以耕读肇根底，以礼仪作门户"。❸基于个人读书天分不一的实际，有些家族也教育子弟在家庭内部可以适当进行职业分工，主要表现为教育天资聪慧者努力读书，相对平淡者就安心从事农业生产。如玉屏张氏有这样一条家规："谚云：有田不耕仓廪虚，有书不读子孙愚。凡我族中子弟，朴者安于田亩，务宜易耨深耕；秀者事贤，尤当探微索奥。庶几，世泽可绵，书香永绍矣。"❹这种"朴者安于田亩""秀者永绍书香"的主张实际也是一种重视"耕""读"结合的教育。

通览明清以来梵净山民族地区族规家训中有关职业认知和选择方面的内容，可知该地人们已经普遍认识到"耕、读两项，乃本业之大者"❺。依上文所述，不管是对"耕""读"二者某一方面的侧重，还是将二者并重，均是"耕读为本"的择业理念在族规家训中的具体反映。

2. 四民皆正

这里讲的"四民"指中国传统社会中的士、农、工、商这四个阶层或四种

---

❶ 张志忠、张云贵等：《张氏源流史》（第一集），1988年，第8页。
❷《杨再思氏族通志》编辑部：《杨再思氏族通志（第二卷）》，内部资料，2006年，第81页。
❸《周氏族谱》编委会：《楼上周氏族谱（1493—2008年）》，内部资料，2008年，第17-18页。
❹《张氏族谱》，内部资料，2012年，第79页。
❺ 李锦伟：《贵州梵净山区域族规家训资料选编》，东北师范大学出版社2020年，第6页。

职业。"四民皆正"即从事士、农、工、商这四种职业都是正当的职业。明末清初顾炎武曾说:"士农工商谓之四民,其说始于管子。"❶《管子·小匡》曰:"士农工商四民者,国之石民也。"❷可见,在战国以前,我国的"四民"秩序还没有明显的等级划分。然而,进入战国以后,随着儒家"劳心者治人,劳力者治于人"思想的提出,提高了士(即读书人)的地位,实际形成了士为四民之首的传统。不久,"重农抑商""重本抑末"思想又出现,并且作为自秦朝至清代我国一种基本的经济政策长期推行,导致农业相对于工商业而言,又居本业的地位。所以,在中国长达二千多年的封建社会里,按士、农、工、商先后排列的"四民"秩序一直存在,成为传统社会的一种固有观念。这也是长久以来我国"耕读为本"职业观形成的社会基础和思想基础。不过,随着时代的发展,尤其是随着商品经济的发展及其在国民经济中地位的提高,至明清时期,虽然社会上一些以工商为末业的耻商、贱商思想依旧存在,但是也出现了一些适合时代发展要求的新思想,使传统的"四民"观念发生了很大的改变,主要表现为许多人不再持以工商为末业的看法,认为"四民"均为正当行业,国家应该重视四民各业的发展。明代王阳明认为:"四民异业而同道。"❸其意为士农工商这四种人虽然从事的职业不同,但这些不同职业都是治生之具,其最终目的都是相同的,都是有益于人民生活的。甚至还出现如黄宗羲那样明确提出"工商皆本"的思想,❹认为有助于增加社会财富的工商业同农业一样重要,都应该作为本业来对待。不管是王阳明的"四民异业同道"论,还是黄宗羲的"工商皆本"论,很大程度上颠覆了人们以工商为末业的思想观念,影响了当

---

❶ 陈垣:《日知录校注》,安徽大学出版社2007年,第423页。
❷ 赵守正:《管子注译》,广西人民出版社1982年,第198页。
❸ 王阳明《节庵方公墓表》中写道:"古者四民异业而同道,其尽心焉,一也。士以修治,农以具养,工以利器,商以通货,各就其资之所近,力之所及者而业焉,以求尽其心。其归要在于有益于生人之道,则一而已。士农以其尽心于修治具养者,而利器通货,犹其士与农也;工商以其尽心于利器通货者,而修治具养,犹其工与商也。故曰:四民异业而同道。"(见《王阳明全集》,上海古籍出版社1992年,第940页)
❹ 黄宗羲在《明夷待访录·财计三》中说:"世儒不察,以工商为末,妄议抑之。夫工固圣王之所欲来,商又使其愿出于途者,盖皆本也。"

时人们的职业观，也改变了传统族规家训中有关择业教育的内容。

受中国传统观念尤其是明清时期一些新思想的影响，梵净山民族地区人们的职业认知和职业选择也在发生很大改变，除了上文阐述的"耕读为本"之外，"四民皆正"乃至"工商皆本"的职业观在该地许多族规家训中有明确表达。如清同治四年（1865年）玉屏洪氏聿麟公在其遗嘱中教育子孙道："有子孙定要送读书，乃能知礼，时晓大义……子弟迟钝者，或耕田，或贸易，都是正经门路。"[1]该遗训虽然强调子孙要读书为上，但也提出，如果不能读书，要么从事农业，要么从事工商贸易，这些职业都是正经的门路。这实际体现了主张士、农、工、商都是正当行业的"四民皆正"的职业观。石阡梁氏在其家训中也指出："子弟以读书明理上……其有资质不能读，及力不能读者，则为农、为工、为商，亦属正业。"[2]其同样强调农、工、商与士一样，都是属于正当职业。既然士、农、工、商都属于治生之道的正业，必然成为诸多家庭教育子孙择业的首选。当时许多家庭的族规家训中有关于子孙要选择"四民"正当职业的谆谆教诲之言。如思南皮氏家训中将士农工商"四民"之业这样论述："耕、读两项，本业之大者；工、商虽小道，皆为经生之计。重则职业修，轻则职业堕。修则俯仰有凭，光我家族；堕则资身无策，姗笑乡邻。所谓重者，非徒尽其力，实要尽其道。为士者，先德行后文艺，勿因读书识字，舞弄文墨，颠倒是非，欺压乡党，出入公门，干预词讼。耕者，当因天时、乘地利，尽人力，不得懒惰偷闲，鲁莽灭裂，耕敛失时，致水旱无措，公粮私债彻夜追求，子冻妻寒，终朝埋怨。工者，不得作淫巧、售弊伪，勤以精能，居肆成事。商者，不得废公平、蹈欺诈，纨绔冶游，酒色浪费。"[3]其强调了士农工商均为"经生之计"，都须当正业来看待，同时指出"四民"之业各有其专，要求子孙做好各业本分之事，如此才是"重本业"之途。印江吴氏在其族规之"务本业"条中也讲道："人有常业，不至于饥寒，富贵有业，不至于为非。既有常业又有

---

[1]《玉屏洪氏族谱》，卷之首，玉屏新亚印务局代印本，民国三十三年，第49—51页。
[2] 李锦伟：《贵州梵净山区域族规家训资料选编》，东北师范大学出版社2020年，第23页。
[3] 李锦伟：《贵州梵净山区域族规家训资料选编》，东北师范大学出版社2020年，第6页。

专业,凡业必专功,方能有成。士不专读,不能成其名;农不专耕,不能以致富;商贾不专贸易,不能成其经营;百工不专技艺,不能成其智巧。凡我宗族,治身之道,务本为先。"❶该家族显然也认为士、农、工、商"四民"既各为正业,又各有专业,要求其后世子孙各专其业,即士要专读,农要专耕,商贾要专贸易,百工须专技艺,强调"治身之道,务本为先"。这就是在教育子孙不管选择"四民"之正业中的哪一种职业,都要将该职业当作恒业尽心尽力做好,将其当作本业认真对待。万山杨氏长房隆裔明确告诉子孙,"读书而外或务农,抑或为工为商,皆待家长之警谕督责,方可成家计,而长子孙也","所谓各安生理者,只是士农工商各务本业,以成其事而已,如士安于诵习而后可以成名,农安于耕稼而后可以积粟,工则利器械以周民用,心安居肆方能巧商"。❷印江黄世发家喻中也说,"书可读,功名不可求","田宜耕宜种,宜节不宜失,失时必定少收成","工艺易学难精,总要用心研究。生意将本求利,不宜假货参真"。❸这些家族同样告诫子孙不仅要认识到士农工商皆为正业,并教育子孙如何去各专其业,从而做到"四民皆本"。为此,有些家族还提出了士要"力学为本"、农要"重田""应耕"为本、商贾要"诚信"为本等基本要求,进而发出"四民正业,合族相助,以襄风淳"❹的号召。可见,梵净山民族地区的族规家训中普遍将"四民皆正"当作一种价值取向和社会规范,教育人们依据自身实际,以士、农、工、商"四业"为正当职业,这是适应了时代发展需要的。

3. 禁止贱业

按身份或职业划分,中国历史上有所谓良民与贱民之分。良民从事的职业

---

❶黔东桂西延陵吴氏续修宗谱委员会:《黔东桂西延陵吴氏宗谱(1374—2014)》,内部资料,2015年,第416页。

❷《杨再思氏族通志》编辑部:《杨再思氏族通志(第二卷)》,内部资料,2006年,第85页。

❸《黄氏族谱》(续编)编辑组:《印江黄氏族谱》,内部资料,印江县档案馆藏,2017年,第13页。

❹思南县秦章氏修谱编纂委员会:《思南秦章氏宗谱》,内部资料,2010年,第459-464页。

属于正业，而贱民从事的职业就是贱业。中国历史上出现的贱民很多，并且名称多样、种类不一，主要有奴婢、部曲、娼优、隶卒、丐户等。[1]《清史稿》记载："四民为良，奴仆及娼优为贱。凡衙署应役之皂隶、马快、步快、小马、禁卒、门子、弓兵、仵作、粮差及巡捕营番役，皆为贱役，长随与奴仆等。"[2]可见，在中国传统社会，贱民的种类很多。直到明清乃至民国时期，人们至少在观念上依然普遍将传统社会出现的如皂隶、娼优、禁卒、匪类等看作贱民，要求子孙不要去从事这些贱业。为此，许多家族为了门第荣光，便遵循传统观念，通过族规家训形式教育和告诫后世子孙不能从事有辱门楣的贱业。

明清以来梵净山民族地区的传统族规家训中关于禁止从事贱业的内容多有存在，主要体现在以下几个方面。首先，禁止去衙门当差。传统社会中胥吏的地位一直很低，人们以去政府衙门当差、从事衙役所不齿，认为在衙门当差是低贱的职业，故而许多家族通过族规家训教育子孙不要去从事如皂隶、隶卒等贱役。如碧江万氏在其族规中说："隶卒贱役，例不准其子孙与考。凡族中子弟，虽至贫困，应不准当差。违者黜之勿齿。"[3]其明确指出，以往法律规定不准隶卒的子孙参与科举考试，隶卒这一职业属于贱业，因此要求族中子弟即便贫困潦倒，也不要去衙门当差，否则就要驱逐出族。以驱逐出族的惩罚措施来禁止族众去衙门当差，足见该家族禁止这种贱业的力度是非常大的。以类似的惩罚措施来禁止子孙去衙门当差的族规家训在许多家族中都有存在。如清代《黔南王氏族谱》之"凡例"中有一条："本族原无门禁、隶卒，如有此等，即刻逐出，在外境不许受其祖业。"[4]清代《黔东邵氏族谱》之"族训"中也有条

---

[1] 关于中国历史上的贱民种类和名称，主要有先秦时期的皂、胥、隶、仆等奴隶，秦汉的奴婢，唐代的奴婢、部曲、番户、杂户、工乐户、太常音声人，宋代的胥吏、娼优，明代的奴婢、娼优、乐人，清代的奴婢、娼优、隶卒等，以及各地出现的如丐户、伴当、世仆、蜑户、九姓渔民、棚户等。（赵冈：《胥吏与贱民》，《社会科学战线》1997年第1期；卢忠帅：《明清社会贱民阶层研究》，山东师范大学2010年硕士学位论文）

[2] 赵尔巽等：《清史稿》卷一百二十《食货一·户口》，中华书局1976年，第3481页。

[3] 万氏族谱编委会：《贵州铜仁万氏族谱》，内部资料，2010年，第38页。

[4]《王氏万代源流（黔南王氏族谱）》，民国丁丑年抄本，沿河县档案馆藏，第16页。

款："本族原无差役、门禁、隶卒。如有此等，即速凭族逐出外境，不许入宗受其祖业。"❶ 思南马氏在其族约中也讲："凡当皂隶民壮贱役者，非吾族类也，不许入祠。"❷ 这些家族同样是以驱逐出族、不入宗祠、不受祖业等措施对去衙门当差者加以严厉惩罚，希望以此达到禁止族人去衙门当差的目的。其次，禁止充身奴仆、娼优。奴仆即奴婢、仆人，系旧时在主人家里从事杂役的人；娼优即旧时从事歌舞的艺人，后多指妓女。在传统社会，奴仆、娼优等属于下九流，地位非常低下。因此，人们以从事奴仆、娼优等职业为耻，常常教育家中子弟不要去从事这些贱业。如松桃戴氏在其家规中指出："课子弟读正书，交正士，习正业，士农工商各成其谋。惟礼义之可守，廉耻之当存。勿习异端，勿干名教，切不可卖为奴仆，身充皂隶，以辱家门。"❸ 有些家族为了禁止族众充身奴仆、娼优，也提出了惩处措施。如印江木黄喻氏在其家训中告诫族众："不得妄入娼优，犯者永不准入祠。"❹ 梵净山民族地区的人们不仅不允许自己的子孙从事奴仆、娼优等贱业，也不允许子孙与奴仆、娼优等贱民联姻。如石阡《梁氏族谱》中家训十则之"慎婚嫁"条曰："玉洁冰清，固称佳偶；荆钗布裙，不失良姻。凡族姓为男配，为女择婚，必须清白之家，门户相当者，方许联姻。不得贪图财物，轻信冰人，不辨薰莸，苟且作合。万一误结朱陈，使日后儿女竟不齿于乡曲，深为可惜。嗣后，如有不分良贱，不论可否，与奴隶、娼优等为姻者，合族公屏之，不复与齿。"❺ 这条家训明确强调，族中子弟婚配时必须以"良人"为婚，绝不能择"贱人"为配，如果出现与奴隶、娼优等"贱人"为婚者，要合族起来共同反对，以免给宗族丢脸。最后，禁止游惰为匪。游手好闲、不务正业的游惰之民于家于国均不利，是社会动荡的重要因子之一，甚至部分游惰之民还演变成打家劫舍、谋财害命的匪徒，对社会的危

---

❶《黔东邵氏族谱》，《族训》，清同治八年。

❷ 李锦伟：《贵州梵净山区域族规家训资料选编》，东北师范大学出版社2020年，第140页。

❸ 李锦伟：《贵州梵净山区域族规家训资料选编》，东北师范大学出版社2020年，第77页。

❹ 李锦伟：《贵州梵净山区域族规家训资料选编》，东北师范大学出版社2020年，第35页。

❺ 李锦伟：《贵州梵净山区域族规家训资料选编》，东北师范大学出版社2020年，第24页。

害更大。故许多家族为了维护社会安定和家族兴旺，不允许族中子弟从事这种令人痛恨的匪业。沿河李氏在其家戒中说："士农工商，各有本业，故盛世总无游民，自偷安好，好闲置身四民之外，荒时失业遂入下流，一切匪僻之行，多始于此也。"❶说明置身四民之外的游惰之民往往会进一步演变成为匪类。沿河唐氏在其家规中也说："然人命出于奸情，盗贼出于赌博，必须先戒嫖赌，方能不入匪类。愿世世子孙，勤耕苦读，永作良民，无辱家声，无犯刑宪，祖宗庇之，鬼神佑之，获福无量矣。"❷其意在指出，因嫖赌等游惰之民往往会流入匪类，从而教导子孙要防止变身为匪，必须先戒嫖赌，做到安分守己，无辱家声，无犯刑宪。印江吴氏家规有言："家长必谨守礼法，以御子弟。子弟众盛，尤须令其各有执事，不使宽闲流入匪类。"❸当然，为了禁止人们游惰为匪，有些家族在其族规家训中明确提出了严厉的惩处方式。如民国时期印江新寨乡乐洋村张氏宗祠内立的先祖遗训碑里指出："子孙不读诗书、不安本分，即为匪类，许令族以押赴本祠堂，明正其罪。"❹其指出对从事匪业者，要将之押赴宗祠明定罪名。从事匪业者当然要罪之，就算是结交、跟从、窝藏匪类及与匪为婚者，也不例外。乾隆时期石阡方氏制定的宗规中说："祖宗以义方垂训族内子孙，倘有不率父兄之教、不务正业、结交匪类、窝赌于家、肆赌于外，伊父兄或伯叔兄即宜偕明理人，对祠重行惩戒，毋使滋蔓，以辱先人。"❺清光绪二十一年（1895年），思南安世良为裔孙立的族规中讲道："窝藏匪贼希图渔利者，杖。"❻碧江万氏祠规中写道："天地君亲师，人之所必重也。孝顺立身之本。若不能成身，反为不肖。犯大恶，及大逆，伤大伦，失身奴隶，与匪类为

---

❶ 李锦伟：《贵州梵净山区域族规家训资料选编》，东北师范大学出版社2020年，第125-126页。

❷ 《唐氏宗谱》，《唐氏家规十二条》，手抄本，沿河县档案馆藏。

❸ 《贵州印江黔东延陵吴氏宗谱》，《家规五则》，内部资料，印江县档案馆藏，2013年，第354页。

❹ 印江自治县文化体育广播电视旅游局：《印江土家族苗族自治县文物志》，内部资料，2012年，第453-454页。

❺ 方氏族谱编纂委员会：《石阡县方氏谱牒》，内部资料2013年，第2页。

❻ 安显才：《思南安氏史志（1111—2005）》，内部资料，2005年，第382页。

婚者，家谱削名。"❶沿河李氏家戒中说："如倘又不务本业子弟，从匪赌博，户族长及父兄不时训诫加察，若其中或被同类窝赌，察获时带赴本处祖堂，重责外并究父兄之教不先，议罚修公，如父兄畏知而不举，而户族长徇情宽纵，或被旁人捕获到官，族长即将家长一例禀究，抑或外人因仇攀扯无事子弟，徇情察实，又当公议。"❷这些家族的族规家训规定，结交匪类、窝藏匪贼、从匪赌博和与匪类为婚者由宗祠惩戒，要么施以杖刑，要么家谱削名，反映了人们将这些游惰为匪者当作败类和恶逆而严行禁止。

关于明清以来梵净山民族地区族规家训中禁止贱业方面的教导之言，在松桃冉氏的《族禁》中有更为集中的反映。

◎ 松桃冉氏族禁

禁当差

皂、快、壮各班，门子、禁、卒、捕役、仵作，皆统名之曰"隶"，例不准考，本族子孙不得充当。违者，屏勿齿，谱削其名。

禁为匪

盗必干诛，窃亦罹罪，诱拐等事，均犯科条，辱宗甚大。族中子孙，不得有犯。违者，预行逐出，屏勿齿，谱削其名。

禁入会

哥老、添弟（天地）等名，及江湖放飘、结盟、拈香，皆匪徒所为，显干法纪。族中子孙，不得听其引诱，致罹重咎。违者，屏勿齿，谱削其名。

禁从教

白莲、闻香、灯花等名目，屡奉严禁，皆系妖言，近年尤实繁有徒。或传自远方，或起自内地，总之不可学习、信从。族中子孙，惟宜守孔孟

---

❶ 万氏族谱编委会：《贵州铜仁万氏族谱》，内部资料，2010年，第40-41页。

❷ 李锦伟：《贵州梵净山区域族规家训资料选编》，东北师范大学出版社2020年，第125-126页。

之规,勿为邪说所诱。违者,屏勿齿,谱削其名。

禁自贱

优伶等诸乐户、生、旦、净、丑、末,均系下流,而娼妓更无论矣。族中子孙,宜世保清白,不得自甘下贱。违者,屏勿齿,谱削其名。❶

从中可以看出,松桃冉氏认为当差、为匪、入会、从教和自贱等都是不正当的或低贱的职业,因而明确告诫子孙绝不能去从事这些贱业。否则,合族鄙视,族谱除名。其禁止贱业之规定较为全面。

如上分别从耕读为本、四民皆正和禁止贱业三个方面考察了梵净山民族地区传统族规家训中有关职业认知的内容。这也是历史上梵净山民族地区人们职业观的反映,体现了该地人们关于职业认知的普遍看法和职业选择的基本态度。

二、处世规则

处世,指待人接物,应对世情;与世人相处交往。处世规则就是人们在与人交往、应对世情过程中需要遵守的准则。其体现了一种人生哲学和生存智慧,是社会准则的重要表现。《孟子》曰:"不以规矩,不能成方圆。"❷的确如此,人们在社会生活中,如果不遵循一定的规则,就难以做好人、处好事。由于处世规则在人们生活中的地位如此重要,故传统族规家训中往往有大量为人处世方面的行为准则内容,以教育子孙如何去做好人、处好事。当然,由于与世人交往的范围非常广,其间需遵守的规则也非常多。如前文阐述的立德明志、勤劳节俭、明礼诚信、谨言慎行等个人品行和父慈子孝、兄友弟恭、夫义妇顺等家庭伦理方面,实际均包含着丰富的处世规则。许多个人品行和家庭伦

---

❶ 李锦伟:《贵州梵净山区域族规家训资料选编》,东北师范大学出版社2020年,第128-129页。

❷ 孟轲:《孟子》,三秦出版社2018年,第59页。

理既是品行修养和伦理规范，也是人们处世规则的体现。下文将进一步从前文少有讨论的做人谦忍、为官清廉和行事守法三方面来考察梵净山民族地区传统族规家训中的处世规则。

1. 做人谦忍

做人谦忍，即指人们在为人处世时要做到谦虚、谦恭，善于忍耐，懂得退让。这种处世规则体现了一个人的优良品行，是中华优秀传统文化的重要组成部分，一直为人们所推崇和承继。做到谦忍，可以起到调节人际、平息事端、和谐社会的作用，故许多家庭将谦忍作为族规家训中的重要内容以教育子孙。

梵净山民族地区族规家训中关于谦忍的内容多是将"谦"和"忍"分开阐述。从"谦"的方面来看，许多家庭认识到"谦为受益之本，谦多而益自多"❶，因而直接教导子孙做人要谦虚恭敬。如万山吴氏的《族训歌》中要求子孙"谦虚谨慎戒骄躁"❷，印江任氏家训中要求子孙在处理人际关系时需"谦虚礼让"❸，玉屏杨氏家训中则要求子孙为人须"谦虚谨慎""尊上恭敬"，❹沿河张氏规训中也教导子孙做人必须"谦虚谨慎"。❺ 由于传统社会中的社交圈多限定在亲朋好友当中，加上中国历史上尊老传统的影响，许多家族的族规家训特别强调要谦恭于长辈。如印江田氏在其家规中说："幼之于长，入则授几，出则奉杖，揖拜必恭敬，语言必谦逊，行坐必随隅，勿以富贵相加，勿以贤知相先，斯和乐之中，体统存焉。族中卑幼，倘有欺侮尊长，众云大甚，当以家法正之，属在服内者尤重。"❻ 碧江万氏家训中有"敬长上"条："内宗族，外姻亲，凡长我者，必谦恭而敬之。"❼ 印江吴氏族训中同样有"尊敬长上"的条款：

---

❶《唐氏宗谱》，《唐氏家训》，手抄本，沿河县档案馆藏。
❷ 吴让松：《吴世万氏族统谱》，内部资料，2006年，第118页。
❸ 李锦伟：《贵州梵净山区域族规家训资料选编》，东北师范大学出版社2020年，第34页。
❹《杨氏族谱·昌申公支谱（四知堂）》，《八字家训》，内部资料，1993年。
❺ 张献荣等：《张氏源流史》，内部资料，2003年，第12页。
❻ 田氏族谱统公支系续修专辑：《田氏族谱》，内部资料，2011年，第29页。
❼ 万氏族谱编委会：《贵州铜仁万氏族谱》，内部资料，2010年，第41页。

"长上不一，有同姓异姓之长上，有在官在家之长上，不仅名爵年齿先我者，皆长上也。宜其称谓正确，偶坐随行，揖让谦恭，罔敢嬉戏，或干名犯分，目无尊长，或以贤知先人而凌犯高年，或以血气自恃而污漫前辈，或矜富贵，或夸门庭，皆为狂悖，不得姑纵矣。"❶该条族规家训强调，亲属长辈当中，不管是内族还是外亲，不管是在家的还是在外当官的，后世子孙都要对这些长辈们谦恭有加。在有着敬老尊师传统的梵净山民族地区，除了对内外亲属中的长辈要谦恭尊敬外，对老师乃至朋友也须体现谦虚恭敬的一面。如沿河李氏家训中的"隆重师友"条说："师友为德业所由，成吾族书香，历传无不尊师敬友，第恐父兄脱略，子弟轻佻，好高护短，失礼有之，不知明师益友，断不受人褻慢偶设，此后必受善柔之损，学问无由长进，当外尽礼内尽诚，谦恭请教，虚怀纳谕，庸玉汝于成矣。"❷这条族规家训强调了人们对良师益友要虚心请教、谦恭对待，方能有助于学业成长。石阡楼上的周易以自己平生"忠厚持己，直道待人，亲友往来，时切恭敬"的做人经验告诫子孙在待人接物时必须做到谦虚恭敬。❸

人们在与世人交往中不仅要秉持一种"谦"的交往态度，也须坚持一种"忍"的处世方式。通过忍耐、忍让，往往可以化解许多矛盾，平息许多事端，故许多家庭在其族规家训中写入了凡事应当忍让的教育内容。梵净山民族地区的人们在对子孙进行忍让教育时，往往先是说明忍让的重要作用。如思南安氏祖训曰："时怀忍让全忠孝，世代儿孙福寿绵。"❹教导子孙要常怀忍让之心，常施忍让之行，则可全忠孝之美名，也可绵儿孙以福寿。万山姚氏家训中说："父子既慈孝，仁让一家兴。"❺玉屏杨氏在其家训中也告诫子弟要做到兄友弟恭，特别是妯娌之间要相互谦让，就能够使家庭和睦，乡邻团结；否则，容

---

❶《贵州印江黔东延陵吴氏宗谱》，《族训》，内部资料，印江县档案馆藏，2013年，第353页。
❷李文攀：《李氏族谱》，《家训十则》，手抄本（沿河土家族自治县档案馆藏）。
❸《周氏族谱》编委会：《楼上周氏族谱（1493—2008年）》，内部资料，2008年，第16页。
❹安显才：《思南安氏史志（1111—2005）》，内部资料，2005年，第65页。
❺姚茂钦：《姚氏族谱》，卷二《家训》，内部资料，1999年，第41页。

易导致同室操戈、手足伤残的恶果。❶ 做到忍让，可平事端、可息争讼，这在许多族规家训中有重点强调。如清乾隆时期，石阡徐姓因与隔壁张姓为一隔离墙而发生争执，徐姓族人就向在京为官的徐培琛修书一封，欲请他出面讨回公道，然徐培琛却回信说："千里修书只为墙，让他三尺又何妨。万里长城今常在，何处去找秦始皇。"❷ 以此劝告族人可以适当让步，以息事宁人。万山姚氏家戒中说："世之讼狱纷纷者，其端始于不让。不让则争，争则讼，所必然者。即如名利当前，有为我所应得，而人或相争，我以不争化之，名利终为我得，有为我不应得，得而我故相争，必以争持之名利。"❸ 其明确指出不让步是导致讼狱纷争的初始原因，因此为了免除纷争、平息事端，必须事先做到忍让。万山杨氏七房岩裔族训中也说："人必息争讼，讼者终必凶。理弱招凌辱，事强非显荣。清官要牺费，贪吏累家空。无如先忍让，何必送冷铜。"❹ 其三房修裔在广训中同样指出："能忍让以息争讼。"❺ 既然"退一步海阔天空，忍一时风平浪静"，许多家庭必然教育子孙要时时处处做到忍让。如印江黄世发在其家谕中告诫子孙道："处社会且谦且让，居家庭宜忍宜和。"❻ 黄世发还撰有遗联曰："凡事当忍，忍到无可忍处，耐耐心，重新再忍；逢人便让，让至莫能让时，平平气，依旧还让。"❼ 可见，印江黄氏特别重视教育子孙不管是在社会上还是在家庭中，与人交往和处理事务时必须持和忍谦让之风。石阡楼上周氏易祖也在其遗嘱中告诫后人凡事要"遇窄宽想"，实际也是在教育子孙为人处世时要有忍让之心。万山姚氏家法中也规定，幼之于长，"必须行则让路，坐则让

---

❶《杨氏族谱·昌申公支谱（四知堂）》，《八字家训》，内部资料，1993年。
❷ 铜仁地区徐姓族谱汇编编辑委员会：《徐姓族谱》，内部资料，2003年，第725页。
❸ 姚茂钦：《姚氏族谱》，卷二《教戒家法规条》，内部资料，1999年，第42页。
❹《杨再思氏族通志》编辑部：《杨再思氏族通志（第二卷）》，内部资料，2006年，第634页。
❺《杨再思氏族通志》编辑部：《杨再思氏族通志（第二卷）》，内部资料，2006年，第506页。
❻《黄氏族谱》（续编）编辑组：《印江黄氏族谱》，内部资料，印江县档案馆藏，2017年，第13页。
❼《黄氏族谱》（续编）编辑组：《印江黄氏族谱》，内部资料，印江县档案馆藏，2017年，第20页。

席"❶。由于争讼现象在日常生活中很是常见，而如前所述，忍让又可以起到平息争讼的作用，故梵净山民族地区的人们劝告子孙以忍让之风消除争讼的教训之言较多。碧江万氏家训之"毋争讼"条说："争讼之事，或起于忿，或起于财。官府好恶不常，吉凶莫测。至有情真遭诬，理直受枉。故君子知进退，懂避让，含忍而不争讼。"❷印江张氏家规中也说："词讼乃覆身亡家事也。《朱子家训》有曰：居家戒争讼，讼则终凶。《易卦》亦云：以讼受福亦不足敬，圣贤之欲无讼也，何惓惓哉。愿我族人毋恃财，勿使气，凡事饶一着让三分，则讼端自息。"❸沿河唐氏家训中同样劝告子孙要避免争执构祸，就应该忍耐退让："因事相争，无妨退让一着，无端构祸，只好忍耐三分。"❹有些家庭还认为忍让本身也是一种礼节，以忍让之礼待人必然也会得到对方的以礼相待，从而使争斗之风自然泯灭。如松桃戴氏家训中指出："礼者，天理之节文、人事之仪则也。奢俭殊风，质文异俗，故圣人制礼以齐之。夫礼之用贵于和，而礼之实存乎让。凡宾朋燕客，饮食衣服，无徒习乎繁文，要必先之以敬让。诚能和以处众，卑以自牧，则里相率为俊良，而争斗之风泯矣。"❺

2. 为官清廉

清廉，指清白廉洁之意。通俗讲，就是不接受他人馈赠的钱财礼物，不让自己清白的人品受到玷污，即不贪污不受贿。它也被封建士大夫奉为立身处世之根本，并常以之教训子孙。宋代包拯教育子孙道："后世子孙仕宦，有犯赃者，不得放归本家，死不得葬大茔中。不从吾志，非吾子孙也。"❻类似包拯那样严厉告诫后世子孙要清廉为官的教育内容在传统族规家训中是相当普遍的。

---

❶ 姚茂钦：《姚氏族谱》，卷二《教戒家法规条》，内部资料，1999年，第42页。
❷ 万氏族谱编委会：《贵州铜仁万氏族谱》，内部资料，2010年，第42页。
❸《张氏族谱》，《新立家规俚语十条》，光绪三年，张俊珍1985年重抄本，印江自治县档案馆藏。
❹ 李锦伟：《贵州梵净山区域族规家训资料选编》，东北师范大学出版社2020年，第42页。
❺ 李锦伟：《贵州梵净山区域族规家训资料选编》，东北师范大学出版社2020年，第27页。
❻ 脱脱：《宋史》，卷316《包拯传》，中华书局1977年，第10318页。

梵净山民族地区有关清廉为官的教育首推杨姓家族。杨姓是梵净山民族地区的第一大姓，支系众多，人口也最多。他们非常推崇其先祖——东汉名臣杨震的为官风格，常以其清白传家的祖训教育后人。关于杨震清白为官的事迹，在《后汉书·杨震传》中有记载：

> 杨震字伯起，弘农华阴人也……明经博览，无不穷究。诸儒为之语曰："关西孔子杨伯起。"常客居于湖，不答州郡礼命数十年。
>
> 大将军邓骘闻其贤而辟之，举茂才，四迁荆州刺史、东莱太守。当之郡，道经昌邑，故所举荆州茂才王密为昌邑令，谒见，至夜怀金十斤以遗震。震曰："故人知君，君不知故人，何也？"密曰："暮夜无知者。"震曰："天知，神知，我知，子知。何谓无知！"密愧而出。后转涿郡太守。性公廉，不受私谒。子孙常蔬食步行，故旧长者或欲令为开产业，震不肯，曰："使后世称为清白吏子孙，以此遗之，不亦厚乎！"❶

该段文字大意为：杨震入仕后先后担任荆州刺史、东莱太守等职。在他赴任东莱的途中，路经昌邑。该县县令王密是杨震为荆州刺史时举荐为官的，不无感激之情。夜深人静时王密拿出黄金十斤送给杨震，杨震大惊，万万没有想到自己举荐的人竟会如此，沉痛地说："我自以为了解你，而你却不了解我。"王密劝道："天色已晚，无人知晓，您就收下吧！"杨震正色说："天知神知，我知你知，怎么能说无人知晓呢？"他义正词严，坚决不肯收这份厚礼，使得王密十分惭愧。杨震生性公正廉洁，不接受私人财物。其子孙也非常廉洁，经济拮据。一些长辈为此建议他购置家产以利子孙，他坚决不从，并说："我要让后世人说我的后代是清官的后代，我把这种赞誉留给子孙，不也是一份很丰厚的遗产吗？"这段记载，使杨震清白为官、清白传家的典故一直成为佳话。后来梵净山民族地区的杨姓子孙都以此作为族规家训教育后人。如印江杨氏家训中指出，"清白传家，为祖宗遗训"❷。该县平茶杨氏家规中也说"我杨氏祖

---

❶ 范晔：《后汉书》，卷五十四《杨震传》，中华书局1973年，第1759-1760页。
❷ 印江杨氏修谱理事会：《杨氏族谱·杨再西氏族通志》，内部资料，2005年，第1028页。

训，乃清白传家，凡吾族子女，均宜自重"，强调要求子孙"继承祖训"。❶玉屏杨氏在其族规中强调要秉承先祖"清白传家"的优良传统，❷并在其家训中告诫子孙要"廉洁奉公，清操保节，不损人利己，不嫉贤妒能，勿贪不义之财，莫作非理之事，上辱祖宗功德，下折儿孙福荫"❸。沿河杨氏家训也指出，"祖宗清白传家，是我族优良传统。凡我子孙，无论男女，均宜自重自慎，坚持继承清白传家之祖训，保持优良传统，倘若有不务正业，有玷辱祖宗，败坏族风的，轻者宗亲有权令其认错改正，严重的绳之以法，从严处之"❹。松桃孟溪镇南坪村杨氏宗祠门口有一祠联："披史阅，武功一门八将，仅存忠孝铭宋北；绩书稽，文德四世三公，只留清白著关西。"❺其也体现了该家族清白传家之祖训。据调查，梵净山民族地区杨姓家族"四知堂"的堂号也来源于杨震的如上典故（即天知神知你知我知），蕴含清白为官、公正廉洁之意，这本身也起到了以祖训传家之功能。杨震廉洁为官的事迹及其清白传家的祖训不仅为梵净山民族地区的杨姓子孙所传承，也为该地其他家族所崇拜，他们甚至将其写入族规家训教育子孙。如碧江沈氏在劝告子孙要做到清白廉洁的家训中说："人生在世，应宜知廉。去污趋洁，如蚓如蝉。蝉吸甘露，蚓咽黄泉。非我所有，切莫垂涎。富贵有命，听其自然。夷齐采薇，圣人称贤。杨震清白，世代相传。愿我宗人，尝佩斯言。"❻该条家训中就以杨震清白传家的例子教育子孙也要做到廉洁为公。万山蒲氏同样以此教育子孙："廉者不贪财、不苟取之谓也。凡天下之物各有主，苟非吾之所有，虽一毫而莫取，况其多者大者乎？昔四知之杨震，惟能以清白传家，其斯之谓欤。"❼由此可见，东汉名臣杨震为官清白廉

---

❶ 平茶彤管杨氏修谱委员会：《平茶杨氏家谱》（第一卷 上册），印江自治县档案馆藏，1988年，第13页。
❷《杨氏族谱·昌申公支谱（四知堂）》，《族规十二条》，内部资料，1993年。
❸《杨氏族谱·昌申公支谱（四知堂）》，《八字家训》，内部资料，1993年。
❹ 沿河杨氏支谱委员会：《华夏杨氏族谱沿河支谱》，卷一，内部资料，1996年，第10页。
❺ 松桃苗族自治县第三次文物普查工作领导小组办公室：《松桃文物——第三次全国文物普查成果》，内部资料，2008年，第82页。
❻《沈氏家谱》，光绪二十二年手抄本，第9页。
❼ 蒲氏族谱编委会：《蒲氏族谱（分卷）》，内部资料，2014年，第101页。

洁的族规家训对梵净山民族地区的影响是相当深刻的。

将为官清廉的训言写入族规家训以教育子孙，在梵净山民族地区较为普遍。如玉屏洪氏聿麟公立有遗嘱，告诫子孙要读书知礼，知晓大义，不一定非要做官，不过，如果"幸而得官，必要清、慎、勤"。❶这体现了他对子孙要为官清廉的谆谆告诫之意。玉屏洪氏的宗祠条规中有一条写道："神主牌入祠配享，每届五年举行一次，各该子孙逐年报明房长族长先后存记，至期公同一并送入，其有身受封典、义夫节妇、孝子顺孙，德行着闻，并居官清白，增光前人者，准予随时入祠配享，不在此限。"❷该条祠规将清白为官作为优先入祠配享的重要条件，反映了该家族对为官清白的推崇，也起到了很好的教育作用。印江木黄凤仪村口立有一块石碑，上刻有喻氏族规的内容："为官戒不清，掌权戒不廉，为事戒不公，做人戒不检。"印江任氏家训中同样教育子孙为官要"戒妒戒贪，清廉为公"。有些族规家训不仅教育子孙要清廉为官，而且还强调要为民谋利。如玉屏张氏族规中有一条明确告诫子孙要"拒腐"："一朝为官朝朝清，心不朝亲朝百姓。手中之权莫滥用，滥用必引民起愤。非分钱财别伸手，伸手贪财必被擒。男莫贪淫图享受，女莫用体求高升。为官清廉身要正，为民谋利民众钦。"❸其要求子孙为官要清，心系百姓，不能滥用职权，不能贪人钱财，要身正廉洁，为民谋利。印江黄世发在其家谕中也告诫子孙道："若学优入仕为官，必须清廉自守，谋利造福于民。"❹山吴氏族训歌中有歌词曰："当官要为民办事，先忧后乐保清廉。"❺

清廉的确是针对为官而言的。但是，由于为官是做人的一部分，为官的优秀品质肯定也是做人的优秀品质之一，故主张为官清廉实际也是强调做人要清廉。因此，许多族规家训在强调为官清廉的同时，也强调做人要清廉。如石

---

❶《玉屏洪氏族谱》卷之首，玉屏新亚印务局代印本，民国三十三年，第50页。

❷《玉屏洪氏族谱》卷之首，玉屏新亚印务局代印本，民国三十三年，第42页。

❸《张氏族谱》，内部资料，2012年，第85—86页。

❹《黄氏族谱》（续编）编辑组：《印江黄氏族谱》，内部资料，印江县档案馆藏，2017年，第13页。

❺吴让松：《吴世万氏族统谱》，内部资料，2006年，第118页。

阡陈氏有关"廉"的家训说:"非居官似无可言。然见利必思义。每见世有贪求无厌者,田地求多,无借贷亦买产业。因此,并祖制亦失重利,取价加三加五,甚至对本心尤不足。讵知刻薄成家,无理久享。贪于色,则杀身亡家者有之;贪于酒,则丧仪致祸者有之。若乃籹,往往以小忿酿成大祸。虽在己理直,亦当退让几分,彼借债不起利,边界宁让尺寸。非义之财目不屑视,斯又清心寡欲者也。"❶其强调为官也好,做人也罢,都要做到不贪、廉洁。松桃戴氏也有家训说:"廉者,清洁之谓也。为官不清洁则滥取于民,为人不清洁则滥取于人。故儒者澡身浴德,砥砺廉隅。凡我同宗,要必清洁自好,刻苦自励,临财毋苟得,临难毋苟免。非吾之所有,虽一毫而莫取。"❷沿河周氏祖训同样告诫族人"为官公正廉洁,不可贪赃枉法","为人洁身自好,不可同流合污"。❸诸如这些教育子孙做人和为官一样均要做到清廉公正的训言还有很多,此不赘述。

3. 行事守法

行事守法意为人们在为人处世过程中要遵守法律规章,不能逾越法律规定。依法治国是我国自古至今长期施行的治国方略。国家治理需要依照法律,家庭治理和个人处事过程中又何尝不是如此呢?民间有俗语:要做事先做人,要做人先守法。其道出了守法是做人做事的前提。也就是说,无论做任何事情,都要想到法律和纪律,敬畏秩序和规则,时时刻刻都要把自己的行为约束在法律、纪律、秩序和规则范围之内。因此,关于行事守法的教育也成为传统家庭教育中的重要内容。

明清统治者非常注重将守法教育当作全民教育的重要内容,并推行全国。如清康熙《圣谕十六条》之第八条就是"讲法律以儆愚顽",雍正《圣谕广训》又对其进行注解,曰:

> 法律者,帝王不得已而用之也。法有深意,律本人情。明其意,达其

---

❶ 李锦伟:《贵州梵净山区域族规家训资料选编》,东北师范大学出版社2020年,第26页。
❷ 李锦伟:《贵州梵净山区域族规家训资料选编》,东北师范大学出版社2020年,第28页。
❸ 沿河周氏孝感宗支族谱编纂委员会:《沿河周氏孝感宗支族谱》,内部资料,2015年,第4页。

情，则囹圄可空，讼狱可息。故惩创于已然，不若警惕于未然之为得也。《周礼》："州长、党正、族师，皆于月吉属其民而读法，大司寇悬象刑之法于象魏，使万民观之知所向。"方今国家酌定律例，委曲详明，昭示兵民，俾各凛成宪，远于罪戾，意甚厚也。圣祖仁皇帝深仁厚泽于兆民，而于刑罚尤倦倦致意。朕临御以来，体好生之德，施钦恤之恩，屡颁赦款，详审爱书，庶几大化翔洽，刑期无刑。又念尔为民者生长草野，习于颛蒙，为兵者身隶戎行，易逞强悍；每至误触王章，重干宪典，因之特申训诫，警醒愚顽。尔等幸际升平，休养生息，均宜循分守礼，以优游于化日舒长之世，平居将颁行法律条分缕析，讲明意义，见法知惧，观律怀刑。如知不孝不弟之律，自不敢为蔑伦乱纪之行；知斗殴攘夺之律，自不敢逞嚣凌强暴之气；知奸淫盗窃之律，自有以遏其邪僻之心；知越诉诬告之律，自有以革其健讼之习。盖法律千条万绪，不过准情度理。天理人情，心所同具。心存于情理之中，身必不陷于法律之内。且尔兵民性纵愚顽，或不能通晓理义，未必不爱惜身家。试思一蹈法网，百苦备尝，与其宛转呼号，思避罪于箠楚之下，何如淡心滌虑，早悔过于清夜之间？与其倾资荡产求减毫末而国法究不能逃，何如改恶迁善，不犯科条而身家可以长保？倘不自警省，偶罹于法，上辱父母，下累妻孥，乡党不我容，宗族不我齿，即或邀恩俸免而身败行亏，已不足比于人，数追悔前非，岂不晚哉！朕闻居家之道，为善最乐；保身之策，安分为先。勿以恶小可为，有一恶即有一法相治；勿以罪轻可玩，有一罪即有一律以惩。惟时时以三尺自凛，人人以五刑相规，惧法自不犯法，畏刑自可免刑，匪僻潜消，争竞不作。愚者尽化为智，顽者悉变为良，民乐田畴，兵安营伍，用臻刑措之治不难矣。❶

古代帝王以圣谕形式阐述了法律的目的及其重要性，告诫人们要知法、守法。在这个背景下，梵净山民族地区传统族规家训中也增加了许多法律内容。首先，从其条目看，有些族规家训直接用遵守法律之类的词语作为该条目的

---

❶《圣谕广训》，见夏家善：《帝王家训》，天津古籍出版社2017年，第214页。

名称。如印江杨氏家训中有"讲明法律"条❶、印江喻氏家训中有"遵法纪"条❷、沿河李氏家训中有"谨守礼法"条❸，等等。这些族规家训直接以遵法守法为名，让人一见其纲即明其意，对于教育族人行事守法能够起到直接的效果。其次，有些族规家训虽然在其条款纲目中没有体现教人守法的字眼，但是其族规家训条款内容中又的确包含有一定的教人遵法守法的内容。如万山杨氏次房滔裔的六言家训中就明确教育子孙要"国家法纪钦尊"❹，其七房岩裔在其族训中也教育族众"人必守王法，王法不容情"❺，万山吴氏在其祖训中教育子孙要"安分守法"❻，沿河高氏在其家谕中则告诫子孙"王法不可不知"❼，沿河李氏在其家训十则中严厉告诫子弟"勿强暴酒色，勿过贪及，一切犯法之事，断不可为"❽，沿河唐氏通过其家训教导子孙"王章勿犯"❾，松桃戴氏也教导子孙"国宪谨遵"❿。诸如这些族规家训内容都是旨在教育族中子弟做人行事要遵法守法。最后，有些家族甚至直接将帝王圣谕中主张遵守法律的条款当作本家族的族规家训来教人行事守法，以增强其权威性。如印江石氏、万山蒲氏、万山杨氏楚高公支系等就在其族谱中将清康熙《圣谕十六条》中的"讲法律以儆愚顽"条当作其族规家训条款教育子孙⓫，更有如碧江和万山的刘氏不仅将"讲法律以儆愚顽"的帝训当作族规家训，而且连同雍正《圣谕广训》中对其作的注解一并放于族谱卷首，更加体现该家族对行事守法教育重要性的认识。

在传统社会，法有国法与家法之别。国法是由国家政府层面颁行的由全国

---

❶ 印江杨氏修谱理事会：《杨氏族谱·杨再西氏族通志》，内部资料，2005年，第1028页。
❷ 李锦伟：《贵州梵净山区域族规家训资料汇编》，东北师范大学出版社2020年，第36页。
❸ 李锦伟：《贵州梵净山区域族规家训资料汇编》，东北师范大学出版社2020年，第39页。
❹《杨再思氏族通志》编辑部：《杨再思氏族通志（第二卷）》，内部资料，2006年，第183页。
❺《杨再思氏族通志》编辑部：《杨再思氏族通志（第二卷）》，内部资料，2006年，第634页。
❻ 吴让松：《吴世万氏族统谱》，内部资料，2006年，第118页。
❼ 李锦伟：《贵州梵净山区域族规家训资料汇编》，东北师范大学出版社2020年，第126页。
❽ 李锦伟：《贵州梵净山区域族规家训资料汇编》，东北师范大学出版社2020年，第40页。
❾ 李锦伟：《贵州梵净山区域族规家训资料汇编》，东北师范大学出版社2020年，第42页。
❿ 李锦伟：《贵州梵净山区域族规家训资料汇编》，东北师范大学出版社2020年，第27页。
⓫ 参见印江《石氏族谱》、万山《蒲氏族谱》、万山《杨氏族谱·楚高公支谱》和碧江瓦屋《刘氏宗谱》。

人民普遍遵守的法律,家法当然就是由各个家庭或家族内部制定的要求家庭成员共同遵行的系列规则。二者虽然有所区别,但是其联系也非常紧密,主要表现为家法不仅是国法的重要补充,而且还包含有一定的国法在内。这里探讨的教育人们行事要守法中的"法",既指国法,也包含家法。如果说上述有关的守法教育主要是针对遵守国法而言,那么梵净山民族地区传统族规家训中有关遵守家法的教育内容就更多。一方面是因为族规家训本身就有家法之名,在家族内部起着一定的法律作用。有学者指出,族谱中的"谱禁、宗规、祠规、族规、族约、族训、家范、家训等条款,其实是家族内部必须遵守的法律条文,起着维系某种社会秩序的作用"❶。尤其是其中的族规族禁,实际就是一个家族制定的约束家族成员的各种规定,作为家法的族规族禁的制定目的就在于教育子弟遵守家族的各种规定,不能逾越。从这个意义上看,几乎所有的族规族禁都可以当家族法律看待。如松桃冉氏就制定有族禁六条:禁当差、禁为匪、禁入会、禁从教、禁出家、禁自贱。❷这些族禁在某种程度上起到了一定的法律作用。所以,制定和颁布族规族禁,就是旨在教育族中子弟为人处世方面要遵从这些家族规定,服从这些家族法则。另一方面,从族规的具体内容看,大多族规都是告诫族人不要沾染一些恶习;否则,不仅有违家规,严重者更会触犯国法。如石阡梁氏家训十则中说:"习俗之坏人子弟,事不一端。其显者则嫖也、赌也、酒也、烟也,而近年尤有入会、结盟等恶习也。江湖无赖随处煽诱,年轻子弟每为所牵。轻则有玷行为,重则显干法纪,其祸不可胜言。"❸石阡陈氏家训中也道:"近世,每有笼络人什物、作伪器、造假银,种种弊窦,肆其奸诈在伪造者,自鸣得意,不知一不信,即犯法纪也。"❹诸如这些家族将家规和国法联系在一起,告诫族中子弟要行事慎重,要遵守家规,遵守了家规

---

❶ 曾晓林:《客家谱牒中族规家训的法人类学思考》,《江西社会科学》2007年第4期,第230页。

❷ 李锦伟:《贵州梵净山区域族规家训资料汇编》,东北师范大学出版社2020年,第128-129页。

❸ 李锦伟:《贵州梵净山区域族规家训资料汇编》,东北师范大学出版社2020年,第23-24页。

❹ 李锦伟:《贵州梵净山区域族规家训资料汇编》,东北师范大学出版社2020年,第25-26页。

就是遵守了国法。因此，从这个角度看，这些族规家训实际就是在教育人们要行事守法。

梵净山民族地区的人们不仅注重从正面劝诫，更注重从反面教导子弟要知法守法，即在其族规家训中强调了违反家规和法律的惩罚处理力度及方式，一般为轻则严厉警告并罚以款项，重则族谱除名，不入宗祠。如石阡方氏于清乾隆时期列出了对族众进行劝戒赏罚的十六条宗规，其后特别注明："右列劝戒赏罚一十六则，遵而无犯者，为克家肖于祖宗，降之百祥，犯而不遵者，即为贪人败类，祖宗降之百殃。该伊父兄及明理人，齐集祠中，犯轻则加惩责，犯重则不许入族，法不避亲，如有含糊爱口，与之同罪，在我族内子孙，尚其避殃而趋祥焉。"❶ 其明确了宗族对违反家规之人须视其轻重程度而采取不同的惩罚措施，即"犯轻则加惩责，犯重则不许入族"，并强调"法不避亲"，一视同仁。玉屏洪氏也列有祠规："一族之人，不能皆贤，倘若有子弟行为不端，动于法禁，其父兄弗加管束者，谱除其名，永不许入祠堂，以免连累。"❷ 梵净山民族地区制定的违反法律法规的惩罚方式除了有轻重之别外，也有程序和级别上的差异。一般表现是，对于一些较小的或者是宗族内部可以自行解决的违法现象，就先在本宗族内部运用家法进行惩罚，对于非常严重的或者是宗族内部无法有效解决的违法现象，则送往官府来作惩治。如印江吴氏家规中说："吾族有不孝、不悌，并窝赌、酗酒、打架，以及妄作非为，此即不肖子弟也。看事大小，小则家法处之，大则送官以戒将来。"❸ 沿河王氏在其族谱凡例中也道："族中有不公不法之事，先赴祠堂鸣之，族长会集剖断，明白即回宁家，不许多事。如有不遵约束，不听公处，族长宗官具呈当道衙门，从重治罪，仍罪银修理祠堂，毋得故违。"❹ 碧江瓦屋刘氏在其关于禁止奸淫的家规中同样指出：

---

❶ 方氏族谱编纂委员会：《石阡县方氏谱牒》，内部资料，2013年，第2页。

❷ 民国《玉屏洪氏族谱》，卷之首，《洪氏立祠条规》，内部资料，玉屏新亚印务局代印本，民国三十三年，第42页。

❸ 《贵州印江黔东延陵吴氏宗谱》，《家规五则》，内部资料，印江县档案馆藏，2013年，第354页。

❹ 《王氏万代源流（黔南王氏族谱）》，民国丁丑年抄本，沿河县档案馆藏，第15页。

"奸淫一事，败坏门风，寔甚何也。淫人妻女，妻女淫人，报复之道，分毫不爽。同寨各支中如有荒淫若此者，始以家法惩之，后仍公同呈究。凛之，慎之。"❶可见，许多族规家训明确了惩罚的程序，尤其是强调了如果家族内部的家法达不到约束目的就遣送官府以国法惩处，体现了这些族规家训惩罚力度的威慑性。这些族规家训的法律规范作用不仅针对宗族普通人员，而且适用于族中的执法者。即如果族中有执法者徇私舞弊，滥用权力，违背规则，同样也要受到法律制裁，甚至对其处罚更为严厉。如沿河李氏家戒中有言："人自必原情决断，不惟照破，原被虚实且必惩，扛帮之徒，或强暴不遵议处，又不鸣上，任意横行者，族长户长等即同理事之人禀报颁法惩治，或公长族长凡遇下户与己身之胞兄派弟，及同侄孙辈，因事投经议处，体以亲疏，徇情保护，私受贿赂，颠倒是非，族众察实，除公追辱罚外，另议举名更换……如倘又不务本业子弟，从匪赌博，户族长及父兄不时训诫加察，若其中或被同类窝赌，察获时带赴本处祖堂，重责外并究父兄之教不先，议罚修公，如父兄畏知而不举，而户族长徇情宽纵，或被旁人捕获到官，族长即将家长一例禀究，抑或外人因仇攀扯无事子弟徇情，察实又当公议。"❷思南邵氏族训中也讲："如有不肖族人，嚇诈取人财物、毁人家产者，甚至有威逼人命，皆非吾族子孙。为令受害之人执此条约，赴公治罪。倘有宗官、不法族人，多事从中磕索他人银钱，罪加二等。"❸可见，作为家法执行者的族长、家长等，同样要接受族规家训的约束。这些反面的惩罚与正面的劝告一样，起到了很好的守法教育效果，甚至比正面说教更具警醒作用，它们共同构成了梵净山民族地区传统族规家训行事守法教育的基本内容和基本形式。

上文分别从做人谦忍、为官清廉和行事守法三方面考察了梵净山民族地区传统族规家训的处世规则。这些处世规则反映了该地区人们追求的为人处世之

---

❶《刘氏宗谱（三）》，内部资料，1985年重修本，第17页。
❷李锦伟：《贵州梵净山区域族规家训资料汇编》，东北师范大学出版社2020年，第125-126页。
❸《黔东邵氏族谱》，《族训》，清同治八年。

道，展现了深厚的中华优秀传统文化，有利于规范人们的行为，推动社会和谐发展。

三、社会责任

社会责任是指在社会生活中对国家或社会，以及他人所应当承担的一定的使命、职责、义务。人既然是社会人，就应当承担一定的社会责任。因此，中华传统文化中体现社会责任的教育内容非常普遍，如"先天下之忧而忧，后天下之乐而乐"就是重在劝导后人要树立强烈的社会责任意识。作为中华传统文化的重要构成之一，传统族规家训中不乏教人承担一定社会责任的内容，正如学者指出，中国传统的族规家训阐述了"对自己和家庭的责任、对他人和集体的责任、对社会和国家的责任、对未来和自然的责任"❶。以下从早完国课、和睦乡邻、保卫国家和爱护环境四个层面管窥梵净山民族地区传统族规家训中有关社会责任教育之概貌。

1. 早完国课

国课就是国家税收，即指一个国家"为实现其职能，凭借政治权力，按照法律预定的标准，强制、无偿地向其管辖范围内的各类纳税人，征收实物或货币而形成的特定分配关系"❷。国家税收是国家财政的主要收入形式和来源，具有维护国家政权的作用。及时缴纳国家税收、尽早缴纳国家税收不仅是一个国家的财政、经济、监督等职能得以发挥的重要保障，也是维持国家机器正常运转、促进社会稳定的重要条件。因此，早完国课不仅是纳税人应尽的义务，更体现了人们肩负的社会责任，必然成为上至帝王下至普通家庭和百姓实施教化的重要内容之一。如清康熙九年（1670年）颁布的"上谕十六条"中有"完

---

❶ 郑红，王玉娥：《中国传统家训中责任伦理教育的继承与创新》，《重庆第二师范学院学报》2020年第3期，第29—32页。

❷ 肖俊斌：《国家税收》，厦门大学出版社2014年，第1页。

钱粮以省催科"条❶,《朱子家训》中也劝导子孙:"国课早完,即囊橐无余,自得至乐。"❷这些都旨在教育人们要按时甚至尽早缴纳国课。受这些帝训或传统家训的影响,梵净山民族地区的人们非常重视及时缴纳国课的教育,并将这些教育内容编写入其传统族规家训条款当中。

鉴于缴纳国课本身就是人们承担的义务和社会责任,梵净山民族地区的人们往往通过族规家训告诫子孙要主动完纳国课。如万山吴氏在其祖训中劝导子孙"毋缓国课"❸,沿河张氏也在其规训中要求子孙:"钱粮国梁,利国利民,我田我粮,主动交清。"❹甚至有些家庭将早完国课作为良民和忠君爱国的重要体现。如石阡方氏在其宗规中教导子孙"不欠官租便是孝子,亦不失为良民"❺;石阡陈氏在其家训中告诫子孙"皇粮不拖欠","即忠民也";松桃戴氏在其家训中也告诫子弟"国课早完","斯忠诚乃尽也";❼万山杨氏三房修裔在其广训中教导子孙要"完粮税以示爱国"❽。当然,许多家族为了凸显国课完纳的重要性,直接以早完国课作为其族规家训的条款标题。如碧江万氏族规中有"急赋税"条、沿河唐氏家规中有"早完国课"条、沿河黎氏家训中有"输国税"条、石阡方氏宗规中有"国课必先"条,等等。这些族规家训条款直接以完纳国课为标题,既醒目又显其重要性,在对子孙进行国课输纳教育方面起到了很好的作用。

梵净山民族地区的人们认识到国课既然在国家经济生活和政治社会发展中如此重要,就不仅要按时缴纳国课,而且还要尽早完纳。如沿河黎氏家训中讲道:"夏税秋粮乃国家重务,故每年粮差,务依期早输,庶上免官司之忧,下

---

❶ 马齐等:《清圣祖实录》卷三四,中华书局1985年,第461页。
❷ 朱柏庐:《朱子家训》,延边大学出版社2002年,第4页。
❸ 吴让松:《吴世万氏族统谱》,内部资料,2006年,第118页。
❹ 张献荣等:《张氏源流史》,内部资料,2003年,第12页。
❺ 方氏族谱编纂委员会:《石阡县方氏谱牒》,内部资料,2013年,第2页。
❻ 李锦伟:《贵州梵净山区域族规家训资料汇编》,东北师范大学出版社2020年,第25页。
❼ 李锦伟:《贵州梵净山区域族规家训资料选编》,东北师范大学出版社2020年,第27页。
❽《杨再思氏族通志》编辑部:《杨再思氏族通志(第二卷)》,内部资料,2006年,第506页。

称良善之家。"[1]沿河唐氏在其家训中也劝告族人要"国课早完"。至于纳输国课的时间，许多家族也有要求，一般主张在秋收后，即农历九、十月份为佳。如石阡方氏在其宗规中说："祖宗以国课为先。凡我后人，每于岁之九、十两月，务须早行筹办，照册完纳。"[2]石阡县楼上村周易作的《示完纳》诗中道："近来式例紧催科，莫把钱粮等若何。秋尾冬头忙赴纳，梅花春酒乐几多。"[3]诗中提到的完纳钱粮的时间为"秋尾冬头"，也是指农历九、十月份。倘若拖到年底还未完纳，许多族规家训规定要给当事人以一定惩罚。如玉屏洪氏在其立祠条规中告诫道："至应纳钱粮，开征日，即扫数完纳，如迟至十二月尚未全完，将首事人罚钱五百文，以示薄惩。"[4]沿河唐氏在其家规中也说："往往见匿粮拖粮之辈，差役频催，置若罔闻，又有一等附粮之人，图些小之便，请人代完，只想他不负所托。岂料他暗地扯欠，迨至违限追比，势必重纳。嗟嗟，爱便宜人失便宜，吝小费反去重费，孰使之乎？吾族每岁粮饷正供，预先营办，不待催征，届期亲身完纳，取领收票为凭，毋欺隐拖欠，自干坐罪。"[5]碧江万氏在其族规中更进一步讲道："践土食毛，自应输赋；急公好义，岂许逋粮。况国家惟正之供，按季征收，如额而止，先后不免。何苦延挨观望，伺候公庭，自取鞭扑耶？凡吾族于本户地丁漕粮各项，须依期投纳。即近年筹饷捐输，亦朝廷万不得已之举，亦不可逾延拖欠。庶催科不扰，门户宴如，岂非乐事？至佃田耕种，亦宜早纳年租。荒歉求减，必须情理相商。族中宜交相劝导，谕以急公。此所谓国课早完，自得至于乐者也。"[6]这些族规家训均明确说明纳输国课为国民之应尽义务，需要人们及时输纳，不能拖欠，如此即能自得于乐，否则会导致催科扰攘、官司上身的后果。由此可知，人们之所以不断劝导早完国课，除了认识到国课在人们社会生活和国家政治发展中的重要作用之

---

[1] 李锦伟：《贵州梵净山区域族规家训资料选编》，东北师范大学出版社2020年，第46页。
[2] 方氏族谱编纂委员会：《石阡县方氏谱牒》，内部资料，2013年，第2页。
[3] 转引自周政文：《朦朦楼上》，光明日报出版社2019年，第213页。
[4] 《玉屏洪氏族谱》卷之首，内部资料，玉屏新亚印务局代印本，民国三十三年，第41页。
[5] 李锦伟：《贵州梵净山区域族规家训资料选编》，东北师范大学出版社2020年，第80页。
[6] 万氏族谱编委会：《贵州铜仁万氏族谱》，内部资料，2010年，第39页。

外，也有出于官府到门催科扰家之担心。如玉屏洪氏尔昌公在其遗嘱中告诫子孙说："至于钱粮，早早完纳，以免官府催科。"❶ 印江戴氏在其修谱凡例中也写道："凡族中列在四民者，每岁钱粮宜早完足，无使公差到门催租扰攘。"❷ 万山姚氏在其家法教戒中也曰："赋税完官，差不扰家，安人乐自，长保富贵于子孙矣。"❸

完纳国课是传统社会中人们应尽的责任。以族规家训形式教育子孙后代要及时完纳国课，体现了梵净山民族地区人民强烈的社会责任感，对于维护国家和社会的稳定起到了一定的作用。

2. 和睦乡邻

和睦乡邻指的是乡下邻里之间和睦相处。中国人自古以来就形成了内涵丰富的"和合"思想，一直非常重视"和文化"。表示和顺、和睦、和谐、和缓、和平、温和等意思的"和文化"是中华传统文化的重要内容。家庭内部成员之间要讲究"和"，社会成员之间同样也要以"和"相待，尤其在传统的乡土社会中，乡邻之间更应该和睦相处。乡邻之间和睦相处是衡量乡村秩序稳定和社会和谐的重要标尺，因此一定意义上看，和睦乡邻也是一种社会责任的体现。这就决定了中国人对和睦乡邻的教育非常重视。如宋苏洵《安乐铭》中说："入则孝顺父母，出则和睦乡邻。"❹ 其反映了和睦乡邻在社会发展中的重要地位，也说明传统家庭非常注重对子孙后代进行和睦乡邻的教育。

和睦乡邻作为一种社会责任和社会美德，历来受到梵净山民族地区人们的重视，并且被当作重要的条款编入其族规家训中以教育子孙后代。综观梵净山民族地区的族规家训，大多含有和睦乡邻的条款，如印江吴氏族训中有"和睦乡里"条、万山杨氏楚高公支系家训中有"和睦乡邻"条、碧江万氏族规中有"和相邻"条、玉屏张氏族规训导里有"睦邻里"条、万山杨氏长房隆裔家法

---

❶《玉屏洪氏族谱》，卷之首，玉屏新亚印务局代印本，民国三十三年，第48页。
❷ 戴氏长房族谱编委会：《贵州省印江自治县戴氏长房族谱》，内部资料，2014年，第91页。
❸ 姚茂钦：《姚氏族谱》，卷二《教戒家法规条》，内部资料，1999年，第42页。
❹ 苏洵：《安乐铭》，上海书局，清光绪二十一年。

条规中有"和睦乡里"条，等等。该地区人们通过其族规家训，教导后代子孙要和睦乡邻。如印江徐氏在其族风词中要求族中子弟"敬友睦邻"[1]；印江杨氏在其家训中教育子孙要"和睦乡邻""瞻老爱幼，救孤扶贫"；[2] 沿河萧氏在其家训中也告诫子孙要"敬老慈幼，和睦乡邻"[3]；沿河鲁氏在其家训中要求子孙"从善为乐，和睦乡邻，施惠无念，受恩铭心"[4]；万山吴氏在其族训歌中教导子孙要"敬老爱幼传美德，和邻睦族认乡亲"[5]；沿河周氏孝感宗支在其祖训中也告诫子孙须"为邻和睦相处，不可惹是生非"[6]；江口张氏则在其族规家训中要求子弟做到"睦宗族，厚邻里"[7]。类似这些教育子孙后代要和睦乡邻的族规家训还有很多，此不赘举。另外，梵净山民族地区传统族规家训要求和睦宗族的条款更多，因为传统社会中的乡邻多由同一宗族构成，正如万山杨氏长房隆裔在其家法条规中所指出："父兄宗族，而比邻共井，都是乡里，居乡之道，有善则相劝，有过则相规，出入相友，守望相助，疾病相扶持，庆唁相及，斯和睦也。"[8] 因此，和睦宗族一定程度上就等同于和睦乡邻。从这个意义上看，族规家训中有关和睦宗族的条款基本也可算作和睦乡邻的条款。

和睦乡邻的目的是使乡邻之间和睦相处、氛围融洽，如此才能够形成团结一致、兴旺发达、社会和谐的局面。有些族规家训对此也有所阐述，如万山杨氏三房修裔在其广训十八条中就明确指出："睦各族以利团结。"[9] 松桃龙氏

---

[1] 印江县徐家寨彦武后裔族谱续修理事会：《徐氏族谱》，内部资料，2016年，第544页。
[2] 印江杨氏修谱理事会：《杨氏族谱·杨再西氏族通志》，内部资料，2005年，第1028页。
[3] 萧安武：《兰陵黔沿萧氏族谱》，内部资料，2000年，第27页。
[4] 鲁道江：《鲁氏族谱》，内部资料，2013年，第15页。
[5] 吴让松：《吴世万氏族统谱》，内部资料，2006年，第118页。
[6] 沿河周氏孝感宗支族谱编纂委员会：《沿河周氏孝感宗支族谱》，内部资料，2015年，第4页。
[7] 松江秀德张氏统宗谱编委会：《张氏统族谱》（第一卷），内部资料，1995年，第21页。
[8] 《杨再思氏族通志》编辑部：《杨再思氏族通志（第二卷）》，内部资料，2006年，第85页。
[9] 同上，第506页。

在其族规中也说:"宗族和睦相处,才能兴旺发达。"❶可见,和睦乡邻的目的非常明确,其作用也非常突出。那么,如何做到和睦乡邻呢?这是许多族规家训中重点阐述的内容,如教育子孙与乡邻之间相处时要做到团结友爱、互帮互助、济弱扶倾、行善积德等。万山杨氏楚高公支系在其"和睦乡邻"的家训中说:"人生在世,仁义千金;日常相望,友爱乡邻;事关大小,和睦敬尊;扶危济困,竭尽心力。"❷印江吴氏在其"和睦乡里"的族训中也说:"同村共井相见,比邻朝往暮来,相交姻戚乡里,虽不似家庭之亲,亦和睦相尚,故必出入相友,守望相助,疾病相扶,缓急相周,有无相济。若相诈相虞、相倾相轧、势利相投、贫富相欺、强弱相凌、大小相拼、微隙相猜、小忿相仇杀,此惟偷俗,前辈及读书者,相与教戒之。"❸玉屏张氏在其族规中讲:"邻里出门相见,进间接踵比肩。若非前世虔诚修,哪来今世邻里缘!和睦拱手相见,串门递烟沏茶聊天。枘凿忌相煎,休起偷斧嫌;别背后指指点点,免当面起狼烟。谁家无急难处,哪有万事不求人之仙!知晓临门勿相求,出手给力支援。你给邻一帮,邻报你一援;你帮他援,急难变清闲。远水难救火,远亲不如近邻!和得好邻里,胜过捡金银;一户好邻里,胜过一门亲!睦不睦邻里,你自好权衡。"❹该家族以"远亲不如近邻"的说理方式劝导族人要相互帮助,和睦相处。思南安氏条规中有"居乡恕,乡乃睦"❺一条,也是强调如果居乡以仁爱之心待人,就可实现乡邻之间的和睦。碧江万氏族规中的"和乡邻"条说:"岁时款洽,谊笃比邻;患难扶持,世称会里。我先世以忠厚传家,凡属子孙,务必谦虚乐易,与人无争。不得恃血气以凌人,逞奸诈以滋事,徒害邻里,终累身

---

❶佚名撰,龙秀清整理:《(松桃)龙氏志族规》,今藏贵州省松桃苗族自治县民族宗教事务局。见国家民族事务委员会全国少数民族古籍整理研究室:《中国少数民族古籍总目提要(苗族卷)》,中国大百科全书出版社2010年,第30页。

❷杨序凯:《杨氏族谱·楚高公支谱》,内部资料,2015年,第419页。

❸《贵州印江黔东延陵吴氏宗谱》,《族训》,内部资料,印江县档案馆藏,2013年,第353页。

❹《张氏族谱》,内部资料,2012年,第85页。

❺安显才:《思南安氏史志(1111—2005)》,内部资料,2005年,第383页。

家。若有不肖子弟，恃强恃诈，或倚仗族人之势，欺侮乡党者，长辈亟戒责。尤宜念睦任恤之风，实为古道，待人务从乎厚，处世毋涉乎骄。至于修桥、补路、拯溺、救饥、恤寡孤、劝善、教不能诸事，凡有益于桑梓者，量力行之。生长聚族之邦，其亦共有所赖也。"❶其不仅指出乡邻之间要友爱相帮、患难扶持，更强调教育子孙要行善积德。万山杨氏长房隆裔用家训诗劝告族人要积德行："见人困顿无聊日，尽力扶持不到时；济众博施仁者事，庆余是善积来之。"❷其以诗训形式诠释了《周易》"积善之家，必有余庆"❸的教育意义。印江黄氏家训中有专门的"训为善"条："赏读伊训有曰：作善降之百祥，作不善降之百殃。盖至善无恶者，人之性也；福善祸淫者，天之道也。为善则顺之而获福，为恶则逆之而降殃，理之所必然者也。人岂以不为善？今如为善，期如圣贤，虽不万一蹴而至，苟能奋然做儆省惕，若戒励入能孝、出能悌，不昧心负人，不欺心骗人，不忍心害人，刻薄暴戾之行勿为，济人利物之事行之，日积月累，安知善之不已乎！循是而进，圣贤地位亦可驯至，百祥之福有不降自天耶，福纵未降，殃可免。噫！人不可以不为善。余无片善可纪，然存恒存戒，惧不敢为逆。理事见人有争者息之，灾者救之，贫老无依者周之，道之艰涉水之病涉者杜之平之，唯勉强学好而已。昔昭烈戒子曰：勿以善小而不为，勿以恶小而为之。汝父德薄不足效也，尔曹当三复斯戒而敬佩夫伊训之言。"❹石阡楼上的周易在其遗嘱中，通过讲述其祖"救难济急，无善不为"，其父"虽为四邻约首，每捐资以解讼端，常舍己以全恩义，至若修斋念佛，补路修桥，一切常果皆所优为"，以及自己平时多行"补路修桥，布施棺椁"之经历，教育儿子要行善积德，多做好事。❺可见，许多传统族规家训将行善积德当作和睦乡邻的重要途径。

---

❶ 万氏族谱编委会：《贵州铜仁万氏族谱》，内部资料，2010年，第37页。
❷ 《杨再思氏族通志》编辑部：《杨再思氏族通志（第二卷）》，内部资料，2006年，第86页。
❸ 《易》曰：积善之家，必有余庆；不积善之家，必有余殃。此句出自《周易·文言传》。
❹ 李锦伟：《贵州梵净山区域族规家训资料选编》，东北师范大学出版社2020年，第34页。
❺ 《周氏族谱》编委会：《楼上周氏族谱（1493—2008年）》，内部资料，2008年，第15-16页。

传统社会中，许多人认为争端和吃官司是人际不和谐的重要表现，进而认为要做到乡邻和睦，除了要做到守望相助和行善积德外，还需要避免与乡邻之间的纷争。故梵净山民族地区的人们也将"避争讼"当作和睦乡邻方法之一写进族规家训中。如碧江万氏家训中有"毋争讼"条："争讼之事，或起于忿，或起于财。官府好恶不常，吉凶莫测。至有情真遭诬，理直受枉。故君子知进退，懂避让，含忍而不争讼。"❶ 其指出争讼之事吉凶莫测，往往出现有情反遭人诬、有理反受冤枉的后果，因而告诫族众尽量避免争讼。沿河唐氏家训中讲："为人好讼，少吉多凶。与物无争，朝欢暮悦，勿行心下过不去之事，勿存理上讲不来之心，勿恃才学而声价自高，勿恃势力而心田太刻，勿恃富贵而武断乡里，勿逞豪强而欺逼愚蒙。"❷ 甚至有些家族认定争讼的最终结果肯定是于己不利的，因而告诫族人不必争讼。如万山杨氏七房岩裔在其族训中告诫道："人必息争讼，讼者终必凶。"❸ 石阡方氏通过其宗规要求其族人"争讼必戒"："讼则终凶，凡我族中倘有睚眦小失，务须暗自消解，即或事关切要，亦须请亲族明理人对祠理质，切不可争斗与讼，即待外人亦然。"❹ 玉屏洪氏聿麟公在其遗嘱中也告诫子孙："切莫好讼，讼则终凶。"❺ 这里讲的"凶"，往往表现为轻者浪费时间、损失钱财、名誉受损、精神受挫，重者家败身亡。黔东张氏宗谱凡例中讲"争讼，乃亡身败家之事"，故该家族就引《朱子家训》"居家戒争讼，讼则终凶"等语来告诫族人"毋恃强、毋使气，体先人百忍自息"，避免讼端。❻ 也即是说，只有尽量避免争讼，才能更好做到和睦乡邻。正如碧江察院山徐氏家训之"息争讼"条所指出的那样："各房子弟能做到各条懿训，就会减少争讼，如他人不能做到，大家尽力劝解，批评，帮助化除成见，服从

---

❶ 万氏族谱编委会：《贵州铜仁万氏族谱》，内部资料，2010年，第42页。
❷ 《唐氏宗谱》，《唐氏家训》，手抄本，沿河县档案馆藏。
❸ 《杨再思氏族通志》编辑部：《杨再思氏族通志（第二卷）》，内部资料，2006年，第634页。
❹ 方氏族谱编纂委员会：《石阡县方氏谱牒》，内部资料，2013年，第2页。
❺ 《玉屏洪氏族谱》，卷之首，玉屏新亚印务局代印本，民国三十三年，第50页。
❻ 张志忠、张云贵等：《张氏源流史》（第一集），1988年，第9页。

真理，减少争端，致伤和气，不但家族如此，对其他亲友、乡邻也应如此。"❶在如今的法治社会中，以上避免争讼的做法的确是一种消极的处世行为，但是在讲究人情而法律意识相对薄弱的传统乡土社会中，它又确实在一定程度上有利于邻里和睦相处。

追求邻里间和谐相处、守望相助、患难相恤、以和为贵、行善积德等是中华民族的传统美德。梵净山民族地区的人们很好地传承了这些美德，并通过族规家训来教育子孙后代不断弘扬这些美德，体现了梵净山民族地区人们的社会担当意识。

3. 保卫国家

维护国家的安定和领土的完整是国民应尽的责任。"位卑未敢忘忧国""铁马冰河入梦来""不破楼兰终不还""白发一样杀强贼""天下兴亡匹夫有责"等诗句所体现出来的保家卫国精神激励着一代又一代中国人为了社会的安定、国家的富强和民族的复兴而不断努力奋斗。作为一种更高层次的社会责任意识，保卫国家显然已被当作一种重要的教育内容写入许多家族的族规家训当中。

保卫国家的前提是先要做到爱国。因此，梵净山民族地区的人们很重视对子孙进行爱国教育，并在其族规家训中有所体现。如玉屏张氏的族规训导中第一条就说："国家国家，有国才有家，先国后家。国如皮，家似毛，皮不存，毛焉附？皮不健，毛焉乌？国不强，家岂富？国、家之理，我裔孙，不含糊！学先烈：国召即应，国需献身！爱祖国，甚爱命！天长地久，日月星辰！"❷其从家国一体的关系出发教育子孙要像爱护自己的生命一样热爱祖国。德江文氏一直传承其先祖文天祥"人生自古谁无死，留取丹心照汗青"的民族精神，教育子孙要"爱国爱家，恪守赤诚"❸。松桃头京的谭氏制定有"爱国"的家训：

---

❶ 徐世汪：《铜仁徐福传人》，内部资料，1999年，第4页。
❷ 《张氏族谱》，内部资料，2012年，第84页。
❸ 《文惠家谱》，内部资料，2008年，第8页。

"安身立命，不求惊世骇俗之举，定要心系国之兴衰，胸怀报国之志，为官需重民生，清廉淡泊，心存君国，不计个人得失，践行国之方略。为民为国，当鞠躬尽瘁。"❶沿河唐氏在其家训中也教育子孙道："为宦心存君国，可谓孝子贤孙。"❷其把"心存君国"的爱国之举当作孝子贤孙的重要评价标准，足见该家族对爱国教育的重视。印江徐氏则教育子孙要"爱国爱民，精忠至诚"❸。这反映了忠诚是爱国的一种基本态度，即要爱国就要对国家绝对忠诚。因此，忠诚教育又是族规家训中有关爱国教育的重要内容。梵净山民族地区的人们教育子孙要忠于国家的族规家训内容较为普遍。如思南安氏有"忠"字词的祖训曰："忠，忠，尽瘁鞠躬。医国乎，治日工。安上全下，戡乱秉公。时存伊尹志，常慕周公风。托孤寄命无忝，安邦定国奏功。无为而治法禹舜，喜起明良事以忠。"❹万山蒲氏家训中说："国以民为本，民以国为家，民与国相倚而为生活者也。国无民不立，民无国不存。民忠于国，犹子孝于亲也。凡我国民敢不忠于国哉？"❺印江喻氏也告诫子孙"若有志上进，须以忠君爱国为念，方不负先人数代忠贞"❻。玉屏洪氏将忠诚为国作为一种基本德行教育子孙，特作有关"忠"的诗训曰："忠如一点常常存，遇合有期朝至尊。国可治焉民可泽，流芳百代不须论。"❼教育族人要心存忠诚，方可治国泽民。

保卫国家除了要做到忠诚爱国之外，也要做到忠勇报国。为此，梵净山民族地区的族规家训中也有一些教育子孙忠勇报国的内容。如印江王氏通过其祖训教育子孙要"忠勇报国，追求奉献，建功立绩"❽。玉屏杨氏在其族规中要求族众"秉承先祖以'忠勇为国'的优良传统"❾。该地区许多家族是在中央王朝

---

❶《谭氏族谱》，《家训》。
❷《唐氏宗谱》，《唐氏家训》，手抄本，沿河县档案馆藏。
❸印江县徐家寨彦武后裔族谱续修理事会：《徐氏族谱》，内部资料，2016年，第544页。
❹安显才：《思南安氏史志（1111—2005）》，内部资料，2005年，第71页。
❺蒲氏族谱编委会：《蒲氏族谱（分卷）》，内部资料，2014年，第100页。
❻李锦伟：《贵州梵净山区域族规家训资料选编》，东北师范大学出版社2020年，第35页。
❼《玉屏洪氏族谱》，卷之首，玉屏新亚印务局代印本，民国三十三年，第6页。
❽三槐堂印江分堂族委会：《王氏三槐堂印江分堂谱》，内部资料，2016年，第280页。
❾《杨氏族谱·昌申公支谱（四知堂）》，《族规十二条》，内部资料，1993年。

对西南地区的开疆拓土发展起来的。这些家族多因效忠中央和征伐有功而受到朝廷封赏，甚至部分大家族还成为一方土司，地位显赫。如早在隋唐时期，田宗显就率张、杨、安、邵、李、何、冉、谢、朱、覃"十大姓"出征入黔，这些"大姓"子孙后来在梵净山民族地区繁衍生息。梵净山民族地区的族规家训发展起来后，当地许多大家族往往会在其族规家训中追述先祖忠勇征战、报效国家的英雄事迹来激励后世子孙向先祖学习，忠勇报国。如田儒铭在续修《黔南田氏宗谱》时作了一篇谱序，追述了其先祖"少师公"田祐恭的"文经武纬"，强调"为子则思忠"，并讲述自己"奋袂戎行、力持忠义"，"平蛮剪虏、鼎定滇黔"的经历和功绩，教育子孙要"步武前贤"，忠勇报国。❶黔东安氏、张氏、邵氏、刘氏等大家族在修谱时同样在其谱序中追述先祖的丰功伟绩，要求子孙后代继承这种"武功"，"尽瘁报国"。为中央王朝开疆拓土、英勇征战是忠勇报国的体现，维护地方社会的稳定显然也是一种报国之举。如在清同治年间，黔东大地发生大规模的号军起义，严重威胁地方社会安全，当时在朝廷为官的石阡楼上人周大珍用计平定了义军，一定程度稳定了地方社会秩序，朝廷特意为其颁了一块"义卫乡邦"的牌匾以示奖励和激励。后来，该家族将"义卫乡邦"的牌匾一直挂于宗祠大厅，以此教育族中子弟向先辈学习，忠勇卫邦。可见，该家族已经将"义卫乡邦"的忠诚报国教育当作其族规家训的重要内容。

要保卫国家，最直接的做法是入伍参军。因此，号召人们参军入伍以保家卫国也成为一些族规家训的内容。这种族规家训在国家有难、民族危亡时表现更为突出，特别是在民国时期，国家遭受外族入侵，当兵入伍以卫祖国成为时代急需，为此国家号召国民应尽当兵义务。这种背景下，梵净山民族地区许多家族纷纷响应国家号召，劝勉族中子弟应征入伍，保家卫国。碧江洋塘谢氏在抗日战争时期的家训首条就是"服兵役"："当兵义务，国民应尽，刻值国难，

---

❶《黔南田氏宗谱》，《宣抚公续谱原序》，乾隆五年刻本。

尤属紧急，父宜勉子，妻须劝夫，踊跃出征，切勿规避。"❶其要求族中子弟于国难之时积极响应国家号召，应尽当兵义务，踊跃出征，保家卫国。同时，将该条家训放在第一条的位置，足见该家族对子弟进行保家卫国教育之重视程度。同样，玉屏张氏在1943年修订的族谱之《家规小引》中也将"赴国难"作为第一条，反映该家族非常重视对子弟进行参军卫国的教育。万山杨氏三房修裔在其家训中要求族中子弟"应征召以卫祖国"❷；万山吴氏在其族训歌中要求子弟"听从召唤服兵役，保卫祖国去戍边"❸；沿河张氏在其规训中也指出："国家安危，匹夫有责，从戎参军，奋扬先烈。"❹诸如这些家族都将参军入伍作为应尽义务，劝导族中子弟积极参军，以卫祖国。可见，梵净山民族地区的人们将保卫国家视为民族之大义，应尽之责任。

教育后人保卫国家、忠勇卫国、忧国恤民等内容是梵净山民族地区族规家训中的重要内容，是该地区人们民族精神的重要体现，反映了梵净山民族地区的人们具有报国为民的社会责任意识。

4. 爱护环境

自然环境与人类生活息息相关。中国自古形成了"天人合一"的理念，蕴含了人类要爱护自然、爱护环境的社会责任意识。也就是说，中国传统文化包含了强烈的生态意识❺，儒家的"仁爱万物"、道家的"道法自然"、墨家的"兼爱节用"、释家的"戒杀护生"等思想都强调人与自然的和谐关系，体现了丰富的以爱护环境为目的的生态环保理念。这种爱护环境的生态意识影响了我国传统族规家训的发展，使其具备"爱护万物生灵""爱护居住环境""生态环

---

❶《铜仁洋塘谢氏家谱》，卷二《史志门》，内部资料，2012年，第23页。
❷《杨再思氏族通志》编辑部：《杨再思氏族通志（第二卷）》，内部资料，2006年，第506页。
❸吴让松：《吴世万族统谱》，内部资料，2006年，第118页。
❹张献荣等：《张氏源流史》，内部资料，2003年，第12页。
❺叶朗：《中国传统文化中的生态意识》，《北京大学学报（哲学社会科学版）》2008年第1期，第11-13页。

保护""惜物节用"等观念。❶宋代陆游在《放翁家训》中告诫子孙对大自然的任何生灵都不能妄加残害，袁采在《世范·治家》中提到保护水源、种植以时和量入节用等思想。❷

梵净山民族地区本为多山之区，山林资源在当地人们经济生活中的地位特别重要，禁止乱砍乱伐、保护山林资源、维持林业资源的可持续发展成为当地人们努力追求的目标，并被写入一些规约当中。如江口县太平乡于清道光年间竖立了《梵净山禁砍山林碑》，包含碑刻两通：一为"勒石垂碑"，其上记载有"严禁采伐山林，开窑烧炭"的内容；二为"名播万年碑"，其上亦云："灵山重地，严禁伐木掘窑。"❸思南县长坝苗族土家族乡丁家山村立有一块由该村村民于清道光二十一年（1841年）公立的旨在保护山林的《亘古千秋》碑，记"立碑禁戒偷砍柴林、桐桊、料木等项"，"如有捕获偷砍者，将刀、物执出"，奖"捕刀钱一百二十文"。❹松桃县蓼皋镇的兴凉村于清宣统年间竖立的《万代流芳》碑上也记载："该处地方山多田少、地瘠民贫，全赖桐茶、杂粮、一切料树、柴草以为谋生之计。近有无业滥痞，入山估砍偷伐，肆无忌惮。一经拿获，反敢统众图骗，动辄逞凶。禀恳赏示，刊碑永禁，期垂久远，等情前来出批示外，合行给示永禁。为此示仰：该地诸色人等，一体料树、柴草，不准估砍偷伐。倘敢不遵，一经查确，许即指名具禀，以凭提案严究。"❺可见，当地人们对山林资源的保护意识非常强烈，以致许多家族将其作为社会责任的一部分写入族规家训，教育儿孙遵循不悖。笔者曾对清代梵净山民族地区传统族规家训碑刻中的生态教育思想进行过一定研究，发现该地区族规家训碑刻中的

---

❶ 王长金：《传统家训的环境伦理教育》，《北京林业大学学报（社会科学版）》2005年第2期，第22-25页。

❷ 包东坡：《中国历代名人家训精萃》，安徽文艺出版社2000年，第152-157、172-177页。

❸ 章海荣：《梵净山神——黔东北民间信仰与梵净山区生态》，贵州人民出版社1997年，第2-3页。

❹ 铜仁地区通志编纂委员会：《铜仁地区通志》，卷五《文化》，方志出版社2015年，第3107页。

❺ 铜仁市民族古籍古物办公室：《铜仁市民族古籍文献资料选编·铭刻卷》，内部资料，2012年，第213页。

生态教育思想主要体现于山林资源保护、土地资源和水资源的合理利用等方面，尤其以山林资源保护为内容的碑刻数量最多。❶这些保护山林资源之举实为爱护环境的重要体现。如印江县新寨乡汪家沟的汪氏家族为了教育族人保护山林资源，爱护周边环境，特意于清光绪年间竖立一通《护林碑》，其上记载："嗣后割柴草者，只准在外割野草，毋得盗窃树木"，"许各牌乡民等，指名扭禀，以凭惩究"。❷其明确规定族人不准进入山林"盗窃树木"，并号召百姓共同监督，以此杜绝盗砍树木情况的发生，保护环境之教育意义非常明显。思南县长坝乡冯家山的冯氏于清道光年间竖立的《管理山林碑》也记载："众族老幼等公议，立碑禁戒偷砍柴林、桐槔、料木等项。"❸碧江万氏在其祠规中也针对该地"间有偷坟林竹木柴笋桑柘"等情形，主张"量赃轻重责罚"❹，以此告诫族人严禁窃盗山林之行为。除了不准偷砍如桐槔、油茶、料树、竹木等与人们的经济生活密切相关的经济林外，梵净山民族地区的人们在其族规家训中也禁止族人砍伐具有深厚历史底蕴的古树。如思南县杨家坳苗族土家族乡干家山村的干姓，于清咸丰四年（1854年）公立有一块旨在禁止砍伐古树的《神畏祖法》碑，该碑记清咸丰三年（1853年），有人将寨内古树"窃售吴姓，裁价一千二百文"，"于是公议，将庙会之钱，捐偿吴姓"，将树赎回，"并与族人约，务须父戒其子，兄勉其弟，协力同心，互相保守"树木事。❺沿河孙氏在其族规中也规定，对孙家坝村的"一把伞""檬子树"，化杆树村的"神树""化杆树"，土子溪村的"大枫树"等有着几百年以上树龄的古树都要倍加

---

❶ 李锦伟：《清代梵净山民族地区族规家训碑刻中的生态教育思想》，《和田师范专科学校学报》2020年第6期，第85—88页。

❷ 铜仁地区文化局 铜仁地区文管会：《铜仁地区文物志》，内部资料，1996年，第159—160页。

❸ 铜仁市民族古籍古物办公室：《铜仁市民族古籍文献资料选编·铭刻卷》，内部资料，2012年，第85页。

❹ 万氏族谱编委会：《贵州铜仁万氏族谱》，内部资料，2010年，第40页。

❺ 铜仁地区通志编纂委员会：《铜仁地区通志》，卷五《文化》，方志出版社2015年，第3108页。

保护。❶ 又因梵净山民族地区人们的风水观念较为盛行，故许多家族也很重视风水林的保护。如沿河唐氏在其族谱的三字经族规中教导子孙要"保风水、护山林"❷。沿河贾氏族规也规定："凡我族子孙，要爱护名胜古迹，不要破坏风水。"❸ 有些家族为了增加风水林的保护力度和效果，除了教育族中子孙不能乱砍风水林外，还专门针对违背此规定的行为予以重罚以惩戒。如清光绪二十一年（1895年），思南安氏制定有族规："砍伐风树者跪"，"对'三教寺'诸杂树木概属风水，不准乱砍，违者罚二千文"。❹ 该族规通过或罚跪或罚钱的惩治措施来严禁族中子弟砍伐风水树，起到了较好的教育警示作用。印江秦氏也通过其"族谱凡例"教育子孙："祖茔坟山树、龙脉后山林、村寨风水树，均列族规封蓄，实行犒祭，严禁砍伐、开挖等破坏环境行为，违者处以犒祭等重罚。"❺ 梵净山民族地区的人们在其族规家训中教育人们要保护风水树和古树神树，虽然主观上带有一定的封建迷信色彩，但是客观上起到了较好的保护山林资源的作用，蕴含了爱护环境的社会责任意识。

除了严禁乱砍山林外，梵净山民族地区的族规家训中还有保护生产生活用水的内容，也是当地人们合理利用水资源和爱护环境的重要体现。受区位和地形等因素的影响，梵净山地区大多村寨中的生产生活用水依赖山中的泉水。许多村寨的村民会在寨子附近寻找一合适位置的泉眼，就地掘井蓄水，并且往往会依山势修建三四个高低不一而上下相接的水池，各个水池的功能当然也有区分。如松桃县盘信镇老屋场村于清光绪年间竖立的《供井禁碑》云："老屋场首士率众重修，头井甘饮，二泉净菜，三池洗衣，四塘濯纱，清浊攸分，故违法敬。"❻ 其明确规定了该井上下四层不同的功能，即离泉眼最近的最上层是供

---

❶ 孙天忠等：《孙氏家谱》，内部资料，1992年，第7页。
❷ 《唐氏族谱》，内部资料，2015年，第22页。
❸ 《贾氏族谱》编写组：《南客山贾氏族谱》，内部资料，2015年，第6页。
❹ 安显才：《思南安氏史志》（1111—2005），内部资料，2005年，第382页。
❺ 秦氏宗谱应德祖七百度支系修订委员会：《秦氏宗谱》，《凡例》，2007年。
❻ 铜仁市民族古籍古物办公室：《铜仁市民族古籍文献资料选编·铭刻卷》，内部资料，2012年，第222页。

人们饮用的，其下一层是用来洗菜的，再下第三层是洗衣服用的，第四层则用于清洗较脏的生产生活用具。同一口井有如此多用途的水池，反映了梵净山民族地区的人们不仅非常重视用水的清洁卫生，而且注意节约用水，合理利用水资源，甚至许多村寨还将这些被人们使用过的井水引入水田，灌溉农田，使水资源得到更加合理更为充分的利用。如江口县桃映镇的漆树坪羌寨内的水井，与上述松桃县盘信老屋场村的水井一样，也有上下四层，离泉眼最近的第一层为饮用池，该池靠下方位的上部开有一小洞，第一层内的井水经此洞流入下一个用于洗菜、洗脸的水池，经一条两米左右长的小水沟，第二层水池里的水又流入到第三个主要用于洗衣服所用的水池，再经一小水沟流入最下面一个以清洗生产生活用具及牲畜饮用的水池，第四层水池内的水又经一地下水沟引入到下方的农田里。这样，该井水资源不仅用于人们的饮用和生活所需，而且还用于灌溉农田，得到了更为合理的利用。此外，该寨羌民很早就形成了一种不成文的规定，即所有羌民利用这口井水资源时必须按照各个水池的不同功能来使用，不能违背，否则就要背上骂名。这种规定代代传承，实际发挥着族规家训的教育作用。思南县板桥乡郝家湾村的郝姓于清道光年间在村子里凿出一井，并在六角井壁上楷书阴刻有"清不染尘"四个大字❶，也可以看出该村郝姓民众对洁净水源的重视程度。为最大限度合理利用水资源，平息族人间的用水纠纷，有些宗族还制定有专门的轮流放水灌溉农田的族规。如思南县凉水井镇泡木寨的张氏于清道光年间竖立一通《修管水利碑》，其上记该村村民在张如铎等人的带领下开堰修沟事，完工后经众人商议，立碑告示村民"各照碑记，轮流放水，不得紊乱"❷。1925 年，石阡楼上周氏家族在其宗祠内也竖立《轮水碑》一通，规定全族各家，皆照轮水之规进行轮流放水灌溉农田，减少了族内

---

❶ 铜仁市民族古籍古物办公室：《铜仁市民族古籍文献资料选编·铭刻卷》，内部资料，2012年，第 1 页。

❷ 铜仁市民族古籍古物办公室：《铜仁市民族古籍文献资料选编·铭刻卷》，内部资料，2012年，第 30 页。

因水引起的纷争，有利于族内的和谐。❶可见，为保护和利用宝贵的水资源，梵净山民族地区的民众通过勒石竖碑的方式制定其族规家训，建立了良好的保护利用机制，对后世子孙起到了很好的示范作用和警示教育意义。

爱护环境，人人有责。梵净山民族地区的人们深深懂得其道理，故非常重视爱护环境，并将"保护环境，美化家园"当作一种基本道德规范写入家规族约，要求子孙后代长期遵循。正如沿河官坝、皂角水朱氏族规民约指出："凡家乡山山水水，一草一木，都是祖宗留下的财富，特别是文物、古树、祠堂、学堂、水井、良田、好土、森林、道路一定要倍加保护爱护。水井每月清淘一次，不准污水、污物流入井中，确保饮水洁净卫生，森林只能依法经批准间伐，不准偷盗或内外勾结，乱砍滥伐。违者，宗族有权令其改正。屡犯，依法追究，全族诛之。"❷族规家训中爱护环境的内容体现了梵净山民族地区人们"人地和谐"的生态理念，有力助推了当地社会的可持续发展。

如上分别从早完国课、和睦乡邻、保卫国家和爱护环境四个方面考察了梵净山民族地区传统族规家训中的社会责任意识。这些意识相互依托、互为支撑、联系紧密，体现了梵净山民族地区人们对个人、家庭、集体、社会、国家和自然的责任与担当，是当地民众道德人格和责任伦理自觉的重要反映，是中华优秀传统文化的重要组成部分。

---

❶《周氏族谱》编委会：《楼上周氏族谱（1493—2008年）》，内部资料，2008年，第62-63页。
❷朱国豪等：《贵州省沿河土家族自治县官坝、皂角水朱氏宗族家谱》，内部资料，2009年，第19页。

第六章 梵净山民族地区族规家训的特点、功能和时代价值

为了更深入地了解梵净山民族地区族规家训的文化传统，在对该地区族规家训的表现形式、传承方式和主要内容等进行整理研究的基础上，很有必要进一步探讨梵净山民族地区族规家训的特点、功能和时代价值。

第一节　梵净山民族地区族规家训的特点

不同时期、不同地域、不同民族的族规家训会呈现不一样的特点。学界对中国族规家训的特征进行过一定研究。徐少锦指出，中国历代家训的特点主要为：一是修身、齐家与治国相结合；二是内容的共同性与形式的多样性相结合；三是亲情感化与家规强制相结合；四是现实性、操作性与理想性相结合；五是借物晓喻和榜样示范相结合。❶ 曾凡贞将中国传统族规家训的主要特征概括为与儒家思想一致、血缘性、等级性、和谐性和封闭性五个方面。❷ 胡发贵认为，中国古代家训呈现出开始早、注重方法、父亲担当更大的责任等特点。❸ 有些学者则着眼于个别区域族规家训特征分析。如王灿认为，明清时期徽州宗族制定的族规家法具有类型齐全、功能具体，通俗易懂、适用性强，与时俱进、不断完善等特征。❹ 胡婷认为，贵州安顺陈氏家训具有传承性、实践性、言传身教等特征。❺ 还有个别学者对某些少数民族族规家训的特征进行了探讨。如韦亮节在对壮族家训进行整理的基础上认为，壮族家训呈现出三大特点，即风格的"歌"

---

❶ 徐少锦：《试论中国历代家训的特点》，《道德与文明》1992年第3期，第9—12页。

❷ 曾凡贞：《论中国传统家训的起源、特征及其现代意义》，《怀化学院学报（社会科学版）》2006年第4期。

❸ 胡发贵：《试论中国古代家训的特点与要义》，《中华文化》2016年第5期。

❹ 王灿：《明清徽州族规家法的特征与功用探析》，《合肥工业大学学报（社会科学版）》2016年第6期。

❺ 胡婷：《贵州安顺天龙屯堡陈氏家训研究》，贵州民族大学硕士学位论文，2021年。

化，内容的生活化及文献的共享性。❶受区域、时代、文化等因素的影响，梵净山民族地区的族规家训文化当然也呈现出鲜明的特点。在对其表现形式、传承方式和主要内容等分析的基础上，笔者总结出梵净山民族地区族规家训的特点主要表现为丰富性、时代性、民族性和拿来性四个方面。

一、丰富性

丰富性是梵净山民族地区族规家训的主要特点。这种丰富性不仅体现为内容的丰富，也反映在形式和体例的多样性及传承载体的多元化方面。就内容上看，梵净山民族地区的族规家训内容非常丰富，但凡"修身"和"齐家"等领域多有涉及，尤其是明清以来，像修身、勉学、训子、择业、孝亲、婚配、睦邻、交游、仕宦、理财、治生、理事等凡是涉及"治人"和"治家"等为人处世、持家治业、社会行为等方面的内容都有强调，由此可见其内容非常丰富。从单篇族规家训的内容来看，有些综合了各方面内容，而有些则是专门针对如劝学、节俭、戒赌、轮水、完粮等某一个方面的内容，故就其内容的表现形式而言，既包括综合性也有单一性的族规家训。人们在撰写这些族规家训时基本都以条文式、单篇式、汇集式等不同的体例样式表现出来。所以，从其表现形式和体例样式来看，也是多样化的。就其存在形态看，既有口头性的族规家训，也有文献族规家训，而文献族规家训又主要通过著作、散文、诗歌、遗嘱、对联、分关合同，乃至乡规民约、地契文书、家族字辈等不同类型、不同样貌的文献体现出来，反映了梵净山民族地区族规家训的存在形态也是多样的。就其传承载体看，梵净山民族地区的族规家训主要通过族谱、家书、祠堂和民居等建筑物及碑刻等传承下来，反映了传承载体的多元化。由此可见，不管是族规家训的内容，还是其内容的表现形式、体例样式，抑或其存在形态和传承载体等，都是丰富多元的。

---

❶ 韦亮节：《论壮族家训的成因、特点及功能———以壮族家训歌〈传家宝〉〈传家教〉〈传家训〉为例》，《四川民族学院学报》2021年第2期，第40-45页。

二、时代性

梵净山民族地区的族规家训还体现出鲜明的时代性特点。不同时期的族规家训会受到时代的影响而作出与时代特征相呼应的调整，这就是族规家训的时代性。明清时期，梵净山民族地区的商品经济有了进一步发展，商品经济在人们日常生活中的地位日益重要，由此改变了人们对商业和商人的基本看法，人们不再以经商为耻，"轻商""贱商"等传统观念逐渐消除。因此，许多家族在其族规家训中明确强调工商业与读书、务农一样，为正当行业，鼓励子弟经营工商业。为了加强思想控制，维护统治秩序，明清统治者非常重视对百姓的思想教育，如明太祖朱元璋时期就颁布了《六谕》，清康熙帝在此基础上颁布《上谕十六条》，雍正帝又进一步衍义为《圣谕广训》，通令全国遵行，故即便是地处偏远的贵州少数民族地区，也都遵守这些圣谕，有学者称为"圣谕入苗疆"，这种状况直接影响了民族地区族规家训内容的书写和形式的编排。❶综观明清时期梵净山民族地区的族谱文献，大多都将这些"圣谕"内容收入到族谱显要位置以教育族中子孙。明清时期，梵净山民族地区还是战争频繁的时期，农民起义时常发生，社会动荡不安，有些家族为了不给社会添乱，更是为了家族成员的生命财产免受侵害，通常会在其族规家训中增加禁止为匪、入会、入教等内容。抗日战争时期，针对日本的大肆侵略，一些家族从民族大义出发，号召族中子弟参军抗战，保家卫国，因而在其族规家训中加入了服兵役等内容。中华人民共和国成立后，尤其是改革开放以后，国家对科学技术非常重视，因而有些家族也将钻研科技等内容编入其族规家训，以顺应时代发展需要。近些年，许多新编的族谱中还将"社会主义核心价值观"等内容当作族规家训教育子孙，其时代性特征更为明显。由此可知，在不同的时期，由于政治、经济、文化等时代背景的不同，梵净山民族地区的族规家训内容也得到相应调整，体现出很强的时代性特征。

---

❶杨春君：《圣谕入苗疆：清代以来清水江地区家谱编修中的圣谕及其运用》，《原生态民族文化学刊》2020年第3期，第29—35页。

三、民族性

梵净山地区是一个多民族杂居之地，除了汉族外，土家族、苗族、侗族、仡佬族、羌族、蒙古族等20多个少数民族在这片土地上繁衍生息已久，少数民族人口占了该地区总人数的70%左右。这就决定了该地区的文化不仅具有汉族文化的普遍性特征，也带有少数民族文化的自身特色。这种民族特色在他们的族规家训中也有明显体现。前文述及，哭嫁歌是梵净山民族地区族规家训的一种表现形式，它实际就是该地区族规家训民族性的一个体现。有学者指出，土家族独特婚俗中的哭嫁歌，是土家族传统教育的特殊形式，孕育了丰富的教育内涵。❶ 梵净山民族地区奉行自然崇拜，尤其是对"神树"等风水树的崇拜更为普遍。因此，有些家族在其族规家训中就告诫子孙不能砍伐这些风水树。思南安氏多为苗族，自古视枫树为"神树"，故他们特别重视保护枫树，明确将"砍伐枫树者跪"这样的条文写入其族规家训中。❷ 沿河县孙家坝、化杆树、土子溪等村的土家族孙氏，分别将村内的"一把伞"檬子树、化杆树和大枫树等古树作为"神树"，在其族规家训中明确要求族众对这些"神树"加强保护。❸ 为了保护树木，有些家族还通过一些带有族规家训功能的传统习俗来教育族众。例如，梵净山漆树坪羌族就明确采用"罚酒席"的习俗对砍伐树木者进行惩罚，这其实也是一种特殊形式的族规。❹ 总之，梵净山民族地区由于各民族自身文化的不同，其族规家训均带有一定的民族特色。

---

❶ 彭福荣：《试论土家族哭嫁歌的教育内涵》，《黑龙江民族丛刊》2012年第1期，第157-162页。

❷ 安显才：《思南安氏史志（1111—2005）》，内部资料，2005年，第382页。

❸ 孙天忠等：《孙氏家谱》，内部资料，1992年，第7页。

❹ "罚酒席"是梵净山漆树坪羌族不成文的村规民约，具有鲜明的族规功能。该村约规定，凡是发现有如砍伐林木、放火烧山等行为，当事人就要办一场酒席给全寨人吃，以示惩罚，同时在饭前，当事人要承认所犯之错，向村民道歉，族长要借机讲话，对寨中老少进行一番教育，告诫村民要尽心尽力保护自然资源、保护生态环境等。参见李锦伟、徐秋云：《贵州羌族传统生态文化述略》，《贵州民族研究》2015年第3期，第73-78页。

四、拿来性

梵净山民族地区的族规家训也体现出明显的拿来性特征。这里讲的拿来性是借用拿来主义的表述，指利用或吸收他人的东西为我所用。由于梵净山民族地区的发展总体上滞后于中原地区，广大群众的文化水平相对偏低，能够写出如田秋《诫子书》和徐镇《家训十七条》等具有独特风格的家训作品实在是少之又少，因此更多的人在编写族规家训时秉持的是一种拿来主义的态度，即借用或参考其他的族规家训。综观梵净山民族地区的族规家训资料，笔者发现其拿来性特征主要从以下几个方面表现出来：第一，许多家族直接搬用帝王的"圣谕"来教育子孙。上文提到，明清时期已经出现了"圣谕入苗疆"，梵净山民族地区的人们多将明清"圣谕"作为族规家训之一种。如万山蒲氏将清康熙帝的《圣谕十六条》及雍正帝的《圣谕广训》置于族谱之首，作为族规家训教化族众，并特意告诫子孙："《圣谕十六条》乃国朝牖民觉世之书，自纲常名教，以至耕桑作息、本末精粗、公私巨细，无不周及，即谱内著有家训规例，要亦不出其范围，故特遵刊以冠谱首，庶几家喻户晓，无负圣祖之雅化。"❶像万山蒲氏那样在编订族规家训时不出"圣谕"之范围的现象非常普遍。这一方面体现了"圣谕"对族规家训编写的指导作用，另一方面实际也反映了梵净山民族地区的人们在编写族规家训时秉持了一种拿来主义的态度。第二，有些家族将著名人物的家训名篇编入自己家族的族规家训中教子训孙。如铜仁万氏就将南宋朱熹所作的《朱子家训》作为其族规家训之一编入族谱❷，至于将清初朱柏庐的《治家格言》作为族规家训编入族谱的现象就更为广泛。第三，也有些家族沿用本族历史上的名人家训。如印江严氏在编写族规家训时就将其先祖——汉代名士严子陵的教子训言编入族谱❸。第四，更有一些家族在编写族规家训时存在相互抄袭现象。如清同治年间编修的《黔南王氏族谱》和《黔东邵

---

❶ 蒲氏族谱编委会：《蒲氏族谱（分卷）》，内部资料，2014年，第26页。
❷ 万氏族谱编委会：《贵州铜仁万氏族谱》，内部资料，2010年，第42—43页。
❸ 贵州省印江县严氏宗亲理事会：《印江严氏族谱》，内部资料，2010年，第11—12页。

氏族谱》的"凡例"与印江张氏"先祖遗训"中的条款内容大多一致❶，玉屏洪氏的"孝义传家训语"与万山姚氏的"家训"内容几乎一字不差❷，印江徐氏的"家训"与德江李氏的"家训"内容也是完全相同❸。这说明梵净山民族地区有许多族规家训是抄袭而来的。当然，不管是搬用"帝训"，还是借用名人家训，或者是抄袭别人的家训，都是梵净山民族地区族规家训拿来性特征的反映。

第二节　梵净山民族地区族规家训的功能

任何文化都是有一定功能的。作为中华传统文化的重要组成部分，传统族规家训的社会功能也很明显，学界对此展开的讨论也较多。如蓝希瑜、张德亮、郭长华、尹阳硕等主要探讨了传统族规家训的文化功能❹，陈桂蓉、金莉黎、柯凯鈇和杨军等分别着重分析了传统族规家训具体表现的社会伦理功能、

---

❶《王氏万代源流（黔南王氏族谱）》，民国丁丑年（1937年）抄本，第13-18页；《黔东邵氏族谱》编委会：《黔东邵氏族谱》，内部资料，2005年，第3-6页；印江自治县文化体育广播电视旅游局：《印江土家族苗族自治县文物志》，内部资料，2012年，第453-454页。

❷《玉屏洪氏族谱》卷之首，玉屏新亚印务局代印本，民国三十三年；姚茂钦：《姚氏族谱》，卷二《家训》，内部资料，1999年，第42-43页。

❸ 印江县徐家寨彦武后裔族谱续修理事会：《徐氏族谱》，内部资料，2016年，第544-545页；德江县枫香溪镇安衙铺李氏族谱续修理事会：《李氏族谱》，名人出版社2012年，第230-231页。

❹ 郭长华《传统家训的文化功能论略》，《河南社会科学》2008年第4期，第180-182页；蓝希瑜，张德亮：《浅探赣南畲族家训族规的社会文化功能》，《西南民族大学学报（人文社科版）》2004年第1期，第28-30页；尹阳硕：《中国传统家风家训的文化功能及其价值》，《中国社会科学报》2022年10月21日。

教化功能和社会治理功能❶。本节主要从文化传承、道德教育、家族发展和社会治理四方面来分析其社会功能。

一、文化传承

教育的文化传承功能是不言而喻的。正如有学者指出，教育是"文化传承的一个动因"❷，是"实现民族文化传承的重要机制"❸。作为家庭教育的重要内容和特殊形式，传统族规家训肯定也发挥着重要的文化传承功能。首先，传统族规家训促进了修谱文化的传承。宋代以来的中国传统社会中，人们非常重视谱牒的编修，民间普遍形成了三十年一小修、五十年一大修的修谱惯例，以致许多家族的族规家训中有专门要求子孙及时修谱的内容。如印江戴氏在其"家族训言"中明确告诫子孙要按时续修族谱，规定"三十年小修，五十年大修"。❹这种要求子孙后代及时修谱的族规家训显然有利于修谱文化的继承和发展，这也是明清时期梵净山民族地区修谱之风盛行、谱牒文化发达的重要原因。其次，传统族规家训还传承了大量的历史文化。一方面，许多人在撰写族规家训时往往要先追述其先祖及自己的经历，告诉子孙本家族的发展历史。人们长期在这样的族规家训熏陶下，其家族发展史自然得到传承。如石阡楼上周易在给儿子立的遗嘱中就先介绍祖先及后几代人的筚路蓝缕和建功立业的经历，再以身作则地启迪、告诫儿子们要遵守为人处世的道理。❺这类先祖经历

---

❶ 陈桂蓉：《民间家训的社会伦理功能及其启示——以汀州客家严婆田村为例》，《道德与文明》2015年第4期，第125-128页；金莉黎：《论中国传统家训的教化功能》，《当代中国价值观研究》2016年第5期，第98-104页；柯凯钦，杨军：《乡规民约的社会治理功能研究——以福建仙游县家训族规为例》，《学术论坛》2018年第2期，第132-138页。

❷ 曹能秀，王凌：《论民族文化传承与教育的关系》，《云南民族大学学报（哲学社会科学版）》2009年第5期，第137-141页。

❸ 麻艳香，蔡中宏：《教育：文化发展的内在机制——教育与文化的关系研究》，《西北民族大学学报（哲学社会科学版）》2010年第1期，第40-48页。

❹ 戴氏长房族谱编委会：《贵州省印江自治县戴氏长房族谱》，内部资料，2014年，第64页。

❺《周氏族谱》编委会：《楼上周氏族谱（1493—2008）》，内部资料，2008年，第16-18页。

和殷殷告诫，显然有利于后辈子孙对自己家族发展史的认知和传承。另一方面，人们也常以历史上的名人名言、名人伟绩或历史故事编入其族规家训来教育、激励或劝诫后世子孙，后人在这样的族规家训教育下，自然吸收并传承了相关的历史知识和文化。此外，传统族规家训弘扬了中华传统美德。中国人自古以来就形成了爱国爱家、孝悌友爱、勤俭节约、诚信互助、尊师重教、明礼重义等传统美德，并在后来的历史发展中不断得到继承和发展。有学者指出，传统社会中"凡是与道德人品、尊师重教、读书劝学等有关的内容，主要是由族规家训来维护与传递的"❶，道出了传统族规家训在传承中华优良美德方面的重要作用。梵净山民族地区的家庭将这些中华传统美德纳入其族规家训，教育子孙，自然使中华优秀传统文化得到传承。如碧江区茶园山徐氏就列出"敦孝弟、睦宗族、立品行、正风尚、课子弟、尊师儒、崇节俭、息争讼"八条家训❷，传统的尊老爱幼、尊师重教、勤俭朴素、公正廉洁、和睦谦让等优良美德在该家族中得到代代传承。

二、道德教育

道德教育是指对受教育者有目的地施以道德影响的活动，其内容主要包括提高道德觉悟和认识，陶冶道德情操，锻炼道德意志，树立道德信念，培养道德品质，养成道德习惯。中华传统文化是非常重视道德教育的。正如钱穆所说："中国文化可一言蔽之，乃是一种最重视道德精神之文化。"❸ 因为道德教育实际是从家庭教育开始，家庭教育中的族规家训主要体现为道德教育的内容，所以有学者认为，"中国古代众多的族规、家规、家训，最重要的内容便是对

---

❶ 杨威，刘宇：《明清家法族规中的优秀德育思想及其当代价值研究》，人民日报出版社2016年，第47页。

❷ 徐世汪：《铜仁徐福传人》，内部资料，1999年，第4页。

❸ 钱穆：《中国文化丛谈》，九州出版社2011年，第101页。

成员的道德要求❶。这实际反映了传统族规家训具有很强的道德教育功能。梵净山民族地区传统族规家训的道德教育功能可以从多方面表现出来。首先，传统族规家训无不体现出道德教育的内容。有学者指出，历代族规家训"虽然内容庞杂，但其核心思想无一不是教子为善、戒子为恶"❷。这道出了传统族规家训的内容主要表现为对家庭成员的道德教育。前文述及，梵净山民族地区传统族规家训的内容在个人品行方面主要表现为立志勉学、明礼诚信、慎言慎行、勤劳节俭、谦恭礼让、力戒恶习等道德修养，在家庭伦理方面主要表现为父慈子孝、兄友弟恭、夫妇和顺等伦理规范。族规家训中不管是对个人品行的劝勉，还是对家庭伦理的忠告，均强烈反映了家庭教育中个体道德教育内容。如玉屏洪氏家训中以"孝、弟、忠、信、礼、义、廉、耻"为内容的《八德诗》❸，就是以诗歌形式劝告族中子弟要从这八个方面来遵守个人的道德修养，其道德教育功能甚是明显。其次，传统族规家训充分展示了道德教育的方法。既然道德教育成为传统族规家训中的主要内容，那么如何进行道德教育也就自然成为诸多族规家训进一步要交代的事项。综观梵净山民族地区的传统族规家训，蕴含的道德教育方法多样，如德教宜早、严慈相济、知行合一、因材施教、身体力行、言传身教、潜移默化等方法都多有提及。沿河李氏"家训十则"之"教训子孙"条言："子孙者，门户所有光，而子弟之率不谨，实父兄之教不先，故秀者课之以读，朴者督之以耕，刚强者抑其勇，柔弱者鼓其志，俾知尊卑长上，各务本业，庶礼义兴而家道昌也。"❹其明确指出家中长辈在对子孙进行道德教育时要因材施教。江口王氏祖训中提出父母对子弟进行道德教育时，要发挥表率作用，多采用启发诱导、循循善诱的方式。❺碧江万氏在其族规中则

---

❶ 杨威，刘宇：《明清家法族规中的优秀德育思想及其当代价值研究》，人民日报出版社2016年，第5页。

❷ 洪明：《简析家训在当代社会建设中的道德教育功能》，《天津社会科学》2010年第4期，第140—142页。

❸《玉屏洪氏族谱》卷之首，玉屏新亚印务局代印本，民国三十三年。

❹ 李锦伟：《贵州梵净山区域族规家训资料选编》，东北师范大学出版社2020年，第39页。

❺ 王元洪：《贵州王氏宗一、文二、胜三三公宗支族谱》，内部资料，2011年。

强调："教家之道，千条万绪，非言语文字能罄述，然以身教者从，以言教者讼。"❶ 指明了道德教育要特别注重身教。族规家训中展现的各种优良教育方法对道德教育无疑起到很好的作用。最后，传统族规家训也明显包含了道德教育的范畴。不管是个人品行教育还是家庭伦理教育，都是对家庭成员进行的个人道德教育。实际上，就道德教育的范畴来看，梵净山民族地区传统族规家训中不仅包含了个人道德教育，也包含了社会道德教育。前文提到的梵净山民族地区传统族规家训中蕴含的和睦乡邻、保卫国家、爱护环境等社会责任内容，就属于社会道德教育的范畴。因为中国传统社会中"家国同构"的特征，决定了"个体道德教育与社会道德教育高度融合"，传统族规家训也就自然"承载着社会道德教育的重要职能"。❷ 有学者也认为，中国传统族规家训思想内容的实质，就是个体品行的塑造和社会道德的教育。❸ 因此，从其范畴上看，梵净山民族地区传统族规家训的道德教育是由个人到家庭再到社会的不断延伸。从如上有关道德教育的内容、方法和范畴等方面足以看出，梵净山民族地区传统族规家训的道德教育功能十分明显。

三、家族发展

族规家训制定的目的在于通过劝导和规制的双重方式教育子孙，以维护家族的生存与发展。所以，促进家族的发展也是族规家训的一大功能。如浦江郑氏家族因该家族于元朝时订立有《郑氏规范》而家道渐兴，子孙发达。明清以来，梵净山民族地区有许多家族也因订立了族规家训而发展繁衍，绵延不断，尤其是以耕读为业的文化大家族纷纷涌现。这里试举两例。一是石阡楼上古村的周氏家族。该家族四世祖周国祯在经历了家族悲惨的大变故后，静心居家，

---

❶ 万氏族谱编委会：《贵州铜仁万氏族谱》，内部资料，2010年，第38页。

❷ 洪明：《简析家训在当代社会建设中的道德教育功能》，《天津社会科学》2010年第4期，第140-142页。

❸ 徐少锦，陈延斌：《中国家训史》，陕西人民出版社2003年。

积善行德，课子教孙，要求子孙都做读书贤达之人。其孙即楼上周氏的六世祖周易谨遵祖父"唯愿儿孙个个贤"之祖训，制定家训族规，倡耕导读，教育子孙。在浓郁的耕读文化思想影响下，楼上周氏历代秀才辈出，贤良蔚起，人文迭兴，真正实现了一族之中，读书继美，比户连连；游庠之士，指不胜屈。其中，"九子十秀才""一家十代皆秀才""一门三翎"等佳话，名重思南、石阡两府，让人瞩目与感怀。❶ 二是碧江茶园山的徐氏家族。该家族也非常重视耕读传家，长期奉行"立品行""课子弟""尊师儒""正风尚"等传统家训，使家族文风繁茂，在明清时期，涌现出两名进士、十名举人，还有优贡、拔贡、恩贡、岁贡生十六人，有太学生十三人，有府学廪生、庠生一百四十八人，有近一百八十人能诗，产生了八十六位诗人和三十五位书画艺术家，包括女诗人十六位。❷ 这样的文化大家族引领黔东，在整个黔省实属少见。类似石阡楼上和碧江茶园山这样的文化大家族在梵净山民族地区还有很多，导致这些文化大家族出现的原因固然多样，但最重要的也是共同的一点就是这些家族都十分重视家庭教育，重视族规家训的作用。当然，族规家训不仅有力地推动了文化大家族的发展，其制订也是基于许多家族在艰险的环境中生存和竞争的需要。有学者指出："家法族规的制定亦是家族门第生存竞争的需要。家法族规制定初衷在于使家族兴盛发达，使子孙们能世世代代繁衍生息，而不至于在艰难的世道中沉沦甚至灭绝。"❸ 明清时期的梵净山民族地区，战事频繁，尤其农民起义不断，政局动荡不安，这种社会背景下，人们稍有不慎，就将卷入旋涡，不仅自己遭殃，也很有可能连累家庭甚至整个家族，由此导致家族衰落甚至败亡的例子并不鲜见。为了使自己在这乱世中能够生存下来，许多家族通过制定族规家训来约束子孙的行为，禁止子弟"入教""入会"，教育族众耕读为业、各安生理、谨慎处事，同时要求族众相互团结、守法自强。正是有了这类族规家

---

❶ 周政文：《膴膴楼上》，光明日报出版社2019年，第244—250页。
❷ 李锦伟：《黔东察院山徐氏家族文化中的人文精神》，《铜仁学院学报》2019年第1期，第90—99页。
❸ 杨威，刘宇：《明清家法族规中的优秀德育思想及其当代价值研究》，人民日报出版社2016年，第46页。

训的教导和约束，许多家族才得以自保，有效地避免了在乱世中沉沦下去的危险。因此，在维护家族的生存和发展方面，族规家训起到了很大的作用。此外，族规家训要求子孙个人修身立德，遵守家庭美德，倡行社会公德，旨在提升子孙个人的品行修养和为人处世的实际本领，有利于促进家庭和睦和家族发展。

四、社会治理

在"皇权不下县"的中国传统社会中，"县以下主要靠各种非正式的民间自治机构来进行实际的控制"[1]，而这些非正式的民间自治机构中最典型的就是宗族。也就是说，宗族是中国传统社会中基层乡村社会治理中一股十分重要的力量，它通过德化教育、社会礼俗等来维持县以下乡村社会的正常运转。这一过程中建构起来的族规家训体系，在调节和整合乡村社会秩序的过程中显然发挥了重要的作用，这种作用又主要表现为"准法律"的作用。有学者认为，中国传统族规家训的作用不仅限于对族人的教化约束，还体现出一种助力基层政府统治的"准法律"作用，具体表现在"规范族人，持家有道""敦睦乡邻，处世和平""教化族人、遵守国法"等方面。[2] 梵净山民族地区的传统族规家训就是通过其固有的"准法律"作用凸显其社会治理功能。首先，传统族规家训有利于维护地方社会的经济秩序。传统社会中，家族组织在经济上承担国家赋税征收重任。基层社会如果有人隐瞒田粮，偷税漏税，抗粮拒税，不仅须治罪当事人，而且也要追责族长。所以，作为国家赋税忠实维护者的各大家族的族长极力劝告族人要及时交税，早完国课。碧江万氏族规中规定："凡吾族于本户地丁漕粮各项，须依期投纳。即近年筹饷捐输，亦朝廷万不得已之举，亦不可逾延拖欠。庶催科不扰，门户宴如，岂非乐事？至佃田耕种，亦宜

---

[1] 段建宏：《明清晋东南基层社会组织与社会控制》，中国社会科学出版社2016年，第3页。
[2] 赵大维：《清代庄氏家训的"准法律"作用》，《河北科技师范学院学报（社会科学版）》，2013年第1期，第47—53页。

早纳年租。荒歉求减,必须情理相商。族中宜交相劝导,谕以急公。"❶综观梵净山民族地区的传统族规家训,几乎毫不例外地专列有"早完国课"或"急赋税"等条款,要求族人严格遵守;否则,轻则"罚钱以示薄惩"❷,重则"自干坐罪"❸,甚至以不忠不孝论处。各大家族的族长通过族规家训,力求与国家政令保持一致,很大程度上调整了民众与官府之间的紧张关系,对维护基层社会的经济秩序起到了积极作用。其次,传统族规家训可以维护国家统治的政治基础。传统社会中,国家统治的重要基石就是家族,而家族的正常运行需要依托族规家训才能实现。正所谓"家有家法……治家无法则不能治其家"❹。基层社会中的各个家族组织利用族规家训,在官府的承认和支持下,以亲亲尊尊的伦常关系对血缘亲属进行全面管理,"密切了基层社会组织与统治阶级上层的关系,稳固了君主的统治基础,对基层社区乃至全社会的政治稳定和经济发展,对减轻国家基层组织的行政压力起到了重要的作用"❺。最后,传统族规家训有利于稳定基层社会的治安管理。由于传统社会"皇权不下县","县下惟宗族",宗族在处理繁杂的民间纠纷时往往利用族规家训,从而使其成为基层社会治安的有效管理工具。如沿河李氏"家戒十则"中以"戒游惰""戒奢侈""戒犯分""戒酗酒""戒淫行""戒争斗""戒叼唆""戒越佔""戒为盗窃""戒同宗构讼及从匪赌博"诸条规约❻,以化解宗族内部的纠纷,确保家族内部秩序的稳定,同时也协调家族与家族之间的矛盾,促进乡邻社会的和谐。从这个方面看,族规家训为传统社会的治安管理提供了可靠的保证和基础。可见,作为国家法律的有效补充,梵净山民族地区的族规家训弥补了政府治理的空缺,对乡村基层社会的治理起到了应有的作用。

---

❶ 万氏族谱编委会:《贵州铜仁万氏族谱》,内部资料,2010年,第39页。
❷《玉屏洪氏族谱》,卷之首,《洪氏立祠条规》,内部资料,玉屏新亚印务局代印本,民国三十三年,第41页。
❸ 李锦伟:《贵州梵净山区域族规家训资料选编》,东北师范大学出版社2020年,第80页。
❹ 牛力达:《一代真儒曹月川先生文集》,寅耕斋自印书稿2005年,第44页。
❺ 苏洁:《宋代家法族规与基层社会治理》,《现代法学》2013年第3期,第56-64页。
❻ 李文攀:《李氏族谱》,《家戒十则》,手抄本(沿河土家族自治县档案馆藏)。

第三节　梵净山民族地区族规家训的时代价值

族规家训之所以在历史长河中不断传承发展，关键一点是因其有很强的时代价值。近年来，学术界对族规家训的时代价值也多有研究。陈姝瑾和陈延斌指出，中国传统家训的教化理念具有积极的时代价值：本着承故拓新、古为今用的原则取优汰劣，扬弃传统家训教化的思想理念，能为今天齐家教子和家德建设提供丰厚滋养，借鉴传统家训教化特色中行之有效的载体与路径方法可以为提升家教质量和培塑优良家风提供有益参考。❶王凌皓与姬天雨在研究中国传统家训文化的现代价值时说道：中国传统家训文化不仅有利于提升中华民族家庭教育水平、传承中华民族精神和增益中华民族文化认同，也为当下家长教育素养的提高、良好家风的营建及家庭教育水平的提升等产生了重要的借鉴作用。❷因此，传统族规家训于个人、于家庭、于社会、于国家都是具有重要价值的。通过对有关族规家训内容的整理及其社会功能的讨论，我们可以看出，梵净山民族地区的传统族规家训具有明显的时代价值。

中共中央2001年印发的《公民道德建设实施纲要》中明确指出，公民道德建设的内容要以社会公德、职业道德、家庭美德、个人品德为着力点。2019年，中共中央、国务院印发的《新时代公民道德建设实施纲要》对此再次作了

---

❶ 陈姝瑾，陈延斌：《中国传统家训教化理念、特色及其时代价值》，《中州学刊》2021年第2期，第96—105页。

❷ 王凌皓，姬天雨：《中国传统家训文化的基本特质及现代价值探析》，《社会科学战线》2022年第1期，第226—235页。

强调，着力从社会公德、职业道德、家庭美德和个人品德四方面来加强公民道德建设，以传承中华传统美德，弘扬民族精神和时代精神，培育和践行社会主义核心价值观。已有研究充分证明，中国优秀传统族规家训包含了丰富的公民道德建设相关内容。搜集、整理和挖掘传统族规家训中的优秀文化对于当前加强公民道德建设能够起到很好的借鉴作用。为此，本节从加强公民道德建设的视角来探讨梵净山民族地区优秀传统族规家训的时代价值。

一、培养个人品德

个人品德，即个人的道德品质，也称"德性"或"品性"，是个体依据一定的道德行为准则行动时所表现出来的稳固的倾向与特征。品德就其实质来说，是道德价值和道德规范在个体身上内化的产物，主要表现为友善互助、正直宽容、明礼守信、热情诚恳、自强自立、勤奋刻苦等。挖掘、整理、传承梵净山民族地区族规家训中的思想精华，不仅有助于人们良好人格的塑造，也有助于人们正确处理人际关系，进而培养优良的个人品德。

（一）传承优秀传统族规家训有助于加强道德修养，塑造良好人格

梵净山民族地区的传统族规家训特别注重个人的品德锻炼和自身修养，始终将修身立德放在首要位置。前文以充分的证据说明梵净山民族地区传统族规家训中包含有大量的立志勉学、勤劳节俭、明礼诚信、谨言慎行、为善积德等修身立德方面的内容。如思南府秦氏在其家训中告诫子孙要"正心术"："圣贤传道，而传其心。心者立身，应世为本。大学之教，正心。正则为道，心不正者，则人兽之界。……心正，大道其行；心不正，终自毁之也。"[1]秦氏强调的"正心术"，实是指出要加强个人的道德修养。只有形成良好品性，提升自我修养，才能塑造良好人格，不至于堕落自毁。至于如何来加强道德修养，其途

---

[1] 思南县秦覃氏修谱编纂委员会：《思南秦覃氏宗谱》，内部资料，2010年，第462页。

径当然多样,但大部分人都注重读书之途。所以许多家族在其族规家训中勉励子孙要立志读书,并且告诉子孙读书的目的主要在于修身养性。如明代思南府田秋劝勉子孙道:"读书,不止于应举科第,内则以涵养气质,熏陶得性,外则资之以抚世醻物。若修身慎行,不辱先人,虽不能成大名,亦为贤子。"❶田秋强调读书的目的主要在于成为"贤子",即成为一个有修养、品德高尚之人。清乾隆时期石阡楼上的周易也常以其祖父"不愿儿孙去为官,惟愿儿孙个个贤"的祖训教育家人,要求子孙通过读书以成为贤德之人。可见,传统族规家训非常重视个人的品德教育。

当今社会,我国的公民道德建设在社会主义现代化建设进程中虽然取得了重大成就,但是个别人依然存在信仰迷失、贪污受贿、钱权交易、弄虚作假、道德败坏等道德缺失问题,通过整理和挖掘传统族规家训中修身立德的内容,并经家庭、学校和社会不同场合的教育,传承和弘扬其中的优良成分,将其内化于心,外化于行,定能对公民个人道德修养的加强和良好人格的塑造起到很大的推动作用。

(二)传承优秀传统族规家训有助于规范道德行为,正确处理人际关系

道德行为是个人在一定道德认识、道德情感和道德意志的指引和激励下,表现出对他人或对社会所履行的具有道德意义的一系列具体行动。它有道德的行为(即善行)和不道德的行为(即恶行)之分。梵净山民族地区的传统族规家训中包含有丰富的如善良、友爱、和睦、诚恳、谦恭、忍让、宽容等道德思想。如果将这些道德思想外化为自己的道德行为付诸实践,必能起到协调和正确处理人际关系的作用。如石阡楼上的周易一生"忠厚持己,直道待人,亲友往来,时切恭敬,钱米出入,称其有无,从未因财失义,倚气生非"❷。正是因

---

❶ 张子勇:《田秋诗文校注》,光明日报出版社2017年,第127页。
❷ 《周氏族谱》编委会:《楼上周氏族谱(1493—2008年)》,内部资料,2008年,第16页。

为他采用忠厚谦虚、正直公道、真诚恭敬的道德行为为人处世，故而赢得了当地人们的赞同和认可，他和亲友乡邻之间的关系也祥和融洽。石阡府城的徐氏家族则因接受了在京为官的族人徐培琛的劝告而采取了一定的让步行为，从而顺利解决了与邻居张姓家族的矛盾，两家和好如初。许多家族还教育子孙要"戒词讼"，即如果碰到人际冲突、财产纠纷之类的事情，不要动不动就去告官处理、对簿公堂，在自我无法解决情况下应该先找族中有威望之人（如族长）论理评断，更易于缓和双方的矛盾。

在建设社会主义和谐社会的当下，人们很有必要从传统族规家训中吸取有益思想，规范道德行为，在与人相处过程中，懂得与人为善，相互尊重，谦恭礼让，真诚以待，同舟共济，胸怀宽广，不藏私心，以和为贵。传承优秀的传统族规家训，人们以此规范道德行为，多举善行，有助于正确处理和协调人际关系，追求和谐统一。

二、培育家庭美德

家庭美德，是指人们在家庭生活中调整家庭成员间关系、处理家庭问题时所遵循的高尚的道德规范。它主要包括尊老爱幼、男女平等、夫妻和睦、勤俭持家、邻里团结等主要内容。梵净山民族地区的人们在强调培养个人品德的基础上，十分注重家庭美德的培育，不厌其烦地教育子孙要遵从尊祖敬宗、忠厚传家、父慈子孝、夫义妇顺、兄友弟恭、妯娌和顺、克勤克俭等家庭伦理道德。如万山姚氏教训子孙道："父子既慈孝，仁让一家兴；妻帑皆好合，父母心亦顺；兄弟如既翕，门内不相争。"[1] 传承传统族规家训中的这些家庭伦理对于培养人们的家庭责任意识、强化家庭观念、完善家庭教育、培育优良家风等具有很好的助推作用，有利于当前家庭美德的培育。

---

[1] 姚茂钦：《姚氏族谱》，卷二《家训》，内部资料，1999年，第42页。

（一）传承优秀传统族规家训有助于培养家庭责任感，强化家庭观念

家庭责任是家庭成员必须承担的职责和任务。家庭责任感是一个人精神素质的重要反映，是一种家庭美德。人们制定族规家训的主要目的在于通过教育子孙修身立德、遵守家庭美德和强化家庭观念，以促进家庭或家族的兴旺发达。要达此目的，就必须努力培养家庭成员的家庭责任感。为此，梵净山民族地区的传统族规家训中自然少不了家庭责任感培养的相关内容。综观梵净山民族地区的传统族规家训，教育子孙传承家庭美德、培养家庭责任感的内容随处可见。当然，由于每个人在家庭中的角色不同，承担的主要家庭责任也各有侧重，如为人父母者当慈爱子女、教育好子女，为人子女者要孝顺父母、尊敬长辈，夫妻之间应相敬如宾，兄弟妯娌之间也须和乐相助，作为家长应该勤俭持家等。诸如这样的内容都是每个家族的族规家训中重点强调的。梵净山民族地区的人们意识到，如果每个家庭成员都承担起相应的家庭责任，就能促进家庭成员之间的和谐，推动家族的发展和社会的进步。

现代社会，随着人们物质生活水平的提高和通信设备与网络技术的发达，个别人严重缺乏家庭责任感。例如，在赡抚责任方面，作为子女，有些人在父母亲生病或年老体衰需要人照顾的时候相互推诿，不愿履行赡养义务，但在继承父母家产时却争先恐后；作为父母，有些人在子女尚未成年需要父母抚养时，却没有尽到父母应尽的抚养和教育责任。家庭内部父母与子女之间出现的这类非正常情况，需要传统族规家训这样一种能够调节家庭关系、重构家庭伦理的有效手段。现代社会，人们如果注意吸收传统族规家训中科学合理的养分，继承其中如孝敬长辈、宽厚仁爱、严慈相济等家庭美德，无疑有利于推动现代社会家庭赡养和抚养义务的履行，培养家庭成员的责任感。

（二）传承优秀传统族规家训有助于完善家庭教育，培育优良家风

家庭教育是家长有意识地通过自己的言传身教和家庭生活实践，对子女施

以一定教育影响的社会活动。它对孩子的一生有着独特而不可逆的重要影响。我国素有重视家庭教育的优良传统，强调家风建设。这在自古流传的族规家训中表现得更为典型。梵净山民族地区的传统族规家训在教育内容上，一是强调以立德为本，即教育家庭成员要有坚定的理想信念和远大的志向，注重家庭成员道德人格的塑造；二是强调以治学为要，即勉励家庭成员刻苦学习，用心读书，珍惜时光，勤奋好学；三是强调以齐家为基，即通过对家庭的有效管理以实现家庭的团结和睦与兴旺发达。在教育方法上，梵净山民族地区的传统族规家训则注重养正于蒙、言传身教、爱教结合、严慈相济、奖罚结合。梵净山民族地区传统族规家训中教育内容的丰富性和教育方法的多元化，有助于家庭教育的完善和优良家风的培育。

虽然我国现在的学校教育迅速发展，但是家庭教育依然相当重要，它不仅是孩子经历的第一个教育阶段，也贯穿于其人生各个发展阶段。家庭中父母的言谈举止会潜移默化地影响孩子的行为习惯和价值观念。父母如果言行不端或者采用不良的方式进行教育，必然难以培养出优秀的孩子，甚至还会败坏家风。现实社会中，望子成龙型、拔苗助长型、狼爸虎妈型、放任自流型、简单粗暴型等不同类型的不良家庭教育还多有存在，不利于温馨和谐家庭氛围的营造和优良家风的培育。习近平总书记强调，"家庭是人生的第一个课堂，父母是孩子的第一任老师"，"家风是社会风气的重要组成部分。家庭不只是人们身体的住处，更是人们心灵的归宿。家风好，就能家道兴盛、和顺美满；家风差，难免殃及子孙、贻害社会"[1]，"我们都要重视家庭建设，注重家庭、注重家教、注重家风"[2]。传承传统族规家训中立德为本、治学为要、齐家为基等教育内容和严慈相济、言传身教、奖惩结合、启发诱导等教育方法，不仅可以完善家庭教育，营造温馨的家庭氛围，而且可以培育优良家风，传递尊老爱幼、男女平等、夫妻和睦、勤俭持家、邻里团结的观念，形成积极健康、和谐稳定的社会风气。

---

[1] 习近平：《在会见第一届全国文明家庭代表时的讲话》，《人民日报》2016年12月16日。
[2] 习近平：《在2015年春节团拜会上的讲话》，《人民日报》2015年2月18日。

三、强化职业道德

职业道德是所有从业人员在职业活动中应该遵循的行为准则。它主要有爱岗敬业、诚实守信、办事公道、服务群众、奉献社会等内容。梵净山民族地区的人们很注重对子孙进行职业道德的教育,要求子孙后代不管从事什么职业都须遵循良好的行为准则,恪守高尚的职业操守。像为学者须力学、为农者尚勤俭、为官者要清廉、从事工商业者重诚信等教育内容在其传统族规家训中多有体现。传承梵净山民族地区传统族规家训中的这些处世美德,有助于人们形成爱岗敬业、诚实守信的职业态度和坚守公正清廉、自律严谨的职业操守,对于人们职业道德素养的强化大有作用。

(一)传承优秀传统族规家训有助于形成爱岗敬业、诚实守信等职业态度

职业态度是指个人对所从事职业的看法及行为举止方面的倾向。梵净山民族地区的人们常教育子孙要秉承一种端正的职业态度,爱岗敬业,诚实守信。如玉屏张氏告诫子孙道:"为士而不加攻苦,则业必不能成;为农有惮辛劳,则冻馁有所难免;工不居肆,无由活口养家;商不逐末,何由堆金积玉?""试看古来,读者片念操持,名等天府;耕者谨小慎微,衣食丰足;为商贾者,防意如城,资财百倍。人何不为此而乐彼哉!"❶ 这些族规家训内容要求子孙不管从事什么职业,都要用心努力做好它,敬重它。这实际蕴含了教育人们要爱岗敬业的意思。印江吴氏也教育子孙说:"人生各有职业,士稽古致贵,农力田得食,工精艺阜财,商懋迁获利,皆足为一生受用。"❷ 其同样包含有教育子孙爱岗敬业的意蕴在内。至于教育子孙不管从事何种职业都要做到诚

---

❶ 李锦伟:《贵州梵净山区域族规家训资料选编》,东北师范大学出版社2020年,第72—73页。

❷《贵州印江黔东延陵吴氏宗谱》,《族训》,内部资料,印江县档案馆藏,2013年,第353—354页。

实守信的内容也很常见，尤其是对从事工商业者进行的诚实守信教育就更多。如思南秦氏教育子孙"事商贾，贵诚信，勿阴攘人利而利自"❶。要求从事工商业者必须以诚实守信为贵。挖掘并传承梵净山民族地区传统族规家训中的这些优良美德，有利于营造良好的职业态度，提升从业素养。

诚信是中华民族一直提倡的传统美德，是人们为人处世的道德底线和基本准则，是维持人们日常生活正常运转和社会和谐稳定的重要保障，也是人们职业态度的一种反映。习近平总书记曾指出，"人而无信，不知其可"；企业无信，则难求发展；社会无信，则人人自危；政府无信，则权威不立。❷ 这实际是强调，人类社会中，不管在何种岗位，从事何种职业，都必须做到诚实守信。然而，随着市场经济的发展，拜金主义、利己主义盛行，导致一些人为了个人私利而不顾道义，毫无诚信可言。挖掘并传承优秀传统族规家训中的诚信美德，不仅可以提升人们的道德修养，约束行为规范，以从内心深处杜绝失信现象，而且可以进一步激发爱岗敬业的热情，以良好的职业态度助推职业道德的强化。

（二）传承优秀传统族规家训有助于坚守公正清廉、严谨自律等职业操守

职业操守是指人们在从事职业活动中必须遵从的最低道德底线和行业规范。它既是对从业人员在职业活动中的行为要求，又是对社会所承担的道德、责任和义务，属于职业道德的范畴。梵净山民族地区的人们在对子孙后代进行道德教育时也时刻强调，不管从事何种职业，都要遵守基本的道德底线，遵循相应的职业操守。如印江木黄的喻氏将"为官戒不清、掌权戒不廉、为事戒不公、做人戒不检"的族训刻于石碑立在寨子交通要道旁，告诫子孙做人为官处世都要坚守公平正义、清廉公正、检点自律的职业操守。松桃戴氏也在其家训中教育子孙要坚守正义和清廉的优秀品质："义者，事之宜也。凡事有一定不易之

---

❶ 思南县秦氏修谱编纂委员会：《思南秦章氏宗谱》，2010年，第463页。
❷ 习近平：《之江新语》，浙江人民出版社2007年，第18页。

规，肃闺门、辨内外、正名分、严取舍，无非义之所当然。故君子有勇而无义为乱，小人有勇而无义为盗，义诚人之正路也。诚能法肃词严，见利思义，闾阎共归于不苟，而邪淫之风息矣。""廉者，清洁之谓也。为官不清洁则滥取于民，为人不清洁则滥取于人。故儒者澡身浴德，砥砺廉隅。凡我同宗，要必清洁自好，刻苦自励，临财毋苟得，临难毋苟免，非吾之所有，虽一毫而莫取。"❶

弘扬传统族规家训中的优秀文化，传承传统族规家训中为人处世的优秀道德品质，将个人道德和职业道德有机结合，有利于培养人们的责任意识和进取精神，营造爱岗敬业、诚实守信、热情奔放、拼搏奋斗、开拓创新的社会氛围，有利于提高职业素养，打造公正清廉、严谨自律、热心服务、奉献社会等良好道德形象，推动职业道德进一步强化。

四、弘扬社会公德

社会公德是全体公民在社会交往和公共生活中应该遵循的行为准则，涵盖了人与人、人与社会、人与自然之间的关系。其内容主要包括遵纪守法、文明礼貌、爱护公物、保护环境、助人为乐、尊师重教等。梵净山民族地区的人们具有强烈的社会责任感，利用其族规家训教育子孙要常怀公德之心。如前文所述，传承传统族规家训中有关人与人、人与社会、人与自然之间的这些优良美德，不仅有利于提升公民的道德素养，净化社会风气，也有利于激发公民的家国情怀，促进社会稳定，从而利于弘扬社会公德。

（一）传承优秀传统族规家训有助于提升公民道德素养，净化社会风气

公民道德是关涉社会公共生活领域的道德要求，体现的是对社会公共生活秩序及其公正性的追求。梵净山民族地区的人们注重以传统族规家训来教育子

---

❶ 李锦伟：《贵州梵净山区域族规家训资料选编》，东北师范大学出版社2020年，第28页。

孙养成良好的个人品行，修身立德，同时力戒各类恶行。纵观梵净山民族地区的传统族规家训，发现它们基本都是既包含如讲忠孝、行仁义、尊礼法、严规矩、端风俗、和乡邻等优良品行，也包含戒除奸淫、赌博、酗酒、奢惰、盗窃、溺婴、争斗、构讼等不良行为的内容。由于社会公德本身都是以每个社会成员的道德品质为基础的，挖掘和传承传统族规家训中的积极因素和优秀传统文化，以至于形成社会共识，可以使社会成员个人品行在得到培养的基础上，进一步促进全社会公民道德素养的提升和整个社会风气的净化，进而助推社会公德的弘扬。

当前社会公德虽然整体向上向善，但也存在不容忽视的个别问题。这些问题在人与人关系领域集中体现为人际关系的不和谐，主要表现为人际关系的货币化、利己化、冷漠化、冲突化等；在人与社会关系领域集中体现为公共意识的缺失，如遵守公共规则意识淡薄、爱护公共财产意识淡漠、维护公共安全意识淡薄、遵守公共文明意识淡漠、助人为乐意识淡漠等；在人与自然关系领域集中体现为"公用地悲剧"现象频发，一是漠视公共卫生，二是环境污染加剧，三是人与自然矛盾尖锐。[1]为了消除或解决社会公德方面存在的现实问题，有必要从优秀的传统文化中汲取养分，挖掘并传承传统族规家训中的优秀社会思想。这不仅是家庭教育需要注重的一面，同样也是社会教育需要关注的地方。

（二）传承优秀传统族规家训有助于激发公民家国情怀，促进社会稳定

《孟子》有言："天下之本在国，国之本在家，家之本在身。"家是最小国，国是千万家，即家是国的基础，国是家的延伸。家国同构是中华文化的突出特征，故以"修身、齐家、治国、平天下"为逻辑而形成的家国情怀一直成为中华传统文化的核心内容，也是传统族规家训的内容主线。梵净山民族地区的人

---

[1] 王维国：《当代中国社会公德困境治理探析》，《道德与文明》2022年第1期，第59—69页。

们以其传统族规家训教育子孙,从个人到社会、从家庭到国家,均要遵循一定的行为规范,承担相应的社会责任,不仅要善于持家,也要勇于报国,将家和国一体化,体现出浓浓的家国情怀。正如万山蒲氏家训中所说:"国以民为本,民以国为家,民与国相倚而为生活者也。国无民不立,民无国不存。民忠于国,犹子孝于亲也。凡我国民敢不忠于国哉?"❶类此,松桃头京的谭氏也告诫子孙要"心系国之兴衰,胸怀报国之志",沿河唐氏则教育子孙"心存君国",玉屏杨氏重在教育子孙要"忠勇为国",等等。可见,梵净山民族地区传统族规家训有关爱国报国的内容较为普遍,凸显了他们强烈的责任意识和浓厚的家国情怀。其他如行孝尽忠、遵规守法、公平正义、勤俭清廉、体恤民情、扶危济困、和睦乡邻、完纳赋税、保护环境等内容,同样是梵净山民族地区传统族规家训责任意识的反映。挖掘和传承传统族规家训中的这些责任意识,可以涵养公民的个人品德,激发其家国情怀,促进社会稳定,弘扬社会公德。

本章主要从加强新时代公民道德建设方面阐述了传统族规家训积极的时代价值。诚然,梵净山民族地区的传统族规家训也存在一些落后因素,如等级观念、阶级色彩、迷信思想、性别歧视等。但是,不容否认的是,传统族规家训所蕴含的优秀文化也是非常丰富的。正如费成康所说:"特别应指出的是,在传统的家法族规之中,中华民族传统文化的精华部分占着较大的比重。"❷我们之所以要搜集整理梵净山民族地区的传统族规家训,主要目的之一就在于挖掘、传承和弘扬其优秀成分,发挥其重要的时代价值,以为当前个人品德的塑造、家庭美德的培育、职业道德的强化和社会公德的弘扬起到积极的推动作用,也为我国社会主义核心价值观的培育提供优秀的思想来源。

---

❶ 蒲氏族谱编委会:《蒲氏族谱(分卷)》,内部资料,2014年,第100页。
❷ 费成康:《中国的家法族规》(修订版),上海社会科学院出版社2016年,第179页。

第七章

结语

梵净山民族地区的人们在历史长河中创造并发展了丰富多样的族规家训。这些族规家训是梵净山民族地区传统文化的重要组成部分。搜集、整理和研究梵净山民族地区的族规家训，对于充实该区域文化内涵、促进地方文化建设、推动教育事业发展，以及丰富中华文化遗产宝库等有着重要的作用。通过研究我们发现，梵净山民族地区族规家训的发展受到中华传统文化的影响，经历了类似于全国族规家训发展的过程，即明代以前的产生期、明朝的发展期、清朝的繁荣期、民国的革新期和当代的复苏期几个阶段。当然，梵净山民族地区族规家训之所以能够不断发展，主要还是与该区域自身条件息息相关，如区域内社会经济、政治军事和文化教育的发展状况对于该地区族规家训的发展起着重大的推动作用。通过对族规家训文献本身的分析，我们可知，梵净山民族地区族规家训的表现形式丰富，传承方式不一，传承载体多样。其存在形态主要有专著、散文、诗歌、遗嘱、对联、分关合同等不同类型，表现形式可分为综合性和单一性两大类别，传承载体主要有族谱、家书、建筑物和碑刻等几类。尤其是从其内容来看，更是丰富多样，体现了梵净山人教子训孙、为人处世、持家治业等各个领域的训导和规范，包含了丰富的家庭教育内容及教育方法，反映了儒家的修身观、教子观、治家观和社会观。根据其存在形态、表现形式、传承载体及主要内容的分析，梵净山民族地区族规家训还体现出丰富性、时代性、民族性和拿来性等特点，在文化传承、道德教育、家族发展和社会治理等方面发挥了很强的社会功能。

本书重在整理和挖掘出梵净山民族地区族规家训中的优秀成分，着重从个人品行、家庭伦理和社会准则三个层面来分析梵净山民族地区族规家训所体现的主要内容。个人品行方面，主要包含立志勉学、勤劳节俭、明礼诚信、谨言慎行等修身立德内容，以及力戒奸淫、赌博、酗酒、奢惰、盗窃等各类不良行为；家庭伦理方面，主要包含祭祀先人、培修祖墓和追述祖德等慎终追远思想，以及父慈子孝、夫义妇顺、兄友弟恭等和睦家庭的主张；社会规范方面，主要包括耕读为本、"四民"皆正和禁止"贱业"等职业认知与做人谦忍、为官清廉和行事守法的处世规则，以及早完国课、和睦乡邻、保家卫国与爱护环境等社会责任意识。这些族规家训内容对于加强个人修养、培育家庭美德、强化社会责任意识等具有很好的教育作用。对于这些优秀的族规家训我们要努力传承和弘扬。

党的十八大以来，习近平总书记全面肯定中华优秀传统文化的历史地位及价值，明确要求推动中华优秀传统文化的创造性转化、创新性发展，得到全党全社会的广泛关注和热烈反响。因此，挖掘、整理和研究梵净山民族地区优秀的族规家训文化具有十分重要的时代价值。本书主要从加强公民道德建设方面，探讨了挖掘、整理和传承优秀的族规家训文化对培养个人品德、培育家庭道德、遵守职业道德和弘扬社会公德等方面的时代价值。实际上，就其价值来看，对梵净山民族地区族规家训的整理研究还有许多其他方面的时代价值可以深入研究，如传统族规家训在当代的创造性转化与创新性发展、传统族规家训与社会主义核心价值观的耦合、传统族规家训与当代家庭家教家风建设等，这些内容有待于今后进一步研究。

后记

本书是我主持的2019年教育部人文社会科学研究规划基金项目"梵净山民族地区族规家训搜集整理研究"(项目编号：19YJA850008)的最终结题成果之一。本书的出版，意味着该项目的成果在经过四年的漫漫征途后终于面世了。

时间过得真快，从我最初接触传统族规家训文化算起，快有七个年头了。记得2017年年初，由铜仁学院武陵民族文化研究中心的龙开义教授推荐的选题"贵州少数民族族规家训搜集、整理与研究"入选了该年度贵州省教育厅高校人文社科重点项目的选题指南。在该部门没人申报的情况下，他极力鼓励并指导我去申报这个选题，没想到能够顺利获得立项。说实话，在此之前，我根本没有接触过传统族规家训文化，更没有对此进行过专门研究。借着这个省厅课题的立项，我才逐步关注族规家训文化，开始去搜集相关资料，写了几篇不太像样的小文章，出版了一部族规家训资料选编。只不过当时从事该项目的过程，是以资料的搜集整理为主，较少进行专门的研究。当然，这一过程为我后续的研究奠定了比较扎实的资料基础，也开拓了我的研究视野。正是依托该课题的一些基础性工作，2019年我申报的课题"梵净山民族地区族规家训搜集整理研究"获得了教育部人文社会科学研究规划基金一般项目的立项。

在本书即将付梓之际，我要感谢的人很多。首先要感谢的是龙开义教授，是他的鼓励和指导将我引向了族规家训研究之路，他在学术上的远见卓识和敏锐的洞察力令人佩服。感谢学校、学院领导及同事们的关心，为课题研究提供了一个相对宽松的环境和有益的帮助。感谢铜仁学院的同事安勍、冉耀宗、周政文、谢峰、邵启富、刘剑、文兵等老师，以及碧江的徐绍勇，万山的刘英、吴筱菁，玉屏的汪兴，江口的向红勇，思南的秦东富，石阡的方英，德江的文旭峰，沿河县与印江县档案馆的相关同志等，在资料搜集过程中给了本人以一定的帮助。尤其感谢我的母亲，甘心克服困难，在我需要帮助时不远千里前来为我操劳近三年的家务。

由于本人学识水平有限，本书疏漏之处在所难免，恳请方家批评指正。

李锦伟

2023 年 3 月于贵州铜仁